旅游文化创意与规划研究

武智勇 王 强 柴瑞杰◎著

吉林大学出版社

·长春·

图书在版编目(CIP)数据

旅游文化创意与规划研究 / 武智勇，王强，柴瑞杰
著．--长春：吉林大学出版社，2023.5
ISBN 978-7-5768-1689-1

Ⅰ．①旅… Ⅱ．①武… ②王… ③柴… Ⅲ．①旅游文化－研究－中国 Ⅳ．①F592

中国国家版本馆 CIP 数据核字(2023)第 088422 号

书　　　名	旅游文化创意与规划研究
	LÜYOU WENHUA CHUANGYI YU GUIHUA YANJIU
作　　　者	武智勇　王　强　柴瑞杰
策划编辑	张维波
责任编辑	张维波
责任校对	王默涵
装帧设计	繁华教育
出版发行	吉林大学出版社
社　　　址	长春市人民大街 4059 号
邮政编码	130021
发行电话	0431-89580028/29/21
网　　　址	http://www.jlup.com.cn
电子邮箱	jldxcbs@sina.com
印　　　刷	三河市腾飞印务有限公司
开　　　本	787×1092　1/16
印　　　张	12.5
字　　　数	240 千字
版　　　次	2023 年 5 月　第 1 版
印　　　次	2023 年 5 月　第 1 次
书　　　号	ISBN 978-7-5768-1689-1
定　　　价	78.00 元

版权所有　翻印必究

前言
PREFACE

我国旅游业伴随着改革开放的步伐经历了从无到有、从小到大的发展，现已走过了一段光辉历程，到今天已经成为我国的一大重要支柱产业。而这一切，都和在实践中逐渐发展成熟起来的旅游理论的指导是密不可分的。

旅游业是一个全方位、综合性的行业，它的发展壮大表现出极其强烈的经济、文化特征，既是一个不断需要理论指导发展的产业，也是一个不断需要强化实践发展的产业。因此，旅游理论与旅游实践是旅游业发展的两个不可分离的支撑点，一方面需要理论指导实践，另一方面还要通过实践丰富理论，两者缺一不可。没有成熟的旅游理论指导，旅游实践将变得无序和缺乏内在的文化根基，而没有旅游实践的不断推进，旅游理论也将显得苍白无力，没有生命力。

国民之魂，文以化之；国家之神，文以铸之。文化是民族的血脉，是文明的根基，是人民的精神家园。文化与经济融合而成的文化创意产业，使经济承载了文化的内涵，魅力倍增；使文化站上了经济新平台，活力蓬勃。在当前社会主义文化强国建设和经济新常态下，如何将文化创意产业做精做强，使其担当建设国民经济新支柱的角色，如何将文化创意产业做大做广，使其发挥"文化＋"的融合创造力量，正越来越成为各地各级政府和文化创意产业业界、学界共同关注的课题。

正是在这样的现实关怀和理论视野下，本书以案例研究的方法和视角，围绕文化创意产业供给侧结构性改革以及旅游产业的理论和实践等内容为主线，从文化产业转型升级、"文化＋"融合发展领域遴选案例，着重讲解"文化＋旅游"领域中的新面貌，展现文化创意产业新业态、新模式生成发展逻辑的生动图景，剖析的案例可资借鉴，理论的探寻也有一定的启发价值。文化创意产业的融合发展尚处于起步阶段,随着产业发展、消费升级、技术创新和政策的引导,必将有更多、更鲜活、更具代表性的案例涌现。我们将以此为起点,从产业研究和案例解析相结合的角度,探寻"文化+旅游"图景下的产业发展机理和价值创造逻辑。

本书的正式出版,不但填补和充实了我国目前旅游理论研究领域的一些空白,而且对正在从事或即将进行旅游开发的业内外人士都有很大的启迪,非常适合旅游文化产业领域内的专业人员以及旅游爱好人士阅读。

作 者

2022 年 8 月

目 录
CONTENTS

第一章 旅游文化概述 …………………………………………………… 1
 第一节　文化与文化结构 ………………………………………… 1
 第二节　旅游与文化的关系 ……………………………………… 3
 第三节　旅游文化的功能和意义 ………………………………… 6

第二章 旅游新概念 ……………………………………………………… 10
 第一节　旅游概念的重新认识 …………………………………… 10
 第二节　旅游发展中的新问题 …………………………………… 17
 第三节　旅游学的多学科融合 …………………………………… 24
 第四节　旅游业的跨行业发展 …………………………………… 34
 第五节　旅游热的思考和展望 …………………………………… 44

第三章 文化创意旅游的发展机制与模式 …………………………… 56
 第一节　基本类型和模式研究 …………………………………… 56
 第二节　发展机制和理论研究 …………………………………… 69

第四章 文化创意旅游新经验 ………………………………………… 80
 第一节　理念创新与产品创新 …………………………………… 80
 第二节　提升旅游服务和管理 …………………………………… 95
 第三节　景区策划的几点经验 …………………………………… 104
 第四节　特殊情景剧 ……………………………………………… 114
 第五节　城市与乡村的休闲旅游 ………………………………… 123

· 1 ·

第五章　文化创意与旅游业的融合 …………………………………… 142

  第一节　从景点旅游到全域旅游 ……………………………… 142

  第二节　全域旅游模式下的文旅融合 ………………………… 147

  第三节　文旅融合精品案例 …………………………………… 153

第六章　当代旅游文化深度开发的创意基因 …………………………… 163

  第一节　旅游策划与旅游文化 ………………………………… 163

  第二节　旅游资源与旅游文化 ………………………………… 168

  第三节　旅游开发与旅游文化 ………………………………… 176

  第四节　旅游主题与旅游文化 ………………………………… 179

  第五节　旅游品牌与旅游文化 ………………………………… 184

  第六节　城市名片与旅游文化 ………………………………… 188

参考文献 ……………………………………………………………………… 192

第一章 旅游文化概述

第一节 文化与文化结构

一、文化的概念

何谓文化？文化是人类控制环境所造成的，不同的环境造就各种不同的文化。文化实质性的含义就是"人化"或者"人类化"的自然，文化与人类同时诞生，文化是人类思想之结晶。

文化是一种社会现象，每个社会都有与其相适应的文化形态，社会中的每一个成员都是这种文化的承载者和创造者。文化并非抽象的，而是一个具体的东西，并随着物质生产的发展而发展。文化是由精神和物质相互作用、相互影响而形成的系统，明显属于精神范畴的文化要素，往往以其特有的方式物化为外在表现；而明显属于物质文化要素的事物，也透射出一定的文化精神。现代意义上的文化有广义和狭义之分，广义上的文化是指人类在长期的社会历史实践过程中所形成和创造的，具有民族和地域特色的物质和精神财富的总和。狭义上的文化是指社会的意识形态，以及与之相适应的制度和组织机构。

联合国教科文组织对文化的定义是：文化是一系列关于精神与物质的智能，以及社会或社会团体的情绪特征，除了艺术和文学，它还包括了生活形态与共同的生活方式、价值系统、传统与信仰。

二、文化的结构

文化是人类社会与生活环境相互作用的产物，是表征社会成员特征和不受生物遗传影响的行为模式的整个复合体。文化被认为是由人类族群、历史时间和地理环境三个基本元素（文化的动因）相互作用、融合同化所产生的共同生活习惯与

· 1 ·

方式,以及所有物质与精神所呈现的"复合体"(文化的结果),如图1-1所示。

关于文化的结构,学界比较一致的看法是三分说:一是文化的物质要素或物质层面,即物质文化(器物文化),主要包括各种生产工具、生活用具和其他各种物质产品,是文化的外在表现,它是文化中最易变的因素;二是文化的行为要素或行为方式,即制度文化(秩序文化),主要包括行为规范、风俗习惯和生活制度等,它影响和制约着人们的行为方式;三是文化的心态要素或精神层面,即精神文化(观念文化),主要包括思维方式、思想观点、价值观念、审美情趣和道德情操等,它决定着文化的基本性质,是文化的内核和灵魂,是文化中最稳定的因素(见图1-2)。也有将文化分为四个层面的,即在上述制度文化层中再分出行为文化层,包括人际交往中约定俗成的习惯定势,如社会行为、风俗习惯等。制度文化层包括各种社会规范构成的制度,如经济、婚姻、家族、宗教、教育和科技等相关制度及准则。本书认为,制度文化和行为文化是文化的不同表述方法,不应分为两个层次。甚至还有六系统说,即分为物质、社会关系、精神、艺术、语言符号、风俗习惯等。实际上,文化层次划分的主要目的是便于学习、研究和应用。

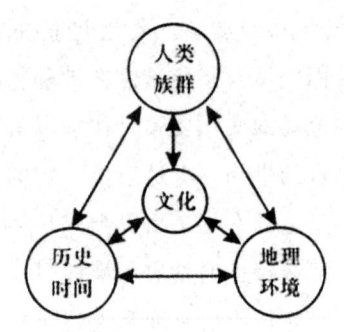

图1-1 文化的形成与作用

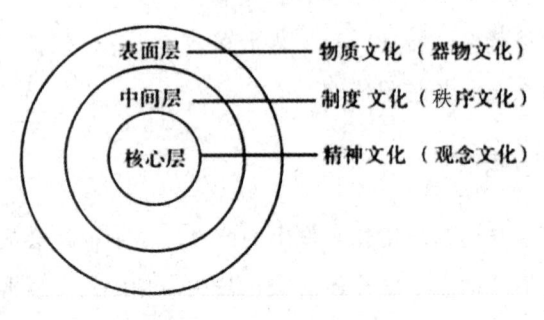

图1-2 文化的结构

三、文化的特性

(1) 文化的地域性。人类在与大自然做斗争的过程中，由于其特定地域条件的影响与制约，经过漫长的演化，形成了独具特色的文化内涵。我国古代就有"五里不同风，十里不同俗"之说，形成了带有强烈地域特点的文化形式，这些对人类的行为和旅游活动都产生了诸多影响。

(2) 文化的民族性。世界各民族都有自己的文化传统，正是这种独特的文化传统，使一个民族与其他民族区别开来。每个民族都生活在特定的环境中，不同的环境造就了不同的生产、生活方式，形成了不同的语言、文字、艺术、道德、风俗习惯，构成了不同的民族文化，成为发展民族旅游的潜力之所在。

(3) 文化的时代性。在不同的历史发展阶段，文化的内容和功能是不同的。人们通常将我国的历史文化分为原始文化、农业文化和现代文化三个阶段，分别代表原始社会、农业社会和工业社会的时代特征。人类文化进化的类型与层次的多样化是构成世界多样性的原因，也是旅游活动产生和发展的直接诱因。

(4) 文化的继承性。人类为了生存繁衍，上一代总会把自己积累的生产、生活经验和技能传授给下一代，人们从前人那里不仅继承了有形的物质遗产，还承袭了传统的价值观念、思维习惯、情感模式和行为规范，经过潜移默化的内化过程，将其沉淀于显意识和潜意识底层，文化由此得以保存流传下来，从而积累了深厚的历史文化资源。

(5) 文化的变异性。一方面人类在继承前辈所创造的文化成果的同时，又在新的历史条件下从事新的文化创造；另一方面，文化的交流也以更快的速度推动文化变迁。在科技发达的现代社会里，文化交流的范围之广、频率之快是前所未有的，人类几乎每时每刻都在进行观念的分化和融合，这种文化的变异性为旅游开发提供了丰富的文化型旅游资源。

第二节 旅游与文化的关系

一、旅游的文化属性

旅游是经济现象还是文化现象呢？旅游既是一种社会经济活动，也是一种社会文化活动，两者密切联系、相互促进，应该说旅游是一种以经济形式来实现的社会文化现象。本质上旅游是一种文化活动，无论是旅游消费还是经营活动都具有强烈的文化性，旅游的六要素中都渗透了丰富的文化内涵。旅游是社会经济和文化发展到一定阶段的产物。

1. 旅游主体的文化本质

旅游作为一种跨时空的消费活动，它的广泛出现是经济发展驱使的结果。对于旅游主体来说，旅游是文化驱使的结果，旅游者以追求精神享受为目的，可以说是文化消费者。旅游者的活动是一种文化行为，文化是旅游活动的出发点和归宿点；旅游是一种对美的追求，文化是旅游者的出游动机和审美对象之一，其中体现了旅游主体的文化含量。旅游者出游的目的主要是"乐生"，而非"谋生"，文化审美动机是主要的。当然，旅游活动本身也能创造文化，如游记、石刻和碑记等。

2. 旅游客体的文化含量

旅游是以文化资源为依托去欣赏和吸收异域文化，同时也带动本土文化而产生文化影响与融合，有时也会产生文化冲突和碰撞，这就是旅游的文化魅力所在。旅游资源按基本成因和属性，大体而言可分为自然资源和人文资源两大类。人文旅游资源，无论是实物形态的文物古迹还是无形的民族风情、社会风尚，均属于文化的范畴。由各种自然环境、自然要素、自然物质和自然现象构成的自然景观，只有经过人为的开发利用，才能由潜在的旅游资源变为现实的旅游资源。即使是自然美，也必须通过鉴赏来反映和传播，而鉴赏是一种文化活动，因此，自然旅游资源同样也具有文化性。

3. 旅游介体的文化特征

旅游业的核心产品只能是文化产品或文化含量高的产品，旅游经营者也只有为消费者提供高质量的文化产品，才能实现盈利的目的。因此，旅游介体的经济行为也体现其文化特征。在市场经济条件下，旅游开发者不仅要了解旅游资源本身的特征和功能，还必须了解游客所追求的文化特征，开发出满足各类旅游需求的文化旅游产品。旅游业的文化特征还渗透于各旅游服务部门的运行过程中，如旅游饭店，不是简单地提供膳食的场所，而是集膳宿、社交、娱乐、审美等功能于一体的综合性场所。因此，一个优秀的饭店，要不断提高餐饮、客房、娱乐等环节的文化品位，培养和提高服务人员的文化素质，提供有情调的个性文化服务。

二、旅游与文化密不可分

旅游与文化的关系十分密切。文化是旅游发展的灵魂，旅游是文化发展的依托，因为文化促成了旅游，没有文化就没有旅游。综观旅游发展史，虽然各个时期都有其独特的表现形式，但在本质上都是旅游者在旅游活动中追求文化享受。旅游是跨越时空的一种文化交流传播活动，旅游者、旅游地居民、旅游服务者等都是一定文化的承载者和传播者，互相影响着对方。

文化的丰富内涵和复杂多样为旅游开发所利用。文化的民族性、地域性决定了文化的差异性。人文旅游资源本身就包含深厚的文化内涵，而优美的自然旅游资源孕育了丰富的文化，自然美也需要从文化层面（文化知识）来鉴赏，自然资源能成为旅游产品也必须要通过旅游开发这一文化手段来实现。从文化的角度来看，现代旅游是一种生活方式，是为了体验异域文化的审美活动，是不同地域文化的际遇与整合，是消费文化与经营文化的统一。因此，组织旅游和参与旅游的一切活动，必然与文化紧密结合在一起，而不同地域的文化在旅游过程中，必然相互联系、相互结合、相互交流。文化是旅游者的出发点和归结点，是旅游景观吸引力的关键与核心，是旅游载体间相互影响的具体内容。

文化对旅游消费行为存在制约和影响，具体表现在：一是文化决定个体的旅游消费观念和行为标准，禁止和限制某些本社会、本民族不允许或不赞成的旅游动机；二是文化造就和影响旅游者的消费习惯和具体消费行为；三是旅游审美具有文化规定性。因此，旅游经营者只有提高旅游产品的文化含量和品位，才能满足现代旅游者的高层次文化需求。

三、文化是旅游竞争的核心

文化是旅游的核心和内涵，是旅游资源和旅游产品的魅力所在。旅游业的竞争本质上是文化的竞争，旅游产品的竞争最终体现为文化的竞争。在旅游活动中，旅游者物质方面的需求是较低级的需求，易于满足，但是其最终目标是精神文化方面的需求，属于高级而复杂的需求，较难于满足。由于各地域、各民族的文化差异性往往为一个地域、一个民族所独有，很难模仿和复制，可比性较低，因此易于创出自己的特色和品牌，形成发展旅游强有力的竞争能力。文化中所带有的地域和民族的独特信息，往往是不可再生也是不可替代的，突出旅游文化特色形成区域间文化特质，是培植旅游产品竞争力的关键。旅游的各要素无不体现着浓郁的文化内涵，也反映了旅游策划、规划、开发者对文化的理解。只有加强旅游企业的文化建设、提升从业人员的科学文化素质，把旅游与文化紧密结合起来，旅游产品才会更具有生命力和可持续竞争力。

第三节 旅游文化的功能和意义

一、旅游文化的功能

1. 愉悦功能

由于旅游文化具有民族性、地域性和多样性等特征，又由于人类具有社会属性，对文化的渴求是人类较高层次的需求，因而人类对异国他乡的文化具有一种特别的新奇感，对高层次的文化消费具有特别的满足感，对优秀文化的鉴赏具有强烈的愉悦感。旅游文化的愉悦功能，有别于其他文化的本质性功能。

2. 保存功能

旅游文化是旅游主体、旅游客体和旅游介体创造的物质文化和精神文化成果的总和，是对各种旅游文化事项的记录和储存，是各种旅游文化成果的凝聚和沉淀。其记录和保存的方式各种各样，主要以物化形式和符号形式为主，如长城、天安门、故宫、苏州园林、凤凰古城等均属物化形式保存的旅游文化。

3. 教化功能

文化既有积极的一面，也有消极的一面，旅游文化则以积极的一面为主，这种积极性就包括教化的功能在内。就旅游主体而言，既可以从物化的旅游文化资源中得到教育，又可以从精神的旅游文化资源中受到启示。看到长城，人们会为古代中国人民的伟大智慧和团结力量所折服，油然而生一种深沉的爱国主义精神和集体主义精神；听纳西古乐、看东巴文，人们会为纳西族源远流长、博大精深的民族文化而深深感动；看到宏村的村庄布局和排水系统，人们无不为古代劳动人民高超的规划水平而深深折服；从佛教的八戒教规中，我们感受到人类对和平的渴望和对动物的保护意识。由此可见，旅游文化的教化功能是无处不在、无时不在的。

第一章　旅游文化概述

4. 凝聚功能

旅游文化具有凝聚功能。古人说："物以类聚，人以群分。"文化是人类联结、凝聚的纽带和黏合剂。价值观念、思维方式、宗教信仰是影响人类"聚""分"的深层次的东西；生产方式、生活方式、传统习惯是影响人类"聚""分"的浅层次的东西。旅游文化的这种凝聚功能是与其认知功能、启智功能、审美功能和教化功能密切联系、不可分割的。

5. 审美功能

从某种意义上说，旅游活动就是一种审美活动。面对雄伟的泰山，面对秦始皇兵马俑，我们会产生壮观的美感；面对碧波荡漾的桂林，面对江南的小桥流水，我们会产生秀丽的美感；面对茫茫戈壁，面对风蚀城堡，我们会产生苍凉的美感；面对丰都鬼城青面獠牙的"恶鬼"和青铜器上的饕餮铭文，我们会产生狞厉的美感；面对江南园林，面对椰风海韵，我们会产生诗意盎然的美感。旅游文化的这种审美功能可以极大地满足人们对美的渴求，能陶冶人们的思想情操，提高人们的文化素养。

6. 规范功能

旅游文化中的一些传统习惯和民间禁忌具有规范人们行为的功能，比如土家族人禁食蛙肉、蛇肉等，就可以保护动物；苗族人禁砍村中的风景林就可以保护古树；回族人禁止在井边洗手洗衣服，就可以保护水源。这些良好的风俗习惯和禁忌不仅对本地居民具有规范作用，而且对异国他乡的游客也会产生良好的规范功能。

7. 交流功能

旅游文化的交流功能，是指旅游文化之间的相互沟通，沟通的媒介就是旅游介体，即旅行社、旅游交通和导游等。

（1）就旅游主体而言，它可以将客源地的文化传播给目的地，也可以将目的地的文化传播给客源地。

（2）就旅游客体而言，可以通过目的地的文化影响旅游主体，也可以吸收旅游主体带来的客源地的文化。

（3）就旅游介体而言，它既可以将企业文化带给旅游主体和旅游客体，又可以吸收旅游主体和旅游客体的文化。

当然文化的这种交流功能具有两面性，既有积极的一面，又有消极的一面。

我们要想方设法传播、吸收先进的旅游文化，克服、排除落后的旅游文化，从而促进旅游文化的健康持续发展。

8. 经济功能

旅游既是一种社会现象、文化现象，又是一种经济现象。旅游文化作为一种高层次的旅游资源，如果通过合理的开发和利用，无疑将具有经济功能。这种经济功能表现在不仅可以拉动内需，解决就业，脱贫致富，还可以获取外汇，平衡国际收支，购买国外的先进技术、先进设备，推动经济的不断发展。2000年，中国国家旅游局曾对入境旅客做了一个抽样调查，调查显示：80%的境外游客是奔着文化景观而来，只有20%的境外游客是奔着自然景观而来。由此可见，5000多年的华夏文明对国际游客具有极大的吸引力。从另一个角度来看，旅游文化的经济功能是非常强大的。不过，我们在注意发挥旅游文化的经济功能的同时，一定要切实保护好旅游文化景观资源，绝不能吃祖宗饭、断子孙粮，要确保旅游文化的健康持续发展。

二、学习旅游文化的意义

1. 有助于提高人们的文化素养

通过对旅游主体文化、旅游客体文化、旅游介体文化及其规律的探讨，可以使人增加旅游文化知识，加深对旅游文化现象的认识和理解，通过潜移默化的作用，不断提高旅游者、旅游从业人员乃至整个社会的文化素养和道德素养。

2. 有助于人们认识旅游活动的社会影响

旅游活动作为一种经济活动，能够带来经济收入，扩大就业，提高人们的生活水平，但同时也会污染空气、污染水源、污染土壤，造成环境污染。旅游活动作为一种文化活动，有助于加强文化交流，陶冶人们的情操，净化社会风气，但同时也会造成文化的入侵、文化的渗透，甚至文化的消亡。认识到旅游活动的负面影响，有利于我们采取措施、因势利导，尽可能地扩大正面影响，排除消极影响，推进旅游业健康持续发展。

3. 有助于人们认识旅游活动发展的机理

旅游文化学有助于解释人类的旅游行为，揭示旅游活动发展的机理。人类的旅游活动固然要受到经济因素的影响，但从根本上来说，它是人的一种自觉的活动，是文化使然的结果。旅游文化学从文化这个特殊的角度来审视旅游活动，研究旅游产生、发展乃至成为人类生活不可或缺的组成部分的内在规律，可以说为人们认识旅游提供了最有效的方法和途径。旅游文化学不仅注重对旅游现象的研究，而且通过这些现象的纵横比较，探讨旅游行为运动变化的机理、发展趋势，按照一定的理论方法对未来的情况进行预测，有助于旅游活动的全面发展。

4. 有助于加强学科建设

旅游文化学作为旅游学的一个分支学科，它的创立和研究有助于丰富和完善旅游学的学科体系。旅游文化学作为文化学的一个分支学科，有利于拓展文化学的研究范围，有助于文化学不断向着新的广度和深度发展。

5. 有助于弘扬民族传统文化，促进社会的和谐发展

中国的旅游文化源远流长，博大精深。对旅游文化学的纵深研究，有助于人们更加深刻地认识和理解中国独特的历史文化、宗教文化、科技文化、建筑文化、园林文化、饮食文化、服饰文化、礼仪文化、歌舞文化和民俗文化等，有助于弘扬民族传统文化，促进社会的和谐、健康、持续发展。

第二章 旅游新概念

第一节 旅游概念的重新认识

什么是旅游？顾名思义，旅是外出，游是游玩，合在一起就是"外出游玩"。不少中外旅游界的权威专家和权威机构，都为旅游下过各种各样的定义，但概括起来，既简单又明了的解释就是外出游玩。

过去，旅游对于为温饱而忙碌的人来说，只是一种妄想，旅游是既有钱又有闲的少数人的奢侈享受。但随着经济发展、生活富裕、社会文明进步，如今的旅游已经发生了量与质的变化，大量的出游者是来自各种不同背景的普通百姓，他们对旅游的想法不同，所好和欲求更加五花八门，都想在有限的假期内尽量包揽一切旅游的生活享受。在这种不断高涨的"旅游热"的情势下，旅游的旧有概念必然要受到巨大的冲击。

下面笔者就旅游规模的发展、旅游范围的扩大、旅游内容的增多和旅游性质的变化等方面进行分析，探讨旅游概念变化的内涵和实质，重新认知旅游，为现代旅游的发展提供理论和实践的依据。

一、旅游规模的发展

旅游的最初概念是个别旅行家的外出活动，与大多数人的生活是不相干的。在自给自足的自然经济状态下的旧中国，普通老百姓根本没有条件，也没有机会外出旅游。改革开放后的中国，经济腾飞，思想开放，人们想出去看看大千世界的愿望渐渐萌生，旅游也就随之发展了起来。但这一时期的旅游概念，大多居于"到此一游"的观光旅游，满足于到过多少地方，看过多少景色，有过多少经历而已，旅游的规模小、人数少，旅游的产品也不多，应该说这还只是我国旅游刚刚起步的阶段。

进入21世纪,我国经济突飞猛进,与此同时,旅游也开始成为日常生活中的刚性需求。中国拥有世界上最庞大的国内旅游市场,因此可以说,我国已真正步入了旅游大众化的时代。

旅游规模的发展,带动了全国的旅游大开发,促进了旅游产业的兴旺,引起了出游人群的大流动。不容置疑的是,旅游业在经济结构中已经跃居极为重要的地位,成为我国经济发展的战略性支柱产业。但目前的情况是,旅游产品供给依然较为滞后,开发建设不足,总体规划设计水平还不是很高。因此,必须重新认识旅游,要用前瞻性的目光审视迅速变化着的旅游态势,适应现代旅游的发展潮流。

二、旅游范围的扩大

随着旅游规模的发展,旅游所涉及的范围也在不断地扩大,最显著的是以下几个方面。

首先是旅游地域范围的扩大。远程旅游的距离几乎没有了边界,跨区、跨市、跨省、跨国、跨洲,到处都有旅游者的足迹,无论是荒原、沙漠,还是极地、海洋,都有旅游者造访,甚至太空旅游也已不再是空谈或梦想了。如此宽广的旅游范围,必然会改变人们以往对旅游的局限性认识,代之以现代旅游的全新概念。

其次是旅游景点范围的扩大。由于旅游的快速发展,原有景点供不应求,甚至人满为患,这就促使旅游景点必须数量增多、范围扩大,从单一的旅游点,发展到整合诸多景点的旅游区、旅游县、旅游市、旅游省,甚至享誉世界的旅游国家。除此以外,大量的住宅、村镇、胡同或街巷,都以不同的旅游特色纷纷发展起来,就像"农家乐"在全国遍地开花。面对"大兴旅游"的新形势,我们必须对旅游的概念有清醒的认识。

最后是旅游产业范围的扩大。旅行社的行业规模、企业数量、经营品种、业务能力等,都有了极大的提升。此外,还形成了庞大的旅游配套服务体系,如信息业、交通运输业、旅游商品制造业和文化艺术行业等产业。有了科技及文化创意产业的支撑,旅游业才能不断地提升旅游产品的质量。不断延伸旅游的产业链。

三、旅游内容的增多

在我国旅游的初始阶段，除了有数的几处名山大川、名胜古迹、名人故里外，游客可选择的旅游内容确实不多。所以常常有所谓"下车看庙，上车睡觉"的随团旅游，其内容比较枯燥、单调、乏味。然而，到了旅游大发展的今天，旅游的内容正在不断地增多，其内涵也在不断地丰富。

从出游的目的来分析，主要有度假旅游、生态旅游、蜜月旅游、家庭旅游、会议旅游、商务旅游、宗教旅游、科考旅游、红色旅游和健康旅游等，还有其他各种各样的外出旅游目的，都安排了各自不尽相同的旅游生活内容。近年来，健康旅游正在兴起，并且被业界十分看好，如养生度假、温泉疗养、健身旅游等。在日本又兴起了"医疗旅行"产业，很受访日中国游客的青睐。

旅游内容之多还体现在出游的方式上，人们已经不满足于走马观花式的观光旅游，喜欢慢慢欣赏，细细品味；乐于亲自参与，实践体验。因此，除了加入旅行社的组团出游外，更喜欢不受约束的自助游和自驾旅游，房车旅游也开始时兴了起来。更酷的年轻人，玩起了骑自行车环游和徒步旅游。老年退休人群更热衷于候鸟式的度假游。境外游已经成为很多人的出游方式，中国游客已成为境外最大、最受欢迎的旅游群体。

旅游的目标也多种多样，有只去一个景点的点上游，有行程为一条游线的线上游，还有逗留在一定地域范围内，游遍四周的面上游。点、线、面的多方位旅游模式，更加丰富了旅游内容，给游客提供了更多的选择。

四、旅游性质的变化

旅游规模、范围和内容的扩展和变化，也必将会引起旅游性质的微妙变化。这种变化主要表现在以下三个方面。

首先，人们对旅游的需求会变得越来越强烈，在生活无忧的前提下，谁都不想永远死守在一地，都会渴望外出旅游，更多地了解外面的世界。因此，旅游开始成为人类普遍的需求。

其次，越来越多的人群出游，形成了人类生活中前所未有的人群大流动，到异地生活的出游活动成了极为普遍的社会现象。这时候的旅游已经由少部分人群的出游活动，演变成了全社会群体性的广泛出行活动，旅游者数量的空前增多，产生了旅游性质的很大变化，个人或部分人群的旅游活动，变成了牵动社会整体的社会旅游。

最后，旅游的发展带来了社会经济结构的变化。第三产业因旅游而获得了巨大的发展，各行各业也都随着旅游业的迅猛发展而乘势发展。旅游的产业链很长，并且还在不断延伸，不断派生出新的与旅游相关的行业。围绕旅游聚集起来的相关行业，组成了一个空前巨大的经济集团，这就是"旅游经济"，它的发展壮大，将深刻地影响着社会的经济结构。

五、现代旅游的社会影响力

当旅游成为人们的"第六需求"，成为大众化的生活方式，成为极其广泛的社会旅游时，它就会影响到社会的方方面面。

首先应该指出的是，旅游是一个巨大的消费市场。由于出游人数、出游次数、出游时间和出游消费能力都在不断地增长，全社会的旅游消费总量必然会相应地增加。消费可以拉动生产、拉动经济的发展，甚至在一定程度上会促进社会经济结构的改变。更重要的是，旅游拉动了其他许多相关产业的共同发展，促进了就业率的不断增长，对经济发展有着重要影响力。

同时，日益增长的大众旅游规模，也会带来文化的大普及。不同的旅游地、旅游景点，都有着不同的文化内涵；众多知识性和趣味性相结合的旅游产品，让游客在愉快的旅程中获得了丰富多彩的文化知识，包括历史、地理、民族、宗教、自然和现代科技等多方面的文化知识和科普知识。旅游让人们见多识广，无形中提升了人们的文化素养。

大批游客的跨区域、跨国界旅游，是不同地区和民族间的文化大交流；旅游升级版的打造，将会促进旅游业与文化创意产业的紧密融合，推动大众创业、万众创新，掀起文化创意产业的大繁荣。

综上所述，可以清晰地看出旅游对于社会文化的重要影响力。大众旅游产生的文化大普及、大交流和大繁荣，不但在国内具有深刻的影响，同时，由于出境旅游的国人越来越多，与各国人民之间的交往随之增多，民间文化交流、增进相互了解、发展彼此友谊的机会也越来越多。随着我国出境旅游人数的增多，给一些旅游国家的经济收入带来了大幅度的增长，特别是我国出境游的旅客购物欲望高、购买力强，因此在国外备受商家欢迎，甚至带来了"旅游外交""经济外交"等更为深刻的影响。

毋庸置疑，现代旅游将对社会产生越来越大的影响力。

六、注意旅游开发中的某些负面影响

旅游业的发展急需改变旅游产品不足、旅游发展滞后的供不应求局面，需要有更多的旅游景点、度假胜地、主题公园和休闲娱乐场所，需要加快旅游开发的速度，加大旅游开发的力度，顺应旅游市场不断扩展的要求。但是，旅游开发的过程中，常常会出现过度开发和无序开发等弊病，对社会造成严重的负面影响。

（一）过度开发

过度开发就是超过环境承受能力的破坏性开发。人类的文明史告诉我们，所有经济、文化和科技等领域的发展，都给人类的文明进步和生活舒适享受带来了巨大的影响，但同时也对自然资源和人类的生存环境造成了一定程度的破坏。所以，开发和保护之间的矛盾是始终存在的，求得两者之间的统一是人们始终追求的目标。要留住青山绿水、蓝天白云；要保持鸟语花香、禽兽繁衍；要保住人类赖以生存的耕地、森林、海洋和湖泊资源。从旅游角度来看，生态环境应该是旅游的"第一卖点"。

任何旅游项目，丢掉了美好的生态环境，也就是丢掉了项目最大的开发价值，可谓"绿水青山胜过金山银山"。因此，适度开发、爱护环境和节约资源，应该是旅游开发中必须时刻警觉的首要问题。

我国政府高度重视生态文明建设，正在全面推动国土空间开发格局优化，加快技术创新和结构调整，促进资源节约循环高效利用，加大自然生态系统和环境保护力度，加快发展绿色产业，形成经济社会发展新的增长点。与此同时，还要加快推动生活方式绿色化，实现生活方式和消费模式向勤俭节约、绿色低碳、文明健康的方向转变，并且把生态文明纳入了社会主义核心价值体系，要形成人人、事事、时时崇尚生态文明的社会新风尚。采取多指并举、多管齐下，使青山常在、绿水长流、空气常新，让人民群众在良好的生态环境中生产生活。

旅游开发更应该遵循生态文明建设的目标要求，不但要在开发中充分保护生态环境，还应力求做到实现环境的优化和美化，为美丽中国和绿色家园画上精彩的一笔。

(二)无序开发

无序开发是当前比较普遍存在的严重问题,它对于旅游发展和社会生活都造成了不同程度的负面影响。无序开发的弊病主要表现在以下几个方面。

1. 马鞍式的弊病

旅游景区的早期开发,无论在中国或外国,大多数国家都经历过无序开发造成的"马鞍形"现象。什么是"马鞍形"现象呢?在旅游资源价值较好的地区,旅游开发商一哄而上,形成了旅游项目大干、快干的发展期。但是,由于一开始缺少科学的整体规划,或是由于规划滞后,或是由于规划多变和规划执行不力,造成了旅游开发缺乏指导、缺乏管理的无序开发状态,由此带来了低层次和趋同化等一连串的问题,不但旅游开发的效益不能持久,甚至对旅游资源和生态环境也造成了不同程度的破坏。旅游项目也日渐进入了衰败期。经历了发展和衰败之后,人们重新审视主观设想、盲目投资等违反旅游业科学发展规律行为的严重后果,开始重视科学规划、严格管理、资源整合和合理利用;注意统筹兼顾、协调组织、依法行事和积极推进;在开发建设中,强调提高起点、打造特色、服务配套、确保效益,以较为理性的思维面对新一轮的旅游开发,进入了重振旅游的振兴期。国外不少著名的旅游胜地也经历过"发展—衰败—重振"的曲折过程,用笔画出来就是一个马鞍的图形,这就是"马鞍形"现象说法的由来。

就我国目前多数地区的旅游开发情况来看,基本上都处于开始起步的发展期,还不是衰败后的重振期。不过,如果从一开始就有清醒的认识,用科学发展观指导旅游开发,那么,就可以避免走许多弯路,减少许多损失。

2. 雷同化的弊病

雷同化的弊病在我国的旅游开发项目中比比皆是,这种现象深刻地反映了旅游行业创新意识淡薄、创新设计乏力的现状。千篇一律的项目、千城一面的市容,令人感到乏味和厌倦。人们总是希望接受新的东西,看没有看过的,玩没有玩过的。因此,必须求新、求变、求奇特。要知道,猎奇是游客的普遍心理,即使是一般的旅游观光,人们也总喜欢选择去没有去过的地方游览观赏,再好玩的游乐项目也会有玩腻的时候。

所以,旅游项目要能给人以新鲜感、陌生感或奇特感,要做出独特性、差异性和有创造性的旅游产品来。旅游策划的任务就是要打造特色,拒绝抄袭和复制。任凭雷同化弊病的蔓延会严重地侵蚀旅游产业,甚至毁掉许多宝贵的旅游资源。

避免旅游开发项目的雷同化弊病,就必须从旅游规划设计开始重视。要以创新的理念和创新的策划设计,为景区打造特色,有了特点,才能形成亮点,变为热点,才有可能成为最好的卖点,甚至可以说"不怕有缺点,只怕没特点"。必须强调文化创意产业与旅游业的结合,这样才能创造出艺术水平高、科技含量高、文化品位高的旅游产品,提升旅游品质,不断涌现出中国旅游的升级版。

3. 功利性的弊病

旅游开发中功利性的弊病也是屡见不鲜,无论是旅游项目的规划单位、投资商或是旅游管理部门,都有因急功近利而损害旅游发展的现象,甚至带来许多无法弥补的损失。

一是有些规划设计单位,错误地以"商业化的态度,工业化的运作方式"对待极具创造性的设计,把本应精雕细刻、潜心创意设计的策划,变成了一宗只求获利的商品交易,忘记了旅游规划工作者应有的社会责任。旅游开发要避免带来生态环境的破坏;要保护群众的切身利益和长远的经济社会效益;要为子孙后代留下宝贵的遗产,不要留下许多令人痛心的遗憾。旅游开发要保证投资者的利益,但不能因此而违反国家政策,损害群众的长远利益。不要借旅游开发的名义帮助开发商圈地;不要因旅游开发损坏文物古迹和宝贵的历史遗存;不要为了旅游开发而设计出品位低、质量次、安全差、雷同化的低劣项目。如此种种,都是旅游规划人员必须清醒认识的社会责任。

二是有些缺乏远见的开发商,盲目跟风,照搬照抄认为有利可图的旅游项目,造成旅游开发项目的大量翻版复制;或是以圈地为目的,把投资旅游开发项目作为幌子,白白浪费了宝贵的土地资源;或是在旅游开发中建宾馆、造别墅,注重旅游地产,偏废旅游项目;或是片面追求面向高端人群、脱离大众的旅游需求;或是只顾眼前获利,急于推出粗制滥造、低劣庸俗的旅游开发项目,损害了旅游的整体形象。

三是有些失职的旅游管理部门,为了政绩,为了吸引开发商,不惜降低门槛,放松了对旅游开发项目的审查;也有因好大喜功而不顾群众利益和国家的宝贵资源,大拆大建地搞旅游开发,造成了十分恶劣的影响;还有因地方各级旅游规划的管控缺失,致使破坏生态环境、损失宝贵资源、侵犯群众利益、影响科学发展等现象时有发生。

凡此种种，都告诉我们在热衷于旅游开发的同时，务必清醒地防止各种负面影响，让旅游业在科学发展观的指导下顺利进行。我国地域辽阔、山川秀美，具有多样化的生态环境，有丰富的地域文化和民族文化，有悠久的历史和多彩的人文资源，这一切都为旅游开发提供了无数个各具特色的主题。各省、各市、各县都可以根据各自的资源特点，规划打造个性化的旅游品牌，勾画出旅游县、旅游市或旅游省的宏伟蓝图，从顶层设计开始，制定出旅游强国的发展目标，因地制宜地层层落实到各地的规划中去，为美丽中国绘制出更加壮丽的画卷。

第二节 旅游发展中的新问题

旅游的快速发展，出游人数的激增，必然会带来一系列的新问题，其中比较突出的就是相对滞后的旅游服务，对于旅游行业来说，如果服务不到位，后果是非常严重的。因此，旅游发展除了要注重长远发展、控制需求、加强环境保护、确保旅游安全、提倡文明旅游、加快产品开发、重视科学规划外，还要注重提高全行业，乃至全社会的旅游服务质量问题，要创造更好的便捷出游条件，要提高服务质量和服务人员素质，要从旅游硬件和软件两方面同时进行、同步发展。对于旅游发展中出现的某些突出问题，有必要做比较详细的分析，并提出一些应对的办法。

一、确保旅游安全的问题

安全是外出旅游的首要问题，中国有一句祝福出行者的老话，叫作"一路平安"，这也说明了安全对于旅游的重要性，可以说没有安全就没有旅游。伴随着旅游业的蓬勃发展，游客如潮水般地涌向各地、各个景区，旅游生活的方方面面都承受着巨大的接待压力。

确保旅游安全，要为旅游者愉快地融入异地生活提供可靠的保障。确保旅游安全，也是旅游业健康发展的必要前提。从目前来看，安全问题是旅游发展中比较突出的问题，也是严重制约旅游业发展的重大问题。无论是政府部门、旅游企业经营者、旅游者，还是社会公众，都应该把安全放在旅游发展的重中之重的位置。

从旅游安全事故发生的情况分析，可以看出旅游安全问题有以下特点。

1. 旅游安全问题的广泛性

旅游业是一个综合许多行业和许多部门的大产业,旅游安全问题不但与吃、住、行、游、购、娱等行业直接关联,而且还涉及社会生活的其他方方面面。众多的行业和社会部门,任何一处稍有疏漏,都有可能出现旅游安全事故,所以,旅游安全问题具有一定意义上的广泛性。

2. 旅游安全问题的复杂性

旅游安全问题的影响因素很多,各种社会因素和自然因素都可能存在安全隐患,旅游行业管理和旅游活动组织的各个环节,都有可能存在潜在的旅游风险。现代旅游早已不是孤立的外出活动,而是牵涉面很广的大众活动,一旦发生了旅游安全事故,就会通过各种途径影响整个社会。旅游安全问题不但影响面广,而且影响深远,出现事故后会迅速传遍全国,给旅游者造成很大的心理影响,甚至会严重地波及旅游市场。

3. 旅游安全问题的突发性

为了防止发生旅游安全事故,首要的应该是引起相关部门和全社会的高度重视,严格制度,严格管理,加强宣传教育,加强预警预判。但是,究竟何时何地会出现安全问题,常常难以预测,必然因素中的偶然因素不易把控,所以旅游安全问题一般都具有突发性。

旅游安全问题的种类主要有交通事故、疾病、治安事件、火灾、自然灾害、食物中毒和旅游设施事故等。在实际生活中的旅游安全问题多种多样,但归结起来看,问题主要发生在三个方面:一是旅游主体的安全,也就是旅游者的安全;二是旅游客体的安全,也就是旅游目的地的人和物的安全;三是旅游中介的安全,也就是旅游接待设施和人员的安全。所以,旅游安全问题的防范应着重从这三个方面入手。

为了给旅游创造良好的安全环境,必须从以下方面加紧应对:①完善旅游安全相关法规;②建立旅游安全预警系统;③建立旅游安全应急救援系统;④制定旅游安全的管理规则和操作规程;⑤加强旅游从业人员的培训;⑥加大旅游安全的宣传教育。一定要多管齐下,严防死守,力保安全。

目前,我国的旅游者到境外旅游的人数越来越多了。出境旅游的安全问题比国内旅游更为复杂,在境外旅游要注意食物安全、住宿安全、交通安全、游览安全、购物安全和旅游娱乐安全,要尊重当地居民的风俗习惯,要遵守所在国的法律和规定，遇到麻烦时要与我国驻外的领事馆联系。此外，要谨防各种各样的旅游风险，如恐怖主义、犯罪、战争、政治不稳定或传染性疾病等。这种旅游风险的出现并不太多，但对旅游安全的威胁极大，务必充分注意，万不可大意。

最近几年里，发生了多起游乐园大型设备事故、航空事故、游轮翻沉事故和游人拥挤踩踏事故等恶性事故，引起了全社会的震动。因此，在发展旅游的大好形势下，更要密切关注旅游安全的问题。

二、提供便捷出游的问题

外出旅游在我国已经十分盛行，无论是国内旅游或是出境旅游的人数，都在逐年快速增长，旅游业在提升国民幸福感、促进经济社会发展中将发挥越来越大的作用。与此同时，外出旅游也越来越方便、快捷。过去出一次远门非同小可，不但耗时漫长，旅途劳顿，还得一路问询，可谓"南京到北京，叔叔、伯伯问不停"。如今，无论选择什么样的出游方式，都已经十分便捷。便捷出游是所有游客的期望，也是旅游业现代化发展的重要标志。

1. 经济发展和科技进步为旅行者提供了最便捷的旅游交通服务

出游首先要解决的是交通问题，要以最省时省力的交通方式完成出游的全部路程，让游客的时间和精力都用在旅游度假地的生活享受上，变旅途劳顿为旅途轻快。现代交通的发展已经使很遥远的路程变得好像近在咫尺，四通八达的高速公路、快速如飞的动车和高铁，还有遍布国内外众多旅游目的地的无数条空中航线，让出游变得极其便捷，说走就走，说到就到，无须为路途遥远而操心。

2. 旅游者对行程所有环节的预知、预控程度有了极大的提高

进入信息时代的今天，通过互联网就可以充分了解旅程的目标景点的位置、特色及最精彩的游玩点；了解整个旅程的每个景点情况、相关位置及游玩的天数，制订出旅游行程的完整计划，包括规划好交通方案，预订机票或车船票；预订好酒店；搜索当地的经典美食和著名特产，为旅游购物和享受佳肴预做准备。由于对出游的全过程完全做到了预知和预控，外出旅游就变得更加轻松、便利。

3. 提供更加便捷的出游服务条件是未来旅游发展的目标

对于每一个外出旅游的人来说，都希望在有限的休假时间内充分享受生活，希望旅游活动的每一个环节都能非常顺利、非常方便。因此，旅游管理部门和旅游服务部门，包括所有和旅游相关的一切行业和机构，都要以人为本，以方便游

客为目标，坚持服务创新、管理创新。在"互联网+"的国家战略指导下，应不断推动旅游便捷服务的改革升级和创新发展，通过"互联网+"智慧景区的创新运营模式，搭建起一条无障碍的便捷出游的绿色通道。

4. 解决好当前便捷出游服务中的问题和几个薄弱环节

由于旅游者出游的方式不同，对于便捷出游服务的要求也不尽相同。目前出游的主要方式大体上可以归纳为三种：一是由旅行社组织的随团旅游；二是由旅游者自行选定行程的自助旅游；三是有车族开车出游的自驾车旅游，其中包括房车游和徒步游。

随团旅游的出游方式是否便捷，是否令旅游者满意，完全取决于旅行社的路线设计和行程安排，也包括导游或领队的执行能力。对游客而言，应该对旅行社的安排有更清晰的认知度，一张简单的行程计划单是不够的，必须要给游客提供一份出游的全程手册，以画册的形式详细介绍所有景点、酒店、餐馆、交通工具、购物须知和全程的时间安排等，让游客心知肚明，顺畅地随团执行，满意地游完全程。

自助旅游的出游方式是自己设计旅游线路，自己安排旅途中的一切，更加随心所欲、自由自在，充满了多元化的个性元素。自助旅游的规模在不断增长，它将逐渐成为主流的旅游方式。因此要为自助旅游者便捷地在网上选择行程、网上结伴、网上搞定吃、住、行、游、购、娱等所有事情，搭建一个广泛的旅游网络平台，提供最完善的旅游信息服务和电子预订、预购系统，为自助旅游创造最便捷的出行条件。

自驾车旅游和徒步旅游正在快速兴起，都是属于自助游的方式，也是更加自由化、个性化的深度旅游方式，受到不少中青年旅游者的追捧。因此，要为自驾车游和徒步游提供更加准确、清晰的导航、导游和导引信息系统；要在城乡所有的道路上完善导引路牌；要普遍设立为出游的人、车服务的补给区、救急区和接待区（站），让出游者一路无忧。

从便捷出行的服务条件来看，当前比较薄弱的环节在两头：一是出行前，应为出行者提供预知、预控所必需的网络信息系统，必须建立起超能的旅游综合信息库，或提供一本旅游必备的实用百科全书；二是到达旅游地后，最后几公里的驳接缺失，不能顺畅地把游客转送到景点或住地。两头的助力不足，是影响便捷出游的主要瓶颈。

三、优化旅游环境的问题

旅游环境是游客在旅游地感受最深刻的第一印象，优化环境是旅游质量提升的重要标尺。再好看的景点、再好玩的乐园，环境的脏乱差，声、光、水、气等严重污染，都将会毁掉整个景点或乐园的美好形象。所以，优化旅游环境是不可或缺的重要任务。

旅游环境的优化不只是一个景点或一个乐园的事，应该扩展到整个大景区，或是旅游景点所在的县、区、市。旅游地大环境的整洁优美，会给游客带来心理上的舒适感和亲近感，从而会给人留下难以忘却的美好印象。

优化旅游环境要从三方面着手：一要完善设施；二要强化管理；三要培育公德。三者缺一不可。

完善的设施是优化旅游环境所必不可少的条件，如卫生间、垃圾箱、保洁车、污水处理和垃圾处理设备、绿化设施、游览车、停车场、房车服务站、公园椅、休息亭、花木、绿地等，必须从各方面形成整齐、清洁、美观、舒适的旅游环境。环境整洁是旅游地最基本的条件，绿化美化是旅游地文明舒适的更高标准。因此，在优化旅游环境方面一定要下功夫予以解决，要狠抓设施建设。近年来，旅游系统和城乡各地都重点狠抓了厕所的卫生建设，"厕所革命"已经见到了很好的效果，让游客感到满意，值得赞赏。许多景区不但卫生间增多了，而且卫生间的设施也很现代化，有的景区还把卫生间和景区的文化与景观相结合，很有品位。在腾冲和顺古镇景区的多个卫生间内还配有十分雅趣的对联，更值得称道。

完善的设施是可以花钱买来的，但严格、科学、有效的管理就不那么容易了。比如说，如何有序地组织游客的游览活动，如何解决景点设摊叫卖的乱象，如何保护花木绿地和景观小品，如何消除景区嘈杂的噪声污染，如何不让景区设施遭受破坏，如何治理景区内外的交通混乱，以及如何维护好景区和周边的整洁卫生等。这一切，都是要靠有效的制度和严格的管理来实现的。因此，加强制度建设和严格执行管理非常重要，尤其要重视旅游管理人才的培养，采用科学管理的方法，让每一个旅游地都能把最美的景象呈现给来自八方的游客。

然而，优化旅游环境中最难的是培养社会公德。随地丢弃废物垃圾，烟头痰迹满地，到处乱画乱刻，攀折花木，践踏绿地，弄脏建筑，损毁公物，吵吵闹闹，挤挤攘攘，会使得良好的设施很快被损毁，整洁的环境立刻被破坏。因此，在游客群体中培养良好的社会公德，摒弃陋习、树立公益意识、提高旅游素养实在是太重要了。由于各种因素的原因，我国游客总体的文化水平不高，文明礼貌、公共观念、卫生习惯、旅游知识等方面都尚较欠缺，所以，游客中的不良举止在较长的时间内还难以杜绝。

从优化旅游环境的三项举措来看，好的设施是可以花钱买来的，好的管理就比较难一些了，而培育好的公德就更难了。但是，只要我们认准方向，坚持努力，就一定会在全国创造出越来越多的美好旅游环境。

四、提高服务质量的问题

旅游业是涉及面很广的服务性行业。旅游中的吃、住、行、游、购、娱等各方面的相关行业，都要为出行的游客提供良好的社会服务。所以，旅游服务质量的提高，不只是旅游系统的问题，而是和整个社会服务质量密切相关的问题。就拿出行的交通来说，不只是旅游车、旅游专列、旅游客轮和旅游航空专线的交通服务质量问题，而是与社会整体的交通服务质量休戚相关的问题；餐饮业和住宿业，也不只是几家定点的旅游餐馆、酒店的服务质量问题，而是餐饮和住宿全行业的服务质量问题。所以，提高旅游服务质量将会带动全社会服务质量的全面提升。

随着旅游业的发展，我国的旅游服务质量已经有了明显的改观。旅游接待设施和配套功能不断完善，旅游产品更加丰富，旅游业的标准化、规范化水平也已大大提高；旅游企业的服务质量体系不断完善，旅游队伍建设加快发展，旅游服务能力的增强和旅游诚信体系的建设，促进了旅游服务质量的普遍提升。

进一步提高旅游服务质量是群众的殷切期盼，应该从以下方面着手予以解决。

第一，要统一服务规范。提升旅游服务行业的服务质量，就必须构建标准化的服务要求，对旅游服务行业进行规范化管理。我国的旅游标准化工作虽然已经展开，但是大多数标准的执行力度不够，实施效果有限，影响力不足。当务之急是要统一制订全行业的旅游服务规范，包括餐饮服务、住宿服务、交通服务、游乐娱乐服务、旅游购物服务、票务服务、信息服务、解说服务、环境服务、卫生服务、安全服务、特需服务、投诉处理服务、对服务人员的要求和对规范实施的管理等，都要有规范化、标准化的具体要求，其核心是做到"以人为本，诚信服务"。统一服务规范应由政府、行业协会、相关企业和研究机构共同制订，在国家层面的统一标准指导下，结合地方特点，制定出不同地区相应的旅游服务质量标准。

第二，要加强科学管理。要充分应用现代科技成果和管理科学的理论，为提高旅游服务质量提供必要的手段。不能单凭传统的经验办事，要运用科学的方法，从计划、组织、领导和控制四个方面抓住提高旅游服务质量的关键。要把建立在充分调查研究基础上的旅游服务质量管理方案落到实处，特别要强调计划的科学性和针对性、组织的严密性和广泛性、领导的权威性和协调性、控制的有效性和严格性。以科学的服务质量管理体制为保证，使旅游服务质量不断地得到改进。除此以外，应该大力推广应用现代科技成果，为提高旅游服务质量提供最先进的科技支撑。如利用网络资源的优势，对旅游资源进行包装、整合和品牌打造，通过互动、开放、动态的模式实时传播，对于游客在旅游目的地选择方面起到了决定性的作用；又如景区的数字化管理，在地理信息系统、数字监控系统、电子门票系统、智能指挥系统、旅游咨询系统、自动语音导游系统、背景音乐系统与数字化营销系统等许多方面，为加强旅游的科学管理、提高旅游服务质量，提供了更为有效的保证。

第三，要培养专业人才。旅游是一门很特殊的学问，学科内容丰富，专业岗位众多，需要大量不同专业类的人才。餐饮、酒店、景区或旅行社都需要有一大批具有专业素养的管理人才。以旅游行业的基层管理为例，应该有具备以下要求的优秀人才：既要有扎实的专业知识基础、丰富的现场管理经验、正确的作业管理方法、良好的交流沟通技巧、健康的用人育人理念、卓越的组织协调能力、敏锐的求知创新意识，更要有游客至上的服务精神。要通过岗位培训、职业教育和高管人才培养等多种方式，提高各个旅游服务管理岗位人员的素质。这是从总体上提高旅游服务质量的关键。

第四，改进管理模式。提高旅游服务质量还应从管理模式上着手。要以政府管理与行业管理相结合，要以行业的条条管理与地方政府的块块管理相结合，还要以旅游部门的管理与多部门的协调管理相结合。实行了三个相互结合的管理模式，就可以保证有效地推进旅游服务质量的持续改进与不断提高。

五、重视旅游规划的问题

旅游规划是一个地域综合体内旅游系统的发展目标和实现方式的整体部署过程，是进行旅游开发、建设的法律依据。所以，要保证旅游的健康发展，就必须十分重视地做好旅游规划。旅游规划要求系统地从全局出发，对规划对象进行综合整体优化，要以发展的、立体的视角处理旅游系统的复杂结构问题。要站在高屋建瓴的角度统筹全局，为旅游规划提供指导性的方针。因此，必须保证旅游规划的科学性和权威性。

对于是否已经真正重视了旅游规划的问题，可从以下三方面走访一下，对旅游地进行实地的调查了解：一是有没有旅游规划；二是规划得好不好；三是规划执行没执行。初步得到的结论是：总体规划水平不高，规划执行力差，甚至还有根本没做旅游规划就开始无序开发的现象。有的地方"一本规划到底"，几十年不动不变；还有的地方换一任领导做一个规划，"规划"成了当地政府发展旅游的门面。难怪有人讽刺说："规划规划，墙上挂挂，规划规划，说说鬼话。"话虽难听，却是对不重视旅游规划现象的鞭挞。

目前，从事旅游规划设计编制的机构不少，但由于商业化意识的侵袭，真正下大功夫倾全力于规划的很少。用八股文和意向图堆砌出来的规划文本屡见不鲜，没有亮点，并不实用，贻误了旅游发展的大局。在旅游规划的评审环节，也常常因为"权、贿、情"而妨碍了评审的公允，因为走形式而降低了评审的水平。这些现象虽不代表全部，但确实是需要引起重视的严肃问题。

第三节　旅游学的多学科融合

旅游学是一门基于人类旅游实践活动的学科。它通过对旅游主体、旅游客体、旅游媒介及其相互间关系的研究，探讨旅游的现象及其历史演变，总结旅游发展的基本规律，成为指导旅游实践的理论科学。

旅游学是实践性极强的科学，随着人类旅游活动的快速发展，旅游的概念和旅游的性质都发生了重大的变化。因此，旅游学的理论需要不断丰富和不断更新。尤其在今天，我国的社会经济和科学技术都处在日新月异的发展变化中，旅游在人们的生活中已成为不可或缺的普遍需求。旅游理论的研究不能落后于变化了的客观形势，应该及时反映新形势下的旅游科学规律，以新的理论指导旅游实践，所以，旅游学亟待学者们的理论创新。

旅游学的研究涉及许多相关学科，如旅游经济学、旅游社会学、旅游人类学、旅游心理学、旅游地理学和旅游生态学等。旅游学的多学科融合的特点是由旅游的本质决定的，多样化的旅游诉求、多样化的外出方式、多样化的旅游产品和多样化的产业链组合，造成了旅游学与许多相关学科间的相互交叉、渗透和融合，成为一门具备宽广知识面的特殊学科。

随着旅游业的蓬勃发展，旅游学将会不断地扩展与其他学科间融合的深度和广度，越来越多的其他学科知识将成为旅游学理论创新的支柱。

一、旅游学与生态科学

生态学是一门新兴的、多学科交叉渗透形成的，与人类、生物生存、现代工业发展和城市建设息息相关的前沿学科，其知识体系涉及现代科学的各个领域，在当代的科技、工业、社会、自然和经济发展中具有广阔的应用前景，尤其和旅游有着更为密切的联系。生态学着重研究生物与环境之间的各种关系，特别是生态系统在人类活动干预下的各种运行机制及变化规律。现代生态学注重解决全球面临的生态环境重大问题和社会经济发展中的众多生态问题。生态学在世界走向可持续发展的今天正发挥着越来越重要的作用。

由于人口的快速增长和人类活动干扰对环境与资源造成的极大压力，人类迫切需要掌握生态学理论来调整人与自然、资源以及环境的关系，协调社会经济发展和生态环境的关系，促进可持续发展。人类为满足自身的需要，不断改造环境，环境反过来又会影响人类。随着人类活动范围的扩大与多样化，人类与环境的关系问题越来越突出，这个问题在旅游发展过程中也已经引起了人们的关注。

旅游业是当今的朝阳产业，旅游开发的力度逐渐加大，旅游者人数不断地增加，由此而造成的对于生态环境的影响也变得越发重要。旅游与生态环境之间密不可分的关系，使得旅游学和生态学有了许多相互融合的交叉领域，这就产生了又一门新兴的学科，叫作旅游生态学。旅游生态学的研究，应着重针对旅游开发急需解决的问题进行探讨。

1. 为旅游业的转型升级服务

我国的旅游开发正在向集约、节约和环境友好型转型，要以人与自然和谐相处为目标,以环境承载力为基础,以遵循自然规律为准则,以绿色科技为动力,倡导环境文化和生态文明,形成旅游和环境协调发展的新局面。

2. 提高旅游主体的生态保护意识

旅游者、旅游开发者和旅游经营管理者都是旅游的主体,其行为直接影响到生态环境,面对气候变暖、荒漠化加剧、能源枯竭和环境污染等威胁人类生存的严重问题,旅游主体必须为当代人和后代人的生存和发展考虑,充分保证生态环境的可持续发展。

3. 解决旅游开发过程中自然资源的保护与利用

优美的生态环境是宝贵的旅游资源,尤其在现代文明的今天,原生态的环境已经成为十分稀有的旅游资源。但当资源转化为产品时,开发建设的粗暴介入,大量游客的纷至沓来,导致原有的生态环境渐渐地消失殆尽。其结果不但丧失了旅游的开发价值,也给经济社会和人民生活带来了难以弥补的损害。所以,开发利用自然资源必须要以保护为前提,在旅游项目的规划建设中,应加强对生态环境的考察、调研、测评,必须提出恢复、保护、优化生态环境的具体措施。旅游生态学研究还应该注意正确引导悄然兴起的生态旅游,它是目前较流行的旅游方式之一,也是未来旅游业发展的趋势。

二、旅游学与美学

美学是研究人与现实审美关系的学问。美学思想是人类审美实践和艺术实践发展到一定历史阶段的产物,是对人类审美实践和艺术实践的哲学概括。美学和旅游有着密不可分的关系。我们生活在一个美的世界里。正如美学专家们所说的:观自然风物,山川之壮美,花草之秀美,会令人心旷神怡;赏艺术天地,如《二泉映月》之凄美、《蒙娜丽莎》之恬美,能令人沉醉流连;看社会万象,有崇高人格之美、丰沛心灵之美,令人油然起敬;览科技领域,技术工艺之美、理性精神之美,令人赞叹不已。美是任何人都能充分体验、尽情享受的,它使我们欢欣鼓舞,使生活更有意义。

人们在旅游生活中,应该得到全过程所有的美,努力做到"尽善尽美",让游客"美不胜收"。从旅游学的角度观察,旅游过程中的美大致可以分为两种情况:一是客观景物本身的美、本质的美;二是主观因素影响的美,如因人而异的审美观点、审美水平和审美心理。这些因素都将影响游客对景物美的认知。美学界对美的客观本质和主观审美心理,都有不同的研究论述,这些论述,都能和旅游学所追求的创造美、分享美、爱护美相融合。

旅游需要观赏、体验、享受一切最美的景物,如大自然的秀丽或壮观之美、园林的精致和灵巧之美、乐园的神奇和动感之美。在聪明的旅游策划与建设者的手中,可以创造出世界上一切最美的景物。景物的美是多种多样的,色彩有淡雅的美,也有华丽的美;布局有反差的对比之美,也有统一的和谐之美;看远景时有气壮山河的宏观之美,看近景时又有小巧玲珑的微观之美。文明的景区、友好的环境、人性化的体贴服务,会给游客带来愉悦的心情;心灵美的环境氛围,能够提供旅游生活中最美好的精神享受。

但是,由于审美观点、审美水平和审美心理的不同,人们对于同样的景物会有"美"或"不美"两种截然不同的看法。文化差异、民族习惯、信仰区别和个人爱好等,都会在一定程度上影响其审美观点;文化水平和专业水平也会直接关系到美的欣赏水平。喜怒哀乐、爱恨情仇和兴奋、疲劳等许多心理因素,也会左右对美的主观判断。正因为有因人而异的主观审美心理因素,因此,旅游策划与建设者应该追求的是大多数人认同的美的标准。本质的美应该是简单、真实、友善的,即所谓的"真善美"。

基于上述分析,旅游学要充分运用美学理论,在旅游景区、休闲游乐、主题公园等不同旅游项目的策划与建设中,解决好诸多有关美学的理论和实践问题。即如何创造景物本身的美;如何满足大众的审美要求;如何面向高端人士和专业人士的审美品位要求;如何引导和提升大众的审美水平;如何消除视觉、听觉、体能和心理等因素对审美能力的影响;如何创造文明景区的优美环境;如何"以人为本",提供温馨舒适的美好享受。

美对于人类如此重要,我们不仅感受美、追求美,而且创造美、思索美。我们可以在理性层面认识美,提高对美的鉴赏力,从而以更加理智和虔诚的心,去创造美的生活和美的世界。中华儿女正在963万平方公里的土地上描绘一幅美丽中国的大画卷,很需要有旅游美学的理论指导。

三、旅游学与哲学

哲学是一门特殊的学问。从"哲"字的字面解释,就是聪明的意思,所以,哲学也就是一门使人聪明、启发智慧的学问。哲学是运用抽象思维对自然科学和社

◇◇ 旅游文化创意与规划研究

会科学进行理论概括的科学。因此，可以说哲学源于实践，源于一切科学成果，是高层次的科学理论总结。反过来，哲学又是人类科学实践的理论指导。旅游学是来源于实践的科学，是不断发展更新的科学，是融合众多学科专业的科学，也是具有丰富哲理的科学。掌握哲学理论，善于辩证思维，对于旅游学研究和从事旅游事业大有裨益。

唯物主义的哲学观点认为"存在决定意识"，而客观存在的一切事物又都是在不断地运动、发展、变化的。人们对于旅游规律的认识都是从旅游的实践中获得的，而随着旅游的快速发展变化，对旅游的认识自然不能一成不变，旅游的理论必须随之丰富和更新。旅游学应该遵循"理论—实践—理论"的认识规律与时俱进，才能有效地指导旅游的发展。现在有许多旅游规划文本中存在着"八股文章"的习气，在冗长的篇幅中，没有理念创新和产品创新的亮点，究其根源，就在于旅游的理论创新匮乏。

辩证思维的方法对旅游规划者来说十分重要。辩证法是一门关于自然、人类社会和思维发展的最一般规律的科学。中国古代哲人早就阐明了对立面相互关联和相互转化的辩证思想，除了阴和阳之外，还列举了有和无、生和死、损和益、美和丑、智和愚、强和弱、难和易、攻和守、进和退等一系列对立面，说明它们都是相互依存的。在关于对立面相互关系的探讨中，古代哲人留下了诸如"弱之胜强，柔之克刚""祸兮福所倚，福兮祸所伏"以及"物极必反"这样一些传诵千古的辩证箴言。在旅游规划设计中，同样会遇到点和面、动和静、大和小、远和近、景观和游乐、保护和开发、冲击和回味、投资和回报等对立统一的辩证关系问题。个别和一般、整体和部分、潜能和现实等，也都是旅游规划设计中常常需要思考的辩证关系问题。

辩证哲学认为统一物是由两个对立面组成的，根本相反的事物可以处于同一关系之中，不同的音调构成最美的和谐。所以，在做旅游规划时，强调统一主题、统一风格、统一色调是一种美；主张突出反差、聚合不同特色、动静结合是更加精彩的和谐美。对于旅游规划者来说，必须学会辩证思维，对项目进行全面分析，切忌片面性。在做泰山脚下的莲花山景区的旅游规划时，有一位专家提出了"泰山旅游做山，我们就不做山，做水；由泰山是道教，我们不做道教做佛教；泰山做白天旅游，我们重点做晚上"，这种由片面性思维得出的结论是极其荒谬和可笑的。辩证哲学告诉我们，一切事物的运动是绝对性的，静止是相对性的。

因此，我们在分析旅游项目的生态环境、市场变化、产品前景等方面时，必须把握变化的趋向，进行动态的分析，学会这一点至关重要。在旅游项目的决策分析中，把握本质与现象、内容与形式、原因与结果、必然性与偶然性、可能性与现实性等，这些都需要应用哲学的辩证思维，才能进行科学分析和得出正确结论。

四、旅游学与心理学

旅游学为什么要涉及心理学的研究，这是因为心理学研究的目的是描述、解释、预测和影响（或控制）行为，从而提高人类的生活质量。外出旅游是一种特殊的生活方式，更需要研究旅游过程中的心理现象，保证最好的旅游心情。

不同类型的人群有着不同的心理特征，人的心理特征具有相当的稳定性，但同时也具有一定的可塑性。因此，我们可以在一定范围内对自身和他人的行为进行预测和调整，也可以通过改变内在和外在的因素实现对行为的调控。如教师利用教育心理学的规律来改进自己的教学实践，或者利用心理测量学的知识，设计更合理的考试试卷等；商场的工作人员利用消费和广告心理学的知识重新设计橱窗、陈设商品，以吸引更多的顾客，街上流行的"打折风"就是一个应用实例；再如企业管理者利用组织与管理心理学的知识激励员工、鼓舞士气等。在旅游心理学的应用研究中，调节和控制心理行为的例子更是数不胜数。

首先，分析一下旅游中娱乐心理的个性和共性问题。什么样的娱乐能够受到人们的喜爱呢？这必须要从娱乐的心理来分析。娱乐心理常常受社会环境、民族文化习惯、地区消费意识，以及消费对象的年龄、性别等多方面因素的影响。中国人和外国人，城市人和农村人，文化知识层次高的人和普通人，儿童、老人和年轻人，以及国内的不同地区和不同民族，其娱乐心理都不尽相同，这就是娱乐心理的个性。

但是，娱乐心理也有共性的东西，也就是说，不管什么类型的人都有一些同样的娱乐心理，如享受性、猎奇性、冒险性和对抗性。能带给人们舒适享受、奇特新颖、惊险刺激或一搏输赢的娱乐，就必然会得到大家的喜爱。以上所说的享受性、猎奇性、冒险性和对抗性，这是从娱乐心理的角度出发，阐述了人们喜爱的娱乐项目所应有的属性，也是人们普遍共有的娱乐心理。明白娱乐心理的个性和共性，对于旅游策划和娱乐产品设计非常重要。

其次，再分析一下外在条件对旅游心理的影响。如疲劳对旅游心理的影响，无休止地重复观看类同的景物，或重复听一种音响，都会产生视觉疲劳或听觉疲劳，产生心理上的反感和厌倦；旅游中长途跋涉的辛劳也会在心理上影响游兴。所以，在旅游产品设置、旅途休息的安排等方面，要起到外在条件对旅游心理的调节作用，让游客保持精神兴奋、精力饱满的好状态。无论是旅游景区、旅游宾馆、旅游餐馆和旅行社，都要以人性化的服务、亲切温馨的环境，满足游客的心理需求。

在景区或乐园的旅游产品设置方面，一定要有几个具有强烈轰动效应的亮点项目，产生不可抗拒的诱惑力，还要设立多个兴趣点项目和兴奋点项目，不断调动游客的游兴，使之玩不够、玩上瘾，产生重复消费的需求心理。

旅游心理学在旅游范围的应用很广，其影响作用也很大，因此要加强旅游心理学的研究。

五、旅游学与人文科学

人文科学和自然科学是科学体系的两大支柱，是人们认知、改善人文环境和自然环境的工具。人文科学是以人的社会存在为研究对象，以揭示人类社会的本质和发展规律为目的的科学。人文科学的研究不仅仅是一种真理性探索，而且还代表了一定的价值观。人文科学的内容包括哲学、语言学、文学艺术、历史学、宗教学和西洋古典学等学科，它打通了文史哲各学科的界限，将文学之情、艺术之美、史学之境、哲学之思融为一体，是一门富于人性情怀的学科，这也正是如今推崇的文化旅游的基本内涵。

中国是历史悠久、文化资源极其丰富的千年古国，有很多的名人故里、名胜古迹，有无数精彩的历史故事、民间传说，有取之不尽的旅游策划题材，而几乎每一个题材，都有可能创造出惊世杰作。旅游学要贯通人文科学，从中汲取营养，加工提炼成为文化旅游的精品。

中国是56个民族和睦相处的多民族国家，每一个民族都有一部自己民族的历史，各民族的文化、艺术、传统和习俗，犹如56颗璀璨的明珠，光彩夺目。以民族历史文化为题材的旅游策划，内容极其丰富。

中国的地域十分辽阔，不同地区的文化、习俗差异很大，南方和北方，沿海和内地，其文化习俗都不相同。即使是一山之隔的山西与山东，一河之隔的河北与河南，其文化习俗的差异都很大，不少地方甚至一县之隔、一村之隔都不尽相同，连语音也不同。不同的地域文化常常被当作独特的旅游文化题材，应用到地方特色的旅游策划中来。旅游学需要与民俗学结伴，创造出更多民俗旅游的新亮点。

中国的宗教文化是华夏传统文化的组成部分，并且自身具有许多的特点，历史上一直影响着人们的精神生活。构成我国宗教文化的有佛教文化、道教文化、伊斯兰教文化、基督教文化和少数民族地区的原始宗教文化（如萨满教文化）等。还有许多民间的信仰，如玉帝、王母、龙王、妈祖、城隍、土地、门神、灶神、关帝和财神等，在群众中也很有影响。中国的宗教具有多样性和包容性的特点，不但有佛教和道教的名山，而且到处都有供旅游者参观祈福的寺庙。近年来建庙造佛的不少，而且大有佛越造越高、庙越建越大的趋势，宗教文化也引起了旅游界的很大关注。

中国自古以来就有无数杰出的文化艺术大家和千古流传的佳作，有诗歌、散文、戏剧、小说、音乐、舞蹈、绘画、雕塑、工艺、建筑等多种艺术类型，这些都是文化创意策划的无穷源泉。旅游业和文化创意产业的结合，非常需要人文科学的支撑。

六、旅游学与自然科学

自然科学是指认识整个自然界的现象及其规律的科学。其中一类是研究动物、植物，包括人类生理科学的有机自然科学；另外一类是研究天文、地质、物理、化学等学科的无机自然科学。随着自然科学研究的不断深入、新的自然规律的不断发现，两大类自然科学的界限逐渐被突破，产生了越来越多的边缘学科。旅游和大自然密不可分，旅游学和自然科学之间有很多交叉、渗透与相互结合的部分，因此，旅游学必须很好地利用自然科学的成果。

植物界是自然科学的大课堂。无数种类的花草树木遍及全球，大到广袤千里的森林、草原，小到咫尺之间的花坛、庭院，都是旅游者喜爱观赏的景色。优化生态环境，建设美丽中国的绿色行动，就是要让植物覆盖大地，绿树成荫、花香遍野，把祖国建成一座美丽的大花园。所以，旅游规划十分注重景观设计和环境美化，而这一切都离不开对植物学的研究。

动物界是自然科学的又一大课堂。杭州的"柳浪闻莺"和"花港观鱼"，内蒙古草原的奔马和西双版纳的大象，都是旅游的精彩看点，不用说海洋馆的鱼群和野生动物园的猛兽了。但是,在利用动物进行旅游开发的时候,要特别注意生态环境的保护,要保护好濒危的野生动物,让多样性的动物世界与人类和谐相处。

人类作为高等动物,又是旅游活动的主体,必然与旅游关系密切。现代旅游的人性化设计已被广泛重视,健康旅游、体育旅游、养生旅游和医疗旅游正在火爆兴起。随着社会老龄化问题越来越突出,养老机构的发展也普遍为旅游投资者所看好。自然科学中包括医学在内的人类生理科学,也渐渐地在旅游中得到越来越多的应用。

以上谈到的都是有机自然科学和旅游学的关系,下面再分析一下无机自然科学与旅游的关系。如高山、峡谷、溶洞、湖泊、河流、海洋、极地、沙漠等,地球上各种不同的地质地貌,都是极好的自然景观。鬼斧神工的地质公园、千姿百态的神奇溶洞、白浪滔天的海景浴场、惊心动魄的峡谷漂流、泛舟沙海的驼队旅游,都是最贴近自然的体验之旅。研究旅游必须了解山山水水,多懂一些大自然的知识,才能应用自如。

随着旅游的内容不断丰富,涉及旅游的领域不断扩展,对旅游开发设计的行家来说,甚至需要"上知天文,下知地理"。在航天技术和地球科学硕果累累的今天,天文学、地理学等成果都被看成是最宝贵的旅游智库;还有物理学、化学等自然科学理论,都是旅游学所必需的基础知识。

七、旅游学与现代科技

旅游业的发展必须大力推进高科技的应用,提高现代科技的含量,促进旅游业向质量型和效益型的方向发展,这是知识经济时代的必然选择。利用现代科技提高旅游企业的经营管理水平,利用现代科技开发高科技的旅游新产品,利用现代科技开辟新的科技旅游市场,利用现代科技有效地保证旅游业的可持续发展。

现代科技促使旅游业的管理水平飞速提升,突出体现在旅游服务、旅游管理和旅游营销三大方面的智慧旅游。在智慧服务方面,游客在旅游信息获取、旅游计划决策、旅游产品预订支付、享受旅游和回顾评价旅游的整个过程中都能感受到智慧旅游带来的全新服务体验。导航、导游、导览和导购等以人为本的智能服务,改变了人们传统的旅游消费方式,并引导游客产生新的旅游习惯,创造新的旅游文化。在智慧管理方面,通过信息技术,可以及时准确地掌握游客的旅游活动信息、游客的需求变化和旅游企业的经营信息,实现旅游行业的过程管理、实时管理和科学决策；通过与公安、交通、工商、卫生、质检等部门形成信息共享和协作联动，形成旅游预测预警机制，提高应急管理能力，保障旅游安全。旅游企业则广泛运用信息技术，如酒店建立数码e房、景区的数字化管理、旅游局和旅行社的旅游信息交互平台等，不断改善经营流程，提高管理水平。在智慧营销方面，通过旅游舆情监控和数据分析，挖掘旅游热点和游客兴趣点，制订营销主题，并推动旅游行业的产品创新和营销创新；通过量化分析判断和筛选营销渠道，利用新媒体传播特性，吸引游客主动参与旅游的传播和营销，并逐步形成自媒体营销平台。

现代科技为开发顶级的旅游创新产品提供了强劲的支撑，国外兴起的高科技主题公园就是很典型的案例。高科技娱乐电影的诞生过程，更生动地体现了科技对旅游业、娱乐业发展的推动作用。电影从无声到有声，从黑白到彩色，继而是宽银幕、立体声和立体电影，如今又推出了环幕电影、球幕电影、超大银幕电影、全景电影、水幕电影和动感电影，现代电影的发展紧密地和现代科技的发展相结合，产生了一代又一代高科技的杰作。又如岩洞情景剧、沙盘情景剧、动态雕塑剧、舞台组合剧、拟音情景剧、水面舞台剧、全景体验剧、虚拟实境剧、多媒体情景剧和连环雕塑剧等多种没有真人参演的"特殊情景剧"，都是依靠现代科技和艺术创新，把声、光、电、虚拟技术、数字技术和控制技术等许多科学技术，和图像、雕塑、园林及舞台艺术等创新艺术相结合，使雕塑和影像中的人物活动起来，与水、雾、灯光、音乐和机械运动等协调配合，演绎出一幕幕情节生动、表演精彩的情景剧来。现代科技将不断地为旅游创造出令人惊叹的神奇。

现代科技还将开辟出另一个崭新的科技旅游市场，出现一种新的旅游概念。科技旅游又叫作科普旅游，这是一种集知识性、教育性、趣味性和娱乐性为一体的旅游形式。这种传播知识、寓教于乐的旅游与科学技术相融合的模式越来越多，较为常见的如现代农业观光旅游、现代科技园区旅游、现代工业园区旅游和科技馆旅游等。大力推广科技科普旅游，不仅有利于推动旅游业的发展，还有利于提高广大群众的科技意识，有利于整个社会公民整体素质的提高，有利于社会整体科技水平的发展。

我国目前的旅游产品结构以观光旅游为主，这是由于我国拥有丰富的自然资源和人文资源，可以迅速形成具有优势的旅游产品，但也因此造成我国旅游产品偏向单一的结构。当今世界的旅游市场正朝着个性化、多样化的方向发展，非观光旅游产品，人造景观产品，参与性、互动性、体验性很强的旅游产品大量涌现。随着科学技术的飞速发展，科技含量很高的旅游产品层出不穷，因此我国旅游业的发展必须依托现代科技，重视产品创新，不断开辟新的旅游市场。现代科技将有效地保证旅游业的可持续发展，并且更加丰富旅游的科学理论。

旅游学是一门来源于实践的科学，是不断发展更新的科学，又是融合了众多学科专业的科学。旅游学应该注重吸收更多的学科知识，不断更新和发展旅游理论，科学有效地指导旅游业的快速健康发展。

第四节　旅游业的跨行业发展

越来越多的人群外出旅游，形成了人类生活中前所未有的人群大流动，到异地生活的出游活动已经成了常态化、社会化的现象。这种现象的产生，必然会牵动全社会的服务功能都要面向旅游，一个跨行业的旅游服务系统正随着旅游的发展而发展。

旅游业的发展壮大，旅游与相关行业的结合、交叉，出现了许多跨界经营的新形式，催生了一批前所未有的新业态。因旅游而萌生的产业链不断地延伸，遍及各行各业，尤其是科技产业、文化创意产业与旅游的衔接，更加助推了旅游业的跨越发展。

但是，目前的旅游供需关系正面临着新的变化，如何保证旅游供给的质量和效率、保证旅游的有效供给，已经不能只从发展旅游规模着手，更需要从改革旅游供给结构来加以解决。

一、社会化的旅游大产业

居家生活和旅游生活都是人们日常的生活状态，两者之间的区别在于前者是稳定的、长久的、自我安排就绪的生活状态，后者是不定的、暂时的、社会提供自由选择的生活状态。在日常生活中，离不开衣、食、住、行，必须有健康、安全，还需要有幸福快乐的追求。然而，旅游生活中的这一切都需要由社会提供，需要有一个庞大的社会服务系统，为出游者包揽旅游生活中所需要的一切。所以，自然地形成了一个社会化的旅游服务大产业。

由于旅游者的消费能力和消费需求不同，因此，既要有名牌的行装、豪华的酒店、特等的舱位和奢侈的餐饮以满足高端消费的需求，更要有大众化的旅店、餐馆和交通条件以保证广大普通出游者的一般需求。由于旅游者的旅游目的和出游方式不同，因此，需要提供旅游服务的种类和服务内容必须更加多种多样，要以无所不包的旅游服务内容，保证不同类型的游客有最充分的选择性，这就决定了旅游业必须是服务范围极其宽广的大产业。

生产社会化是现代世界经济发展的普遍特征，服务社会化是旅游业大发展带动下的必然结果。古代人骑马徒步出游，与交通服务无关；客居小店，山村投宿，也用不着饭店包间；游山玩水，任行天下，更不需要什么景区接待。但是，时代变了，旅游已经成为人们对美好生活的追求。旅游者不断要求出游的便捷舒适和快乐享受，社会则需要不断地提高全面接待和完善服务的各种条件。面对持续增长的旅游需求，必须适时地改进旅游的有效供给，当前我国的旅游业和进入新常态的经济发展形势一样，要提高旅游供给体系的质量和效率，及时地适应市场的需求。调整供给的最终目的，就是要不断提高供给的水平。

二、旅游六要素的融合

旅游业是围绕旅游各个服务环节组成的供给集合。其中主要涉及吃、住、行、游、购、娱六个环节，被统称为"旅游六要素"。出游者必不可少的基本消费是"吃、住、行"，弹性的消费是"游、购、娱"。从发展来看，旅游六要素之间的相互渗透、相互融合已经成为旅游业发展的必然趋势。

旅游中各个消费环节的相互融合，是经营者提高综合效应的重要手段。无论是宾馆、商场、车站或机场等，凡是客流量大的地方都很重视综合效应。以前的宾馆只是供旅客住宿过夜的地方，但现在的宾馆，不但可以住宿，而且购物、餐饮、娱乐等一应俱全。商场也已经不只是购物的地方，餐饮和娱乐也加了进去。就连车站、机场等交通出入的重地，也都是吃、住、玩、购物样样齐备。这种现象说明了现代经营者已经十分懂得消费的综合效应，把一切消费内容集于一身，以求得最大的经济效益，同时也确实方便了旅客多样化的消费需要。

懂得了旅游业综合效应的重要性，就应该勇于改革，在旅游要素间不断创新相互融合的新模式。

1. 以餐饮业为例

现在的餐饮业不但要求味道、特色、服务和卫生，而且越来越讲究主题、环境、娱乐和气派。许多主题景观和娱乐内容都纷纷融入了餐馆、茶楼,如白家大院的清朝宫廷饮食文化;红太阳生态餐厅的温棚环境;有歌有舞的傣家美食园;有说有唱的北京大碗茶馆;航空主题餐厅情景化的蓝天飞行;巴黎西餐厅的卢浮宫艺术再现;人间仙境咖啡厅的美景;飘逸若茶苑的无比温馨。在不胜枚举的实例中,反映出餐饮业已大量地融进了旅游和娱乐的要素。除了豪华的大酒楼以外,酒吧一条街、美食大排档、夜市小吃场、乡村农家乐等餐饮新业态纷纷出现,极大地丰富了旅游的饮食文化内容。

2. 以住宿业为例

人们在休闲旅游度假活动中都离不开住宿。有一个方便、舒适、温馨、浪漫的外出居住环境,常常会给旅游者带来更多的欢乐。随着旅游业和休闲娱乐业的发展,各种各样的假日饭店、度假村酒店和温泉宾馆应运而生。作为配套服务的旅馆业已成为旅游大产业中举足轻重的骨干行业。

现在的旅馆都逐渐改变了单一的住宿功能,增加了旅游、娱乐、餐饮和购物等许多综合性功能,并且开始寻找另一种更时尚的居住方式。人们不再刻意追求星级和包房,而是向往贴近自然的木屋、树屋、草屋和水上碟屋,喜欢度假别墅、野外帐篷、傣族竹楼或是草原的蒙古包,甚至愿意夜宿农家的炕头或渔家的船头,需要享受一种居住的情趣、风趣和野趣。人们走出平时习惯了的舒适的家,在旅行中想得到另一种"家居"的全新感受,这就是旅游中享受住宿的快乐。

3. 以客运服务为例

在旅游途中的空港、车站、码头上,都有配套的餐饮、购物和住宿服务业,高速公路沿线的服务区更是能十分方便地满足出行者的生活需求。飞机、动车、汽车座位上有音乐电视播放;餐车、房车、游轮的吃、住、娱样样俱全;瑞士的观光火车,透明的车厢带你一路观景、一路摄影;长江的豪华游轮,包揽了吃、喝、玩、乐、住,沿江畅游三峡,欢乐不尽;全透明的全景观光游艇,载游客水面游憩、水下潜行,一览无遗地观赏海洋的奇景。旅游要素的种种融合方式,使出游者不仅不会在旅途中感到寂寞,更能够忘却旅途的劳顿。

4. 以旅游景区为例

无论是旅游的大景区或是观光的小景点,都无一例外地都备有餐饮和购物的片区或摊点,增设了各种各样的游戏、娱乐和演艺活动。品尝旅游地的特色餐饮,体验独特的风味菜肴,感受不同的饮食文化;选购旅游地的土特产,带回景区的旅游纪念品，淘购喜欢的商品和旅游用品，成为旅游中的收获和乐趣；贴近景区主题，且与景观结合的游乐活动，更能激发游客参与互动的情趣；安排一场精彩的演出，已经成为推高景区人气的重要抓手。近年来，耗巨资打造实景演出成了大景区追逐的目标。西安华清池的《长恨歌》、桂林阳朔的《印象刘三姐》、张家界的《天门狐仙》、承德市的《康熙大典》，一个又一个的大型山水实景演出长盛不衰，证明了旅游要素融合的巨大综合效益。景区内还安排了各种交通方式，如观景小火车、电瓶游览车、自驾脚踏车、水上船艇、空中缆车等，交通与景区旅游的融合，极大地方便了游客，增加了景区的收益。

5. 以旅游购物为例

旅游购物也不只是出游的附带活动，越来越变成了一项紧密结合旅游的重要内容。商娱结合把逛街变得趣味无穷，把商场变成了休闲购物的娱乐场，如"欢乐港湾"的万国风情街、旅游小镇的民族文化街，甚至连大型商场也打造成了花园式的休闲购物广场。商街上有主题雕塑的街景、绿树鲜花的园林、精美艺术的橱窗、妙趣横生的店名、花样百出的表演、五光十色的夜景，让游客逛街、逛商场体验到的乐趣完全不亚于精彩的景点。每逢节庆日，商街上张灯结彩，盛装游行和广场表演更加热闹非凡。还有美食街、小吃街、娱乐街、古玩街、洋人街、酒吧一条街、旅游纪念品街等，种种富有创意的特色商街，对游客来说都是挡不住的诱惑。商娱结合的新理念激活了旅游购物的大市场。

6. 以娱乐行业为例

各种娱乐业的经营者早就把餐饮、购物和娱乐捆绑在了一起，电玩、网吧、影院、剧场、歌厅、舞场、洗浴等行业，都是吃、喝、玩、乐俱全，并且都有可随心所欲购物的小商店、小超市。著名的主题公园、大型的游乐场，更加注重旅游要素的融合，无论是国内的长隆、方特、欢乐谷，或是国外的六旗、乐天、迪士尼，所有的乐园里，都有大酒楼、快餐店、西餐厅、咖啡馆、名小吃、冷饮部等，各种饮食品种应有尽有；也都有购物区、小商城、便利店、小超市等，大小商家琳琅满目。娱乐业不但注重与"吃"和"购"的经营结合，而且开始注重"娱"和"游"的结合。在游乐园的主题化、景观化策划设计中，提出了"景观娱乐"的新概念，就是要把设计的每一项游乐项目打造成赏心悦目的景观；把每一处园林景观设计成可以痛快游玩的游乐项目。景观和游乐项目的和谐融合，改变了游乐园中景观和游乐"两张皮"的脱节现象。

旅游六要素不再是彼此孤立的单独经营角色，而是相互融合的混搭经营模式，其根本目的是服务的人性化和效益的最大化。旅游六要素相互间融合的不断创新、不断优化，将带动旅游业更大范围的跨行业发展。

三、旅游产业链的延伸

旅游产业链是旅游产业内部的不同企业，以不同的职能，为旅游者提供产品和服务时形成的分工合作关系。所以说，旅游产业链是以旅游产品为纽带实现链接的。游客从旅游过程的开始到结束，需要众多的产业部门向其提供产品和服务来满足出游的各种需求。其中，不仅包括旅行社、交通部门、餐饮、酒店、景区景点、旅游商店、旅游车船以及休闲娱乐设施等旅游核心企业，同时还关联到农业、园林、建筑、金融、保险、通信、广告媒体以及政府和协会组织等辅助产业和部门。旅游产业链是跨越不同行业、包含许多相关企业的庞大的旅游供给系统，在产业链中有核心的企业与节点的企业，产业链就是在核心企业带动下逐渐形成的。旅游产业链可以分为三种类型。一是直接旅游产业链。是由直接为旅游者提供出游必需的各种产品和服务的企业组成，主要包括餐饮业、住宿业、交通业、旅行社业、旅游购物和娱乐业等。二是间接旅游产业链。是由为旅游者提供间接服务的关联企业组成，涵盖了旅游目的地用于支撑当地经济发展的企业部门，如水电、邮政、通信、医疗、卫生、气象、金融等企业和部门。旅游者要完成一次完整的旅游活动，与这些部门密切相关。三是衍生旅游产业链。是由不同旅游地的不同旅游项目派生出来的关联企业所组成。例如"洛阳牡丹文化旅游博览园"的项目策划，就从洛阳的历史文化和牡丹文化中衍生出了许多相关的新产业，包括有关牡丹的书画、摄影、文学、出版、音乐、戏剧、工艺、服装、陶艺、动漫、影视、花卉、餐饮、婚庆、化妆品等相关的产业，发展空间广阔，潜力十分巨大。又如"相约玫瑰园"的项目策划，由玫瑰而延伸出玫瑰茶、玫瑰酒、玫瑰饼、玫瑰香精等新产品、新企业，更是不胜枚举。由于旅游地、旅游项目越来越多，所以，衍生旅游产业链将会不断延长，不断发展。以上三种类型旅游产业链的产生和发展，都与旅游相关，所以从广义上说，可以统称为旅游产业链。

旅游业的跨行业发展，促使旅游业不断做大，旅游业的总体效益不断提升。所以，要大力推进旅游产业链的发展。要鼓励培育旅游核心企业，带动旅游节点企业；要鼓励旅游业的跨行业发展，创新旅游企业的跨界经营；要鼓励降低各种行政壁垒，培养区域性的旅游板块；要通过市场机制和政府机制的共同作用，推动旅游产业链的健康运行。

四、文化创意产业助推旅游业的大发展

之前讲了旅游业跨行业发展中的产业融合，其中文化创意产业与旅游业的融合尤为重要。无论是旅游景区的文化挖掘、主题游乐园的创新设计，还是丰富多样的旅游纪念品，都蕴含着文化创意的新成果。因此，旅游业与文化创意产业的融合空间非常大。旅游业和文化创意产业均为现代服务业的重要组成部分，二者进行产业融合有助于在产业边缘地带激发全新的产品和服务形式，从而推动业态创新和产业转型升级。文化创意产业是一个新兴的产业。20世纪末的英国开始兴起创意产业，旨在大力提倡、鼓励和提升在英国经济中人的原创力的贡献度。在这以后的不到20年里，创意产业为我国和许多发达国家的经济发展都做出了极其巨大的贡献。当前，我国正处于经济结构调整、发掘内生动力的关键时期，创新发展已成为关键中的关键。在大众创业、万众创新的新浪潮中，创意产业将成为推波助澜的排头兵。

文化创意产业包括的范围很广，如文化艺术，新闻出版，广播、电视、电影，软件、网络及计算机服务，广告会展，艺术品交易，设计服务，旅游、休闲娱乐及其他辅助服务等。文化创意产业在旅游业中的创意空间最为宽广，因为旅游业所涉及的相关产业很多，而所有相关产业的提升、发展都需要依托文化创意产业的原创力。以旅游业的演艺市场为例，创意策划的《印象·刘三姐》，不但为景区赢得了巨大的效益，并且开创了大景区山水实景演出的新天地；一只大黄鸭的创意设计，从外国到中国，从北京到全国，大黄鸭吸引了无数的游客，并且从水面观赏的大黄鸭，发展到各种小商品、旅游纪念品的小黄鸭，一时间，黄鸭子产品铺天盖地，这就是文化创意产业助推旅游业发展的魅力。游客对旅游景点或休闲乐园最大的满意度是"好看、好玩、有回味"，而只有具有文化内涵的产品才能让游客回味无穷，文化创意对于提升旅游内在的文化含量与层次起到了决定的作用。由此可见，文化创意对于景区建设是何等的重要。

在文化创意产业与旅游业的融合中，依托现代科技必不可少。旅游业的创新发展离不开科学技术的支持，文化创意过程中也大量地应用了现代的科学技术。所以，旅游产品创新的更高目标应该是"艺术水平高、科技含量高、文化品位

高"。实现"三高"目标,必须要有一批复合型的人才,只懂文化不懂旅游,或是只懂旅游不懂文化,二者就很难协调发展。同样,只懂科技不懂文化和旅游,或是只懂文化和旅游而不懂科技的单科人才,也很难在旅游创新发展中有大的作为。因此,要下力气培养文化、科技、旅游三者兼通的人才。文化部门和旅游部门要加强合作,建立一批文化旅游培训和实践基地,可以把旅游目的地视为一个平台,一个能够把握游客核心诉求的市场化、大众化、面向现代和未来的文化旅游创意平台,让文化创意产业不断地助推旅游业的持续发展。

五、旅游供给侧的结构性改革

供给侧改革是当前国家宏观经济层面的战略性举措。要着重抓好去产能、去库存、去杠杆、降成本、补短板五大任务,以化解产能过剩、降低企业成本、扩大有效供给、防范化解金融风险。在实现这一战略任务中,以旅游、休闲、娱乐为核心的生活服务产业,将发挥十分重要的作用,同时,也为旅游业自身的供给改革带来契机。旅游业供给侧结构改革的核心是增加有效供给,提高供给水平,着力于增加旅游供给总量,提高旅游供给质量,调整旅游供给结构,补充公共旅游供给短板,从而更好地满足旅游发展的需求。

1. 增加旅游供给总量

增加旅游供给总量是旅游需求持续增长的迫切要求,面对庞大的旅游需求,旅游行业能不能提供优质的旅游产品、扩大有效供给,这是当前旅游业供需矛盾的主要方面。

一要扩大旅游个性产品的供给能力,如研学旅游、度假旅游、购物旅游、老年旅游、自驾车房车旅游等,都是前景很好的旅游产品,需要积极创造加快发展的政策环境。如将夏令营纳入中小学日常教育,改革休假制度,增加国家级旅游度假区,解决游客购物免税、退税政策,提供老年旅游的异地医疗报销、保险,降低自驾车路桥费用等。

二要创造旅游消费的新业态、新供给。打开旅游供给侧的新路径,以"旅游+"的跨界整合,创造出"旅游+居民和家庭服务""旅游+健康服务""旅游+体育服务""旅游+养老服务""旅游+文化服务""旅游+餐饮住宿服务"等,无边界的种种旅游新业态,都将成为旅游有效供给的支撑点。

三要优化要素配置,提高旅游要素的旅游供给能力。仅以星级景区为例,全国共有六千多家，其中五星级的旅游景区就有二百多家，但由于单一性、同质化、低效率等弊病，虽然拥有土地、资本、劳动力的优势，但有效产能和整体效率不高。所以，要注重优化要素配置，从根本上增加旅游的供给能力。

2. 提高旅游供给质量

提高旅游供给质量是为了更好地满足人们对旅游生活品质的诉求。旅游供给质量的提高可以创造消费需求、提高消费水平，所以，旅游业必须在全行业树立精品意识，追求精致、讲究精美。如何提高旅游供给的质量，大体上可以从以下两个方面考虑。

第一，改善国内旅游市场的环境。要能够让企业优胜劣汰，让有长远眼光的企业家愿意在这个领域投资，创造更多的优质企业，提供更多的优质旅游产品；要治理旅游市场的秩序，防止旅行社的低价竞争，防止旅游景区靠旅行社高额返点来拉客。近几年，国内旅游市场中，团队旅游市场上导游和游客矛盾尖锐，冲突时有发生，散客旅游市场也充斥着"坑蒙拐骗"现象。一个混乱的旅游市场环境，将会严重地损害国内旅游业的健康发展。另外，还需要继续改进服务质量，要在旅游服务的所有环节全面提升服务品质，实行标准化、规范化的服务，注重服务的人性化和个性化，让游客为有效供给和优质服务"买单"。

第二，提高旅游供给的科技水平。在信息技术高度发达的时代，旅游业内部应用互联网、高科技的规模和深度必须进一步提升，并且深化旅游体验。所以，旅游全行业的科技创新必然是"供给侧改革"的最重要内容。在旅游营销方面，运用大数据分析了解和把握人们旅游生活多层次的消费需求，组合针对性、适应性、灵活性的产品供给和服务供给，实施精准营销，更加有效地驱动旅游消费。如通过虚拟现实这种高新技术，游客的度假体验得到了极大的延展和深化。在度假设施和娱乐设施方面，可以采用电子、激光、遥控、液压、电脑、仿真等许多高科技手段和各种新材料，让崭新的休闲游乐项目层出不穷。此外，旅游业在旅游商品的创新设计、制造，景区的智能化管理等许多方面、环节，都急需提高科技水平，提高旅游供给质量，增强市场竞争力和旅游供给效率。

3. 调整旅游供给结构

我国旅游的需求量很大，而旅游供给滞后的现状比较明显。所以，必须通过改革发展，加大旅游的有效供给，以适应现实需求、挖掘潜在需求、创造新兴需求、引领未来需求，保证供求匹配的持续发展态势。关于提高旅游供给能力的办

◇◇ 旅游文化创意与规划研究

法，以往比较关注的是旅游业规模的增长，强调旅游产品质量、旅游服务质量等旅游企业微观层面的质量。其实需要根本解决的是旅游业宏观质量和总体效益的问题，这就必须从优化旅游供给结构入手，系统地从整体上进行结构性改革，这是旅游业发展的关键所在。从规模导向转向结构导向，成为旅游业转型发展的突出重点。

调整旅游供给结构应从旅游市场结构、产品结构、产业结构、区域布局和旅游要素配置结构等多方面总体解决。

第一，要根据市场需求的变化，推进旅游市场的结构改革。在出境、入境、国内旅游快速发展的情势下，应该着重加大入境旅游和国内旅游的市场；要始终以大众旅游为主体，同时要积极稳妥地发展中高端旅游产品；要重点开发老年旅游、青少年旅游、研学旅游、家庭旅游等的旅游市场。旅游供给不但要适应旅游市场的变化，还应引领未来旅游市场的发展。

第二，要调整旅游产品的结构，促进旅游业的转型发展。当今旅游业发展的总体趋势是从观光旅游为主向度假旅游为主转变，其旅游产品的开发方向更强调于体验性的要求。无论是观光旅游、度假旅游、特种旅游，都需要注重游客的参与、互动和体验。要不断扩展思路，以"旅游＋"的创新模式，开发旅游新产品，如森林、海洋、沙漠、医药、体育等许多特定资源，都将成为旅游产品结构的生长点。另外，还应通过发掘社会资源发展旅游业，如乡村的农家田园、城市的居民四合院等社会资源，都可以改造成为受游客欢迎的旅游产品。

第三，抓好旅游产业结构和企业结构的改革，全面提升供给效率。旅游过程中与吃、住、行、游、购、娱相关产业的发展，要重点提高游、购、娱的比重；要紧抓旅游景区的提升；要提高旅游购物的商品设计和营销水平；要加强娱乐项目的创新设计，增加夜间休闲娱乐，丰富游客的参与性活动内容等。在旅游企业的结构调整中，要加大对不同所有制旅游企业的规划发展和政策管理；在引进国际品牌旅游企业的同时，要大力扶持我国自己民族品牌的旅游饭店、主题公园、娱乐设备等旅游企业，创造出中国的国际品牌。在旅行社行业里，要集中打造更多具有引领作用的旅游大企业；要发挥国有旅游企业的引导作用，通过更加有效的改革措施，提升国有旅游企业的竞争力。

第四，要重视配置旅游要素结构和旅游区域结构。旅游要素和其他生产要素一样，需要有资本、劳动力、土地、企业家、技术、信息等，这些要素都是旅游业发展所必备的重要条件,其中土地资源是十分稀缺的宝贵资源,各级政府都在严格控制用地指标,所以一定要把宝贵资源用于发展市场前景好、带动性强的旅游项目上。旅游业的转型发展更要依靠科学技术,所以,一定要依托现代科技,不断提高旅游业的运行效率和服务质量。旅游业是服务性的产业,人的素质是提高服务水平的关键,因此,在配置旅游要素结构时,务必投入更多的资源于开发人力资源方面,致力于旅游经营者、服务者素质的提高,以高水平的人力资本优化旅游业的要素结构。

从我国旅游业发展的区域来看,东部发展较快,中西部地区随着经济发展和交通条件的改善也开始出现旅游业大发展的态势。应该加大对中西部地区旅游发展的支持力度,形成全面发展的宏观布局,区域结构的优化有利于中西部经济的快速发展。还应该集中力量,在全国范围内推动形成一批重点旅游目的地、全域旅游示范区、旅游产业聚集区,在旅游大格局中发挥核心区域的引领作用。然后再逐步往下形成分级发展的区域布局。旅游区域结构的优化改革,必须要从顶层规划设计开始,明确方向,分层、分次、分批地予以落实。

4. 补充公共旅游供给短板

公共旅游供给主要是由各级政府提供的公共产品,如城市的公共交通、水电通信、医疗卫生、安全保障等基础设施。随着旅游者出游率的提高,旅游地区的游客接待量持续扩大,许多地区的游客总量远远超过了常住人口数倍,因此,按照常住人口数量提供公共设施和产品,显然无法满足旅游者的需要。在这种情况下,一个地区或城市,已经不只是当地居民的城市,也是外来旅游者的城市,要同时保证当地居民和外来客的生活需要,原有的基础设施显然会严重不足,这就是公共旅游供给出现的短板。在旅游快速发展的形势下,各地政府必须转变思维方式,提高预判能力,迅速补齐公共旅游供给的短板,否则不但会影响旅游业的发展,还会给当地居民的正常生活造成很大的不便。

各地区的政府在补充公共旅游供给短板的时候,不只是要考虑地区基础设施数量的增加,还必须充分考虑外来旅游者的特殊需要,如建立游客集散中心、增设旅游景点的交通运输线路、添加旅游厕所等。

旅游供给侧改革是多方面的,推进旅游供给侧改革,也难以一蹴而就,需要顶层设计、宏观调控和政策导向,也需要微观层面上的迎难而上、积极探索和创新实践。供给侧结构性改革,是国家"十四五"时期经济发展的主旋律和风向标。

如何围绕国家"供给侧结构性改革"这个大局，推动旅游业的转型发展，乘势而上，是旅游业必须深刻思考、积极探索的大问题。

第五节　旅游热的思考和展望

旅游作为一种时尚，为广大民众所喜爱和追求，旅游活动已逐步成为人们日常生活中必不可少的重要组成部分。"旅游热"已经在中国大地上悄然兴起，并且在不断地持续升温，热度只增不减。"旅游热"反映了人民群众普遍的幸福感和改革开放红利的获得感。

如何认识"旅游热"现象，如何在"旅游热"中冷静思考旅游业的健康发展？"人民对美好生活的向往，就是我们的奋斗目标"。旅游业的下一个目标，又该如何实现呢？这就需要旅游界一起来共同研究，深入探讨。

一、旅游热现象

出现全社会的"旅游热"已是有目共睹的事实，旅游热现象是逐渐形成的，也是必然会产生的。改革开放后的中国老百姓，大多腰包里有了点钱，忙中有了点闲，有钱又有闲，就有了萌生外出旅游、享受快乐的基本条件。人们都希望通过旅游活动来开阔视野、增长知识，领略大自然的美好风光，体会中华文明的博大精深，达到修养身性、愉悦身心的目的。旅游热现象大致体现在以下几个方面。

一是强烈的旅游欲望。旅游心理研究告诉我们，人们总是喜欢体验差异化的环境，感受各种各样的奇特新颖，所以，只要条件允许，出门旅游的欲望就会永无止境。出乡、出县、出省、出国、跨洋、跨洲，甚至跨出地球村，外面的世界很精彩，谁都想出去看一看。黄金周、双休日、小长假等提供出游的休闲时间多了，解决了住房、教育、医疗三大难题后，百姓用于旅游的闲钱也多起来了。所以，现在无论是城市还是乡村的百姓，谈论的话题经常是去了哪里旅游，看了多少景点，体验了什么新奇。大家相互影响，形成时尚，外出旅游的欲望与日俱增。

二是普遍的社会关注。这是旅游热引发的社会效应，新闻媒体几乎天天都有旅游的报道，电视广告都在不停地宣传各地的旅游景点，报纸杂志无不竞相刊载旅游的信息和文章；铁路加开列车，飞机增加航班，高速公路不断地为疏导交通增加警力；加强保卫，加强安检，保安员、巡逻队、志愿者、协管员，为保驾旅游安全而忙得团团转；到了旅游旺季、黄金周和节假日，各级政府总动员，都把接待好蜂拥而来的游客摆在了工作的首位；景点、乐园、餐饮、宾馆、商店等旅游服务业，以及与旅游间接相关的企业和部门，几乎无一不在关注着旅游热带来的巨大消费潜力和服务接待的巨大压力。

三是景区里人山人海。尤其是节假日，全国各大景区个个游客爆满，"出门旅游看人海"已是很普遍的现象，假日的旅游热让各地景区不堪重负。景区人流爆棚的有四川九寨沟、上海外滩、杭州西湖、南京中山陵、贵州黄果树瀑布、厦门鼓浪屿、湖南凤凰古镇等，许多地方都因为游客太多而不堪重负。据中国国家旅游局近几年的统计，国庆长假期间全国的旅游人数呈井喷趋势连续不断，造成了道路交通拥堵，民航、铁路一票难求，景区秩序很难维持，游客变成了"花钱买罪受"。即使在这样的情况下，人们对出游的兴趣还是始终不减，旅游热依然"高烧不退"。

四是出境游热浪滚滚。我国全年出境旅游的人次已超过1亿，是全球第一大出境旅游消费国，中国游客的足迹遍布全世界。起初出境热游的地方是东南亚和日本、韩国，后来美国、加拿大和欧洲旅游跟着火爆了起来，澳大利亚和新西兰也成为中国游客的热门目的地，现在出游中亚、西亚、非洲和南美各国的游客也越来越多。无论到国外哪里去旅游，都会碰上许多来自国内各地的旅游团，都会听到中国游客独有的爽朗谈笑声，可以说中国游客无处不在。春节和国庆黄金周出境旅游的客流增长更加迅猛，甚至不少特许经营出境旅游业务的旅行社不得不亮出了"客满红灯"，停止报名。中国游客在海外惊人的购买力也是举世闻名，是许多外国商家眼中的"摇钱树"。各国为了招揽中国游客用尽心机，除简化签证、打折促销、增加中文标识、邀请当红明星助阵外，聘用当地华裔已成为各国"中文营销"的新手段。中国公民出境旅游的热浪受到了世界各方面的关注。

五是地方政府掀起旅游开发热。随着旅游业的迅猛发展，旅游对地方相关产业的带动、人民生活水平的提高等都起到了相当大的促进作用，从而掀起了地方开发旅游的"旅游热"。又因为旅游行业有其明显的促进消费作用，并以投资少、见效快等特点成为社会经济发展新的增长点，受到了各地政府的青睐，发展旅游业已经成为各界的共识。特别是旅游业与房地产业、娱乐休闲业、体育运动业结合起来以后，政府对开发旅游的兴趣更大。无论是发达地区或欠发达地区，都在想尽办法加快发展旅游业。有的地区甚至提出了"倾全区之力，聚万众之心"发展旅游的号召，下定了要打造旅游强县、强市的决心，投入巨资，大拆大建，动则4A、5A景区，四星、五星酒店，旅游开发热的景象到处可见。

六是社会资本倒向旅游投资热。旅游业的蓬勃发展引发了旅游投资热的迅速升温，近来旅游投资市场空前火爆，大量的投资商纷纷转型介入，投资规模不断扩大、投资领域更加多元、投资布局迅速铺开、投资主体更加跨界。旅游业投资的增速已经超过了房地产投资的增速，大量资本正在加快投向旅游领域。万达、复星、中信华强、海昌、华侨城等许多强势集团都在加快进军旅游产业和休闲娱乐业，投资的区域范围也在由东部向中西部扩展。

中国的旅游投资热除了抢抓国内旅游投资机遇外，还开始向境外扩张，瞄准境外的旅游投资目标，加快走出去的步伐，在全球范围内进行产业布局。如海航集团投资巴西蓝色航空、港中旅收购英国布莱顿酒店集团、锦江集团收购卢浮酒店集团等。出境旅游热浪的不断高涨，使开拓海外旅游市场的投资企业家们充满信心。

二、旅游热中的冷思考

旅游热现象的产生，引发了旅游界的热议和社会各界的关注。旅游热现象是好，还是不好？是应该继续加热，还是需要适当退热？如何引导旅游热现象变为助推旅游业持续健康发展的动力？

旅游热现象反映了我国改革开放、经济发展、人民开始富裕起来的结果，是人民群众向往美好生活的急切需求。随着旅游需求的不断高涨，相应产生了一个庞大的旅游服务产业，一个我国经济发展的支柱产业，甚至是战略性的支柱产业。当前我国面临经济转型发展，在国家宏观经济层面上，正在推进供给侧改革的战略性举措，而旅游业在扩内需、稳增长、增就业、减贫困、惠民生中将发挥独特的作用。旅游业"量"的扩张和"质"的提升，将带动一大批相关产业的发展。在新常态下，旅游业是稳增长的重要引擎，是调结构的重要突破口，是惠民生的重要抓手，是生态文明建设的重要支撑，是繁荣文化的重要载体，是对外交往的重要桥梁，在国民经济和社会发展中的重要战略地位更加凸显。正因为旅游业对我国经济社会发展全局具有重要战略意义，所以，政府为加快旅游发展采取了积极的行政推动，中国国家旅游局等九部委印发《关于进一步发展假日旅游的若干意见》，正式确立黄金周假日制度，掀起了中国人旅游度假的热潮。

然而，旅游热现象的出现也带来了许多严重的问题、许多不得不重视的隐忧。先是景区出现了严重的爆满现象，常常是数千名游客被困在一处热门的景区，数百万人涌入一些最受欢迎的景点。极度的拥挤使休闲度假变成了不堪忍受的苦旅，人们在景区里吃饭难、歇脚难、如厕难，疲惫不堪地在人堆里挤。黄金周期间，著名的旅游景区每天接待的人数、人次远远超过其最大接待量的5~10倍，游客应有的合法权益根本无法保证，更谈不上景区的服务、安全和卫生，这对旅游景区的自然景观、人文历史文化遗产也都会造成严重的破坏。再者是大规模人流的出游造成了交通的严重拥堵，高速公路上堵塞的车辆排成了绵延十多公里的长龙，车祸频发，旅游服务和基础设施都承受着巨大的压力。

随着不断高涨的旅游热，伴之而来的是遍及全国的旅游开发热。加快旅游产品的开发、做大旅游产业、解决旅游产品供给不足、疏解旅游供需矛盾是当务之急。尤其在国内经济下行压力持续加大的情况下，政府和社会各界对服务业稳定经济增长的重视程度空前提高，旅游的开发投资将继续快速增长。但是，旅游开发必须在科学发展观的指导下进行，要以市场需求为导向、以绿色发展为根本、以适度有序为原则。但目前的旅游开发热，均把利润作为景点开发者的终极目标，在这个目标的驱动下，模仿、克隆成了景区赚钱最快的途径，于是产生了大批同质化的景区；低级、平庸、劣质的旅游开发项目也屡见不鲜；浪费资源、破坏生态、损害群众利益的现象也并不少见。从地方政府方面看，都把旅游开发当成是拉动经济发展、加快脱贫致富、惠及当地百姓的重要政绩工程，因此，对旅游开发的热情越来越高，纷纷提出了"旅游立县""旅游兴市"的宏伟目标。但是，由于对旅游市场缺乏深刻的分析，对开发条件缺乏充分的认识，因此，其开发行为缺乏全面、科学、长远的正确思想指导，出现了大兴土木、围墙绿化、降格引资、盲目贪大等急功近利的做法，弱化了对生态环境的保护和对文化内涵的挖掘。更令人担忧的是超大型项目的开发，上百亿投资的旅游开发项目接连登场，需要警惕的是资本加速涌进旅游产业后的产出效益问题，以及超大规模开发对环境造成的影响。

出境旅游热是中国旅游发展过程中很受关注的现象，是国家鼓励消费、扩大内需、刺激经济的成效之一。中国不仅形成了全球最大的国内旅游市场，而且已成为世界第一大出境旅游消费市场。中国人的出境旅游热令各国瞩目，世界旅游组织还专门编撰了《中国人出境旅游》的研究报告。但是，与国外游客来中国旅游的入境旅游相比，两者差距较大。所以，需要加强入境旅游的营销力度，扩大入境旅游市场；同时要加强"中国人游中国"的观念，减少出境旅游和入境旅游之间的逆差。旅游热现象的产生固然源于国民对旅游需求的激增，但政府为加快旅游发展采取的行政推动更是重要的诱因。特别是发展假日旅游，确立黄金周假日制度，提高了假日经济，引发了全国景区游客爆棚的旅游热现象。正常的旅游热是推动旅游业发展壮大、扩大内需、缓解经济下行压力的可喜现象，而黄金周、节假日的旅游过热现象，造成的人满为患、不堪重负的情形是必须改变的。解决的办法只有两个：一是疏，二是堵。首先，要使集中在节假日的出游人群错开出游时段，采取改变休假制度，推进带薪休假、弹性休假或轮流休假等休假方式，避免集中休假，拥挤出游；其次，是开辟更多新的旅游度假地，扩大旅游接待能力，挖掘"冷景区""冷景点""冷季节"的接待潜力；最后，要加强旅游信息的即时通报，特别是要用好互联网、云计算和大数据技术对多元渠道数据的整合，及时掌握目前和未来几天的客流预测，包括景区舒适度、客流数据预测、推荐的进入时间、主要干道车流堵车的公里数、周边其他景区的游客数和最合理的进入路线，甚至是预计的排队时间等信息都可向游客提供，这样游客就可以自主选择错峰、错时出游了。除了以上各种疏导客流的措施外，还应通过规定旅游景点的限客量、杜绝超载运客和超负荷接待等，堵住游客超员涌入景区的缺口。鉴于各地景区人满为患、乱象丛生，中国国家旅游局曾发出过紧急通知，游客可能达到最大承载量时，要加强游客流量控制和疏导，避免发生大量游客滞留和安全事故。

三、旅游的多样化需求

我国旅游已处于全民大众化出游的深化阶段，随着旅游热的不断升温，传统的观光旅游逐步向丰富多彩的特色旅游转变，出游的目的、诉求、组合、方式等越来越呈现出多样化的趋势。旅游需求无边框，旅游资源无边际，旅游供给无边界，在旅游消费和供给的新常态下，任何资源都可以转化、融合为旅游休闲的新供给，任何生活空间都可以成为引导、创造和满足人们旅游消费需求的新空间。

目前，出游的方式还是以旅行社组织的随团旅游居多，但自由选择的自助游方式越来越为人们所喜好；老年人常常选择气候舒适的候鸟式旅游；出城、出省、出国的远程旅游者不断增多，省内、区内、郊野的近程旅游也受到人们的青睐；多次出游的短期景点旅游是一种选择，较长时间出游的休闲度假旅游将会是更多人的旅游诉求。爱好自然风光旅游的有高山旅游、峡谷旅游、沙漠旅游、森林旅游、草原旅游、海滨旅游和具有保护生态环境意义的生态旅游；爱好人文景观旅游的有"古城、古镇、古迹"旅游、红色旅游、民族旅游、民俗旅游、宗教旅游、寻根旅游和画家作家摄影家们专注的采风旅游。另外还有许多具有一定专业性内容的旅游，如文化旅游、科普旅游、修学旅游、商务旅游、会展旅游、体育旅游、工业旅游、农业旅游等，各种各样目的性很强的专业旅游层出不穷。近年来，城市旅游、乡村旅游也很热门，随之而来的有校园旅游、胡同旅游、农家旅游等更为贴近百姓生活的体验性旅游；富有人性化的家庭旅游、蜜月旅游、健身旅游、养生旅游、医疗旅游也逐渐兴起。很有刺激性的探险旅游、太空旅游也有人尝试；别有情趣的航空旅游、汽车旅游、火车旅游、邮轮游艇旅游等路程式旅游也都纷纷出现。多样化的旅游诉求，催生出了五花八门的旅游内容和旅游方式。

个性化旅游方式日益普及，旅游消费分层明显加速。当前国内游客构成逐渐从团队出游向散客出游转变，多数知名景区的团队游客与散客比例相互接近，尤其随着《旅游法》的实施和《八项规定》的出台，散客旅游出现了前所未有的井喷趋势，线路为主导的团队旅游模式开始向目的地为主导的散客旅游模式转变，自驾游、自由行、深度游等旅行方式越来越受到人们的欢迎，个性定制、自助出行正逐步成为一种常态。

传统旅行社全面转型，自助预定、自愿组合、自由行程已经成为不可逆转的潮流，各种类型、各种层次的在线旅游产品及服务都将成为投资的热点。

根据旅游消费市场的发展变化，业内人士预计，未来以下领域将成为旅游产品和旅游服务的投资开发重点，如旅游房车、自驾车营地建设，旅游主题小镇和特色旅游城镇建设，乡村旅游产品开发，休闲度假产品建设，大型旅游装备制造业，文化旅游产品，医疗健康旅游和养生养老旅游产品，旅游商品和旅游户外休闲用品，在线旅游产品开发和智慧旅游产品建设，研学旅游和修学旅游基地、科普旅游基地、旅游教育基地建设等。

四、常态化的成熟旅游

旅游有很强的季节性特点，客流的不均衡现象在旺季、淡季与平季之间十分明显。旅游业的淡旺季现象具有普遍性和规律性，旺季过旺，导致旅游设施拥堵、接待能力不支、服务水平低下、风险管控困难等问题，这种状况在黄金周、小长假期间表现尤为突出，已经达到了人满为患的严重程度；而淡季过淡，又使得旅游设施利用率低和投资吸引力缺乏。淡旺季的旅游冷热反差，造成了旅游业的供需错位和旅游产业的严重失衡。如何破解供需错位、产业失衡的难题，实现旅游的常态化发展，必须要从以下两方面着手解决。

一要用好政策工具，引导旅游从过冷、过热向稳定均衡的常态化发展，同时要抓紧必要的制度设计。由于目前国内的休假制度与巨大的市场需求不相匹配，必然会加深供需错位、产业失衡的矛盾。因此，调整休假制度必须加快着手进行，虽然国家将原本集中的"巨型黄金周"分散成了端午、中秋、清明等节日，假日时间缩短、频次增加，但旅游市场的黄金周井喷现象并未得到根本解决。热议中的带薪休假制度，作为劳动监察和职工权益保障的重要内容，各地政府应积极加以推进，把旅游消费需求集中释放的假日经济，转变为能够充分满足旅游消费更大需求的常态化经济。近几年政府集中开展旅游市场秩序的专项整治行动很有必要，确保了旅游市场的秩序井然有序，保障了游客的合法权益，同时，相关部门也应尽快完善管理制度和举措，促进旅游市场的管理实现常态化。政府部门必须创新旅游管理体制，依法规范旅游市场，推进现代旅游产业的发展，培育旅游经济新的增长点。要让旅游更安全、更便利、更文明、更舒心，实现旅游业的提质增效、转型升级。

二要推动产品创新与提升服务水平，以更多的优质旅游产品、更高的服务水平满足日益增长的旅游需求。最近几年旅游产品开发的速度逐渐加快，但旅游产品供给不足、创新乏力的问题依然存在。旅游散客时代已经来临，休闲度假旅游将迎来新的发展高潮，个性化的旅游将层出不穷，游客的旅游愿望开始转向更加追求品质、更加渴望深度体验异地的生活方式，并且要求有更多的出游选择。既要发展面向大众市场的旅游产品，又要发展中高端的旅游产品，要顺应消费升级趋势，加快推进旅游产品的转型升级，引导开发适应大众市场需要的旅游产品，大力发展老年、民俗、养生、医疗、研学等旅游产品。在旅游开发中特别要强调产品创新，营造特色，一定要与文化创意产业紧密结合，要依托现代科技，创造出艺术水平高、科技含量高、文化品位高的旅游精品，让游客得到"好看、好玩、有回味"的最大满意度。大量旅游精品的涌现，可以疏解"大旅游"供需失衡的难题。

除此以外，提高服务水平也是旅游快速发展中的紧迫问题。当前我国旅游服务质量总体水平还不能满足经济社会不断发展和旅游消费者需求日益提高的需要，在旅游服务的许多环节都存在着一些服务质量的问题，如旅游服务信息不透明、旅游服务标准覆盖面还不够广，有的旅游企业和从业人员服务意识不强、服务缺乏诚信，旅游服务质量监管力度不够等，都还没有得到很好的解决，已经成为影响我国旅游业发展的制约因素。因此，提高旅游服务质量已成为旅游业发展的关键。但提高服务质量不只靠几次整顿就能解决的，必须把提高服务质量的教育、监管和标准化、制度化建设，变成常态化的行动，紧抓不放。常态化的旅游需要相关各方面的成熟，旅游者、旅游景点、旅游企业和所有与旅游相关的部门，甚至全社会的所有方面，都应该共同营造出成熟的旅游环境。

纵观世界旅游的发展过程来看，大致可以分为四个阶段，即初始期、成长期、发育期和成熟期。以少数人奢侈消费为主是旅游的初始期；逐渐发展到全社会的大众旅游是旅游的成长期；不断追求享受型消费的散客时代是旅游的发育期；随着居民实际收入的增长，个人可自由支配的闲暇时间增多，居民旅游需求旺盛，出游率稳定均衡提高，旅游成为大众化常态化的生活方式，全社会都形成了完善的旅游环境，就到了旅游发展的成熟期。成熟期的旅游也就迈入了"旅游社会"，需要按照启动全社会的"大旅游"来进行更为有效的全面管理。

当前我国的旅游还处在成长期向发育期转变的阶段，构成旅游的主体、客体和中介三个方面都欠成熟。作为旅游主体的游客，在出游目的、理性消费、权利保护、文明出游等许多方面，都表现出成熟度很差的现实；旅游客体的景点、宾馆等旅游服务和开发建设环节，都还不能适应多元化旅游的发展，未能顺应消费升级的趋势，未能加快推进旅游产品的转型升级，未能加快提高旅游的接待能力，造成市场需求与旅游供给的不相匹配。作为旅游中介的旅行社行业，面临携程网、去哪儿网等网络旅游服务新业态的挑战，面临一键敲定出游所有环节的散客时代，旅行社行业也迫切需要加快转型升级。综上分析说明：旅游需要常态化，需要逐步走向更加成熟的旅游成熟期。

五、旅游热的启示与展望

上文已经对我国的旅游热做了阐述和分析，旅游热的产生和发展对我国的经济发展有着深刻的影响，尤其在当前世界经济不景气、我国的经济下行压力继续加大的形势下，旅游业的异军突起，对于化解经济结构性矛盾、促进经济转型升级，更显出其重要的作用。所以，深入探讨旅游热现象，剖析旅游发展中的问题，加快做大、做强旅游产业，既是惠民的需要，也是我国经济供给侧改革的战略需要。

旅游热现象启示我们：当今旅游已经从高层次的需求活动，逐渐发展成为人们生活中的一种基本需求。中国的百姓既有消费能力，又有消费欲望，具备了社会化大旅游的充分必要条件。因此，各级政府和社会各界必须转变对服务业的认识，提高旅游服务业的地位。在中国经济健康发展的大背景下，旅游热不会降温退热，而是会在稳定均衡的新常态下持续不断地发展。认识这一大趋势，看好这一大趋势，对于旅游发展的决策管理和投资开发都是至关重要的。

旅游热现象的又一个启示是随之而来的旅游开发热。从黄金周爆发的巨大消费能量，转变为常态化的旅游消费结构后，旅游需求必将引起进一步的激增。这就迫切需要开发大量完备的旅游产品来分流人群，保证供求平衡，还需要一系列的制度设计和管理创新来保障消费激增带来的社会问题。因此，要积极吸收社会资本投资旅游开发，要鼓励有实力的企业集团跨界介入旅游产业，要让市场在资源配置中起主导作用，政府要在规划引导和公共设施建设方面加强投入力度。目前我国各地的旅游开发有着明显的政府主导的特征，市场化程度远远不够，这就需要在政府管理和市场机制上给旅游业松绑，充分发挥市场的决定性作用，有效满足多样化的市场需求。

旅游热现象的第三个启示是必须依托现代科技，坚持创新发展、绿色发展。随着"互联网＋"和"旅游＋"的兴起，旅游市场与互联网的结合越来越紧密，如智慧旅游就是旅游热中爆发出来的创新旅游方式。个性化的散客旅游已经越来越成为出游的主流方式，想去就去、说走就走、想停就停、要回就回，"我的行程我做主"，这样的潇洒旅游是要建立在旅游服务网络化基础上的，需要信息技术作为支撑。无论是旅游行业线上线下的资源整合，或是新、奇、特的旅游产品开发，抑或景区的数字化管理等，都必须要有现代科技的有力支撑。另外，在旅游开发热中已经出现了一些严重损害生态环境的现象，必须要引起警觉。一定要避免那种大拆大建、挖山掘地的粗劣做法，要坚持绿色发展，遵循尊重自然的可持续发展理念，为子孙后代留下天蓝水净的生存空间。

旅游热给予我们许多宝贵的启示，同时，也引出了我们对未来旅游发展的展望。普遍的预测认为以下八条可能成为我国旅游服务业的未来走向。

(1)目前我国已全面建成小康社会，国民的实际收入有普遍的增长，政府大力支持发展旅游产业，并积极推进带薪休假制度，促进旅游业的发展。因此，国民对于旅游的需求将会越来越旺盛，大众化、社会化、常态化的旅游规模将会越来越大，许多旅游城市的外来游客数量将会远远超过当地居民的人数，旅游的影响力必然会涉及社会的各个方面，势必需要一个全社会面向旅游者服务的旅游环境。所以，展望未来，大旅游概念下的"旅游社会"离我们已经不远了。

(2)个性化的旅游将更为突出，自助游、自由行的出游方式越来越为人们所喜爱，自己设计路线、自己安排旅途中的一切，利用现代文明带来的便捷，自由自在，不受束缚。自助旅游已经不只是年轻人的选择，无论老少，都加入了自助旅游的行列，成为重要的旅游趋势，这就意味着旅游的"散客时代"已经来临。

(3)随着信息化时代的到来，互联网、云计算与大数据技术将被广泛应用于旅游系统的各个环节，这就意味着"智慧旅游"的正式开启。智慧旅游城市、IT上市企业、数字景区、智慧酒店、智慧旅游购物等都将纷纷登场，为景区提升和优化服务、管理和营销策划提供有力的支持，智慧旅游将贯穿于旅游的导航、导游、导览、导购等所有过程。互联网发展到这个程度，很多传统行业已经被颠覆，旅游业也毫无例外地受到巨大的冲击。在"互联网＋"的国家战略指导下，"互联网＋旅游"将开创出一个前所未有的"智慧旅游"新时代。

(4)随着旅游者多样化需求的爆发，求新、求变、求特色已成为旅游市场的主流要求，因此，旅游业必须以创新求发展。旅游业靠引进、模仿、抄袭的跟风发展将成为过去，代之以发明、创造、革新的创新发展，旅游业掀起大众创业、万众创新的大幕已经拉开，人们翘首以盼的旅游精品必将会陆续闪亮登台。旅游的主题创新、理念创新、产品创新、管理创新、营销创新、服务创新等全面创新的展开，无疑将会大幅度提升旅游的有效供给，不但能解除旅游业供需错位、产业失衡的矛盾，并且将引领旅游消费，推动旅游市场的不断扩展。

(5)当旅游已经逐渐成为牵动全社会的大众旅游时，外来游客常常大量涌入许多高品质的旅游地，使城市不仅是当地居民的城市，似乎更变成了外来游客的城市。整个城市区域整体功能都要为游客服务，要完全按旅游目的地的全部功能进行建设，实现景点内外一体化，做到人人是旅游形象，处处是旅游环境，事事

◇◇ 旅游文化创意与规划研究

为旅游服务,变成"全域景点"或"全城旅游"的"全域旅游新模式"。发展"全域旅游"将充分发挥旅游业对其他产业的拉动力、融合力和集成作用,为相关产业和领域的发展提供平台,插上"旅游"翅膀,形成新业态,提升其发展水平和综合价值。从景点旅游向全域旅游发展是旅游发展的正确方向,因此,必将加大试点的推进力度,促进全域旅游的广泛形成。

(6)在大众旅游、散客旅游、智慧旅游快速发展的时代,有条件的地区都将积极推进全域旅游。在这种形势下,旅游的公共设施建设必须要有更大的投入,必须更加完善,旅游的管理也将从单一的旅游部门管理,转为政府机构统筹管理。只有这样才能够调动全区域的资源,实施全方位的旅游综合服务,做到区域内处处旅游无死角。值得推荐的是成立一个全域性的旅游服务管理新机构,叫作"旅游综合服务管理中心",取代目前的"游客接待中心"和"旅游集散中心",以强化全域旅游的统筹管理职能与全方位的综合服务功能。

(7)我国旅游业东部发展较快、中西部相对较慢,因此,未来的旅游布局必然要加重中西部地区的旅游开发,推动中西部经济的快速发展。广阔的中西部地区隐含着丰富的旅游资源,并有大量待开发的荒漠土地,可以采取旅游开发特区的特殊做法,集中力量推动形成一批重点旅游目的地和旅游产业聚集区,在中西部旅游开发中发挥引领作用。

位于我国西部地区的酒泉市就有十分优越的旅游开发条件。从酒泉旅游来看,莫高窟、鸣沙山、月牙泉、航天城、阳关以及大沙漠、胡杨林和丝绸之路文化等,大量顶级的珍贵旅游资源都聚集在这里,完全具备了跨越发展、打造西部大品牌旅游目的地的基础条件。而"沙雕古城""飞天圆梦""敦煌新曲"和"胡杨公园"等项目已经在规划建设之中。

所以,像这样旅游资源十分集中的西部地区,完全可以通过政府的政策引导、整合提升,创造出西部旅游开发特区的惊人奇迹,成为加快中西部旅游开发的示范旅游地。在我国中西部地区,具备集中力量开发西部旅游特区的地方不止一个,可以将其作为中西部旅游发展的重要战略举措之一。

(8)随着旅游业的发展,我国将会逐渐形成一个成熟的旅游社会、成熟的旅游国家。成熟的旅游应该包括游客的成熟度、景点的成熟度和市场的成熟度等基本方面,也就是旅游主体、旅游客体与旅游中介及旅游管理的成熟度。

游客的成熟度主要表现在"文明、理性、科学"三个方面。通过持之以恒的文明旅游宣传教育，提高出游公民的文化素养，根除一切旅游中的不文明行为，让我国游客形成最有自信、最讲礼貌的世界公民形象；要不断引导游客树立理性消费的观念，不受出游团费低价陷阱的诱惑，帮助游客从任性购物转变为理性购物，做到理性消费、科学消费、健康消费、绿色消费；要培育游客掌握应用现代科技的出游方法，学会利用海量的旅游信息，做到旅游全过程的预知、预控，学会在智慧旅游中自由享受。

旅游景点的成熟度主要表现在稳定的客流、科学的管理、优美的景色、便捷的交通与完善的服务，并且伴有地方特色的饮食文化、历史文化和人文风采，还应该享有一定的知名度。

旅游市场的成熟度主要表现在公平的市场竞争、良好的市场秩序、严格的市场规范；还应该有稳定增长的市场需求、有促进旅游市场健康发展的市场机制以及实时反映市场动向的信息发布。成熟的旅游市场还需要有成熟的投资者、经营者和管理者。我国的旅游市场经过不断的规范、整顿、培育、发展，正在逐步走向成熟，市场对旅游发展的主导作用日趋明显，整个旅游市场开始走上了良性的发展轨道。

目前，我国的旅游市场正在进入消费升级阶段，巨大的休闲旅游需求开始快速释放。以观光游、休闲游、度假游三个发展阶段来看，中国旅游业已进入旅游消费升级阶段，休闲旅游市场正在迅速形成，旅游业的发展要尽快适应正在变化的市场需求。综合以上分析，可以乐观地预见，一个成熟的旅游社会即将来临。

第三章 文化创意旅游的发展机制与模式

第一节 基本类型和模式研究

一、旅游文化演艺产业的发展

(一) 发展特征与模式

1. 地域风情与文化内涵的统一

成功的旅游演艺能深入挖掘当地的地域风情和文化内涵,通过文化资源和演出手段的有效融合,凸显当地的文化特色,让游客耳目一新,感受到当地深厚的文化底蕴和文脉特征,并提高当地文化的影响力。

首先,旅游与文化互相依存,文化是旅游的内容和深层次表达,旅游则是实现文化的教化和娱乐功能的良好载体。旅游演艺项目体现了该地域的文化,将生活中的各类文化艺术化,突出文化在旅游中的"核心竞争力"。一方水土养一方人,也养一方文化,文化差异的产生通常同它所在的地理位置有很大关系。地貌、海防位置、纬度等地域差异导致土壤、气候、植被等自然景观也有所不同,人文环境就是在这些自然环境中得以产生。如桂林山水中产生了如漓江水般剔透嘹亮的山歌,创造出了《印象·刘三姐》那样的经典演艺项目;嵩山位于中原,林深雾重,孕育出了少林那样坚若磐石的武功,才有了《嵩山少林》这样禅、功合一的演艺项目。尤其是入境游客,他们更多地希望在旅游过程中感受中国文化,体验不同于自己国家的民俗民风,故演艺活动的文化地域属性也是吸引更多入境旅游的有效途径。

演艺活动基于本土文化基调的演艺特性以及承载的历史和社会文化内涵等,

决定了它比其他旅游产品浓缩了更多文明的闪光点。典型的实景旅游演艺产品依托地域文化优势，以自然环境为灵感源头来创作，原本就同它所处的天候人文、温度湿度、山水格局融为一体，只存活于特定环境中，并将主题、艺术形象与地方文脉相结合，通过对多姿多彩的地域性文化符号的运用，呈现出一场具有地方特色、鲜明个性的演出，使其具有无法移植、无法复制的特点。

大型山水实景演出《印象·刘三姐》选址于桂林市阳朔县的书童山脚下，一片开阔的水面，面积近两千平方千米，两水夹角处有一个半岛，隔河相望是沿江而立的十二座山峰，江面做舞台，山峰当布景，观众席设在半岛上绿色的梯田上，天地造化，浑然一处。该作品是以此得天独厚的桂林山水为舞台，再结合刘三姐的民间传说，侗、壮、苗等少数民族文化，电影《刘三姐》的爱情主题歌曲及广西少数民族文化和地域文化等，进行的深度艺术创作。《印象·丽江》深入挖掘当地以纳西族东巴文化为主的少数民族特色文化进行创作，结合蜚声海内外的三项世界遗产（丽江古城世界文化遗产，"三江并流"世界自然遗产，纳西东巴古籍文献世界记忆遗产），将这些元素均融入演艺中，凸显自身的差异性，只存在于丽江，只属于丽江，充分阐释了一方水土养一方人的文化魅力。《印象·西湖》在我国最著名湖泊之一的西湖水域的背景中进行，充分利用"上有天堂，下有苏杭"在人们心中的独特认知，将西湖的文化底蕴巧妙地融入演艺之中。《禅宗少林·音乐大典》以我国悠久的中原文化为基础，以广负盛名的少林文化和神秘的禅宗文化为核心进行创作。还有大型实景演出《鼎盛王朝·康熙大典》、大型多媒体风情歌舞诗《帝苑梦华》等旅游演出在主题、艺术形象上与本地自然人文景观、历史文化方面水乳交融、密不可分，是对"地方文化符号"的高度艺术认同，从而成为不可复制、难以替代的旅游演艺精品，形成强大的市场吸引力和竞争力。

其次，旅游者进行旅游的过程也是寻找与感悟文化差异的过程，他们具有人性中天生的求新、求异的心理需求。不同的地域文化促使旅游者离开家乡前往异地旅游，因此他们希望在异地寻求不同于原居住地的文化风情，了解该地的风俗习惯与历史文化。

旅游者对旅游目的地文化的了解需要一种解读，虽然解读方式各不相同，但通过一个富有地域特色、具有鲜明个性的旅游演艺项目来体现一个旅游目的地的文化，无疑是比较容易取得成功的。发展具有深厚文化内涵和表现力的旅游演艺产品的需求可见一斑，而现在我国诸多旅游目的地缺少特色鲜明的文化主题，缺少对文化的深度挖掘。

我国的传统文化、民族文化中蕴含着很多优秀的思想，这些优秀的文化资源要为旅游者所认识、接受，必须以一种能够准确表现这些思想且为旅游者认同的载体投入到旅游产品的生产中。旅游演艺这一特殊载体开创了学习中国传统文化的新形式，它用文化消费者喜闻乐见的形式推介传统文化，以一种更容易接受的形式让人们在娱乐的同时也体验了传统文化，满足了旅游者的求新求异心理，同时也是旅游地文化的一次再造与重新展现。

旅游演艺产品在充分挖掘当地的历史文化、民族文化等地域文化的基础上，可让游客真切感受到旅游目的地的历史人文，其不可移动性也使得旅游者需要前往旅游目的地才能真正领悟其魅力，故而成为较理想的旅游产品。

第三，文化遗产和静态的文物展示比较普遍，但却难以有效吸引大量游客的驻足，通过旅游演艺活动巧妙地将目的地的地域文化特色和文化生态融入其中，增加旅游产品的精神内涵和文化魅力，以动态化方式最大限度地展示特色文化，使静态的旅游资源转变为动态生动的旅游活动，既可使观众了解当地文化的内涵，领略地方文化精髓，又能够有效激活和扩大潜在的旅游市场，吸引国内外游客，增强本地区文化旅游业的市场竞争力，保持其可持续发展势头。演艺活动能够比其他方式更直接地传达文化的韵味，其展现形式通过声、光、色的多重刺激，将文化的立体形象直接呈现在旅游者面前，其富有艺术感染力的形式更能深入人心。

此外，旅游演艺属于文化创意产业，文化创意中的"创意"或"创造力"包括两个方面含义：第一是"原创"，即前人和他人没有的首创；第二是"创新"，即经别人创造后，将其进一步地改造成新东西，给人以新的感觉。刘三姐是广西壮族杰出的民间歌手，被誉为"歌仙""歌圣"，20世纪60年代，电影《刘三姐》的热映使之成为广西文化形象的代表和国人家喻户晓的电影人物。在《印象·刘三姐》的创作过程中，既尊重了一直以来刘三姐带给人们的特定印象，也在此基础上有了新的创造，将爱情和对歌、人物的对立冲突等都融入其中，既保持了观众对刘三姐的熟悉感，又推陈出新，符合艺术创作的要求。这些旅游演艺既有动态展示，又在原有的基础上进行创新，符合历史发展规律和游客内心需求，成为创造旅游经济效益和社会效益的良好方式。此外，旅游演艺已成为当地文化展示与传播的重要载体和窗口，对当地文化遗产的保护与发扬光大，具有十分重要的现实意义。

2. 政府主导和市场运作的结合

在中国特色社会主义市场经济下，文化产业与旅游产业融合必须要与大环境融为一体，以此获得更多发展助力，也符合经济社会的发展规律。在旅游演艺发展的过程中，必须坚持政府主导和市场运作的协调统一，发挥政府引导作用，结合市场需求和运作，同时注重商业与艺术的融合。通过政府的政策引导、资金扶持和宣传推广以及市场的产业化、集团化和品牌化运作，形成发展合力，更好地推动旅游演艺的健康、可持续发展。

政府的主导作用不是指完全的政府包办，而是以市场为主，提高政府的参与度，在政府的引导下，把企业、艺术家、当地居民、非政府组织等有效结合起来，形成一股强大的合力。市场主导作用主要体现于以下几点：在用地、贷款、税收、劳动用工等方面提供必要支持；通过积极向社会发出信号，以便更加高效地寻找投资商；借助自身优势对旅游演艺产品进行宣传推广；聘请专家会诊，组织专家论证，帮助企业提高演出质量，引导企业提高产品的认知度和美誉度等。政府参与主要体现在前期融资、用地、贷款税收、劳力等方面提供相关支持，创造良好的旅游演艺市场环境。比如大型实景演艺产品一般投资额较高，单独依靠演艺产品投资者的自有资金较为困难，政府则可通过服务、引导和协调，创造一个良好的投资环境，然后注入启动资金，使用多元化的融资机制，引入市场开发主体，让非公有资本尤其是民营资本的参与，保证产品开发所需要的资金。这些大型的旅游演艺产品由政府、演艺公司、旅游景点、传媒公司各方投资成立的项目制股份公司，综合运营实施管理项目，形成由市级分管，领导统筹协调，文化产业、旅游行业跨部门联动的协调机制，同时与演艺相关的科技、环保、宣传、演艺团体、剧院、演出中介、旅行社、酒店等形成有效的营销机制和积极的市场推广，就是一个非常好的发展模式。

市场需求是决定演艺节目能否健康、可持续地生存下去的关键因素。在市场经济条件下，要紧紧地把握现代旅游的理念和规律，依靠市场化机制进行操作和运行，以争取较好的经济效益和社会效益。旅游演艺项目要想经久不衰，必须结合市场定位、目标市场划分以及市场反应做出相应调整和创新。

在以市场需求为目的打造的演艺活动中，北京红剧场的《功夫传奇》、深圳欢乐谷的《金面王朝》、湖南长沙田汉大剧院的《梦幻之夜》、上海马戏城的《时空之旅》等都借助旅游市场的人气进行开发，取得了不俗的效益。如早已超过千余场演出频次的《功夫传奇》，其成功的关键因素就是市场定位的标准性，不仅在国内驻演，而且在国外巡演。再如《梦幻之夜》，其演出主题一年一变，演出内容每月微调，除了大年三十、正月初一初二停演外，全年演出几乎是场场爆满。

在旅游演艺产业的开发上，完整的市场运作包括良好的投资机制、精细化的管理运行、有效的营销机制、出色的市场推广等。通过成熟的市场运作，可以将文化产业与旅游产业最大化地结合起来，在产品开发之初就定位于市场化运作，在产品的开发、营销、经营等方面坚持市场导向，以旅游者的需求为中心，创造出适合旅游者需求的、对旅游者具有吸引力的成功的旅游演艺产品。通过众多旅游演艺作品的演出反映来分析，旅游演艺项目只有对市场负责，让观众认可，拿效益说话，以市场为本源，才会经久不衰、蓬勃发展。只叫好不叫座的演艺产品不会有市场，又叫好又叫座的演艺产品才应该是我们追求的目标。

其中，市场营销是旅游演艺发展的重要组成部分。河南开封对大型水上实景演出《大宋·东京梦华》进行了市场定位，将其定位为主流政治文化、宋词文化以及北宋民俗文化，与《禅宗少林》形成互补，一山一水，一东一西，一文一武，一刚一柔。桂林的《印象·刘三姐》从顾客的角度，运用体验营销，在确定营销的主题之后，从感官营销、情感营销、思考营销以及关联营销入手，对其进行宣传营销，实现企业和顾客的双赢。湘西地区从产品营销、销售策略、促销策略等方面推动地区旅游演艺的发展。上海将旅游演艺的目标市场定位为境外客源，针对目标市场制订适当的营销模式。通过旅游演艺产品的开发、定价，旅游演艺场馆的选择，旅游演艺产品的促销等综合营销来对旅游演艺产品进行市场定位，制订营销策略，有效保证了旅游演艺活动的快速发展。

商业与艺术的融合，对打造优秀品牌十分关键。一台成熟的旅游文化演艺节目，其内容不应只局限于文化性上，还要结合商业性演出，不仅要有文艺性，也要有互动性和参与性。演出的创作基础是艺术的，但其营销方式却是商业的，并以此来吸引游客的注意力而获得经济效益，将艺术与商业进行完美结合。在艺术欣赏层面，演出节目符合游客口味，强调娱乐性、休闲性和雅俗共赏，而非单纯的艺术性。旅游演艺产品也可富于弹性、形式多变，如小型的景点表演可根据场地环境创作节目，根据现场观众要求即兴调整演出以实行弹性生产；大型表演则可以在特效、舞美、灯光、音响等方面灵活调整，设计创造出完美的艺术效果等。在商业性质层面，旅游演艺能吸引旅游者，延长游客的逗留时间，进而产生经济效益，带来可观的商业利益。采用市场化的经营管理模式，对旅游演艺活动的发展具有极大的促进作用，也能够更好地发挥开发商对旅游演艺的创新动力。而且，以盈利为目的也为演艺项目的全方位开发提供了动力，即营销娱乐化、娱乐营销化，也可保证旅游演艺经营者积极开发新的适应市场需求的产品，并深入研究旅游者的文化、物质以及心理需求，使演艺活动得以变化创新而长盛不衰。此外，引入社会资本也不失为市场运作的较好选择，云南大理的《风花雪月》、杭州的《宋城千古情》、桂林的《印象·刘三姐》等都探索了民间资本的运作经验。利用民营资本进行运作打破了靠政府拨款的传统路子，既能盘活当地资源存量，又能带动一方百姓富裕。

以"印象系列"为例，其旅游文化创意是在政府主导和支持下，通过创意者的天赋提高社会知名度进行创意生产的旅游演艺产品，不仅包含了一般意义上创意产业的特点，其原生地的展示，也牵动了旅游者向旅游目的地的流动，为旅游目的地发展注入了新的活力。《印象·刘三姐》是"印象系列"创意的第一部，该创意属于"政府引导、民间投资、市场运作"的产业运作模式。《印象·刘三姐》从创意、立项、投资、论证、演出到推广，始终发挥着政府的前瞻性引导和超前的促进功效作用，使政府引导作用与市场推动力完美结合，大大促进了项目的成功。它最初由广西壮族自治区文化厅立项，投入20万元启动项目资金，之后引入广维集团。广维集团作为控股方与广西文华艺术有限责任公司共同组建了桂林广维文华旅游文化产业有限公司，并投入了9 000万元资金，并将一整套企业管理的模式引入了《印象·刘三姐》的运作中，使艺术构思落地在企业管理的坚实平台上。

《印象·刘三姐》取得成功后，文化部特别召集有关人员到阳朔开过现场会，该创意被评为文化部（现文化和旅游部）十大演出最高奖，并被列入全国第一批文化产业示范基地。《印象·丽江》被定位为云南文化产业发展的重点项目，省委、省政府全力以赴支持把《印象·丽江》打造成一流的文化品牌。《印象·西湖》上演前一年多，杭州市委、市政府领导就已与张艺谋等创作团队联系此事。打造《印象·西湖》是杭州市委、市政府经过长期慎重的研究、酝酿、论证后做出的一项决策，当时，市委、市政府提出要"根据杭州建设文化名城的需要，根据杭州大力促进旅游业发展的需要，打造一个标志性的文化项目"，在该项目因环保问题受到质疑时，杭州市政府也亲自召开新闻发布会为该创意项目进行辟谣和正面宣传。"印象系列"的产生，既与张艺谋等创意人的文化创造具有很大关系，也与政府作出的促使本地区经济、文化进步的优化产业政策密不可分，是政府主导和市场运作的统一。

3. 主题多样性

旅游演艺项目类型多样，内容丰富。首先，除了常见的舞台表演等活动之外，还有即兴表演、巡游表演或旅客参与性的演出活动。无论是哪种表演形式，都具有其鲜明的主题和特色，同时，旅游演艺的资源、市场和产品均围绕演艺活动主题进行。其次，旅游演艺又分为剧场依托型、景区复合型、山水实景型和宴会舞蹈型，每种类型的表演主题、内容和形式又都各不相同。如《禅宗少林·音乐大典》突出禅宗与少林两大主题；《千古风流》以生命与爱情为主题，《又见平遥》以山西历史文化，晋商特色，民族特色，山西的人、事、物为表演主题等。当然，旅游演艺主题的多样性也与当地的资源特色存在着密切联系。再次，只有不同旅游演艺的主题足够多样，才能充分体现其独特性，进而吸引游客和消费者的眼球，带来更多商机，实现旅游演艺自身的经济和文化价值。

在主题多样性方面，一则撷取富有辨识力的自然、人文景观作为演艺活动的主题，如宁夏镇北堡影视城，以其独特的宁夏黄土高坡的苍凉朴拙风光吸引游人；乌镇旅游中用皮影戏和大戏台上的桐乡花鼓戏，作为画龙点睛式的演艺活动。二则规划设计者运用独到的眼光、敏锐的思维和洞察力，在时下各种文化思想潮流中选择具有较强时代性的旅游主题作为演艺活动创作的来源，充分体现知识性与趣味性，激发游客求知求新求奇的内在心理。如中国国家旅游局提出发展红色旅游，并把红色旅游作为旅游发展的主题，在红色旅游景区中开展的各类展现抗日战争时期重大战役或国共合作重要历史时刻场景的表演，都是较好的例子。此外，主题鲜明、表演动感化的演艺活动可以给旅游区带来环境和资源品质上的变化。

(二) 发展方向与趋势

第一，坚持文化的深度挖掘。文化旅游演艺产品的开发要与本土社会、历史、民族和民俗文化接轨，力求特色鲜明、创意新颖，这需要将一个地域的地理文化背景的基本特征把握好，包括对自然条件、地理环境、文化氛围、文化传统和社会人文背景等因素进行筛选，判断该文化资源是否可以在较长的历史时期内保持稳定性，然后把那些与其他地方相比，更能突出当地文化特征的优势资源提炼出来，进行开发和设计创新。对文脉的把握，就是将演出项目背景化、深层化的过程，就是对地方文化特征进行考察和提炼，找出能体现地方文明、反映地方形象的独特亮点，并以此作为开发演出项目的出发点。要把握地方文化特征，一要提炼那些同其他地方相比更能突出当地文化特征的优势资源，二要考虑到该文化资源的优势是否可以保持较长时期的稳定性，昙花一现的文化现象只能红火一时，对项目和目的地的持续发展不利。

当所有外在条件相对不变的前提下，演出效果的创意设计就成为核心竞争力。良好的创意不仅使文化特征具体化、可视化、艺术化，更能使当地文化资源优势得以充分发挥。《印象·刘三姐》就是运用了独一无二的方式来诠释桂林的自然美和文化美。刘三姐及漓江是桂林举世闻名的两大旅游文化资源，但产品并没有落入俗套，而是选择了一条较高雅的、印象派的路线，采用生活化的场景即捕鱼、拉网、苗舟、渔歌，写意地将刘三姐的经典山歌、少数民族风情及漓江渔火等元素进行创新组合，不露痕迹地融入桂林山水之中，成为一场视觉艺术的革命。不仅如此，在开发过程中，要进行多种资源的有机结合，包括与"绿""古""俗"的结合。"绿"为自然资源，即将旅游资源与自然山水相结合。一般旅游景区拥有较好的生态环境，所以在开发旅游产品时要注重自然保护，大力发展生态旅游以及山水实景类演艺产品，注意参与性、文化性、娱乐性、体验性的结合，变传统单一的观光型旅游为以生态观光、实景演出等为主，产生更强的旅游吸引力。"古"为地域历史文化资源，即将旅游资源与当地历史文化相结合，可以提升旅游的文化内涵，形成具有强烈地方特色的旅游产品，满足不同层次旅游者的需要。"俗"为旅游地的风土民俗，即将旅游资源与当地特色的民俗相结合，不仅能够扩大旅游景区的范围，还能够增加旅游活动的趣味性和参与性。例如，在瑞金红色旅游区中游客能够观看客家歌舞表演，与当地居民同吃同住体验民俗等。

第二，加强规律研究与理性开发。应注重加强理论研究，如"舞台真实性理论"，运用于实景演出的开发，有助于最大限度地减轻文化商品化所带来的负面影响，保持原生文化的客观真实性，实现大型实景演出的持续健康发展。开发成功的要素和理论规律，充分研究旅游市场，并将成果在行业内进行宣传教育，使政府和行业企业在投资过程中更加理性。

总体来说，旅游演艺项目往往是大投入工程，如果不能开发出适合市场的项目往往容易失败，导致的损失会很巨大。为了找准项目的市场定位，应组织相关

◇◇ 旅游文化创意与规划研究

部门对旅游演艺市场进行调研：包括国内旅游文化演出市场的投资建设情况、文化演出种类和规模、演出公司的经营模式和发展前景、所在区域的重点文化旅游活动、旅游演艺市场客源结构状况、游客的消费需求、旅游演艺市场发展的制约因素等情况，从而提出本区域旅游演艺开发的思路和对策。

"政府扶持、企业运作、市场主导"既是旅游业发展模式，也应当成为旅游演出市场开发的主导思路。在开发过程中，企业应遵循市场规律，注重理论与实际的结合，开发以传统文化为主题的产品，使投资的旅游演艺产品赢得消费者的喜爱。在对旅游演艺产品进行开发、培养以及基础服务设施建设的时候，应该以政府财政投资为引导，还要吸引一定的民间资本，这样才能使景区形成固定的文化产业链和多元化的产业格局。例如，《中国出了个毛泽东》实景演出是韶山红色旅游景区的主要旅游演艺产品，它是由韶山红色文化旅游集团、北京中科招商集团、湘潭城乡建设集团共同组建成韶山润泽东方文化产业发展股份有限公司后合力开发的。这充分证明，当政府能够采取政策性手段使投融资环境宽松，吸引更多的投融资渠道，才能使整个行业的组成固定，资金链稳定。同时，企业应加强对生态环境的保护，同时针对近年来一些影视制作和大型实景演艺活动不惜以过度消耗资源和破坏生态环境为代价来换取高票房收入，导致生态破坏与环境污染日益严重的问题，提出针对性的对策。一些旅游演艺产品在生态环保方面做出了积极的努力并取得了显著的效果，如《印象·刘三姐》《印象·西湖》《禅宗少林·音乐大典》等演出在灯光、音响系统、演出舞台、观众看台乃至厕所设计等方面，均别具匠心，充分考虑了环保的要求，采用现代科技，力争环保化，证明了旅游演艺对自然生态环境的重视。

第三，坚持多元创新。开发旅游演艺产品应该从不同的角度进行尝试，如音乐剧、街头表演等，注重更强的参与性和更多样的表现形式。作为成功的案例，华侨城最重要和最大的优势在于，经过多年探索、创造、发展和积累，不仅形成了一种融合大型广场艺术、歌舞、民间游艺、音乐、魔术、杂技、小品、戏剧、极限运动、体育表演、街头艺术、花车造型艺术等多种元素的综合艺术形式，且构筑了一套各种演艺形式紧密配合、相互补充的旅游演艺体系。这些综合性的大型演出，不仅演员的表演、演唱深深吸引人，而且每个环节都绽放出耀眼的光芒。华侨城旅游演艺比传统的音乐舞台剧或文艺晚会更具有一种综合美感，它在视觉和听觉上给予观众的冲击力、震撼力和感染力，让人们感受到文化演艺的无

第三章　文化创意旅游的发展机制与模式

穷魅力。

旅游演艺项目在表达手法上，充分利用目的地文化、民间传说、电影等要素资源上也是创新的一部分。以深圳华侨城的《天禅》为例，它以中国古老的茶禅文化为主题，运用了诸多现代科技手段来演绎这种神秘的东方文化，多元立体的表演、恢宏震撼的舞台效果、厚重深邃的思想内涵，给人们带来全方位的视听震撼和全新的艺术享受。在形式上，它充分融合了茶文化、禅文化、茶马古道、少林武术、中国杂技等元素，从而使无论哪个层次的消费者，都能从中找到自己的兴趣点和感官乐趣。目前，同时在华侨城上演的就有20多台完全不同的旅游演艺节目，这些内涵丰富又相互补充的演出，保证了游客在华侨城不同景区，甚至是反复去同一个景区，都能欣赏到艺术上各具特色的精彩演出，这在全国其他景区或剧团是很难企及的。因此，旅游演艺产品应该是综合的艺术形式，把一流的音乐、戏剧、舞蹈编排在一起，变成一种新的呈现形式。

旅游演艺项目在开发之初，就要具有更新升级的理念，不要将大量资产投入到硬件，如舞台、设备等上，而更应放到软件开发上来，如演员培养、故事设计、文化挖掘、市场需求等。市场经济条件下，面对演艺市场越来越激烈的竞争，如果演出不能做到及时的更新换代，推陈出新，以应对市场需求的不断变化，长此以往，观众会不可避免地产生审美疲劳，演出将逐渐失去对观众的吸引力，进而迅速地进入衰落期，并逐渐遭到市场淘汰。因此，要使一个品牌经久不衰、独树一帜，还是离不开更新升级。在硬件上，开发旅游演艺产品应因地制宜，注重可持续性发展，有效地结合其他资源，用新鲜元素吸引游客，这也是《宋城千古情》成为品牌项目的一大核心竞争力。剧院版《宋城千古情》阵容空前，参演人员超过300人，节目构思大胆、高潮迭起，细节处理精益求精。之后公司投资5 000万元，从舞台格局、大型LED屏以及演出品质等方面进行全面整改提升。在软件上，《宋城千古情》充分提炼绸伞、团扇、采茶、丝绸、江南丝竹、江南小曲等元素，增添了柔情似水的江南风情，新版则将原先六幕的演出改成了四个主题和尾声，并增加了流行元素和当代气息。上演至今，宋城始终遵循"一月一小改、一年一大改"的方针，每年投入改进节目的费用就高达1 000万元。更新升级是旅游演艺产品保持鲜活生命力的源泉。旅游演艺产品只有结合市场需求对演出的内容和形式进行不断的调整升级，才能形成自己真正的品牌，才能产生长久的文化魅力和吸引力。

◇◇ 旅游文化创意与规划研究

旅游演艺作为文化创意旅游发展的重要产品形式，具有巨大的发展潜力和空间，应在实际开发运作中，注重前期规划、中期运营、后期创新等各阶段的统筹，协调政府、企业、游客等各主体间的利益，全面提升文化的创意化表达和体验化设计，打造更具文化价值和人本理念的旅游产品形态，实现经济、社会、文化、生态等多方位的综合效益。

二、文化主题公园的发展

（一）基本类型及特征

主题公园的分类比较广泛，按主题公园的主题性质可以分为文化历史型、名胜微缩型、民俗风情型、科技娱乐型、影视娱乐型、自然生态型、综合旅游型。按照主题公园内容划分至少可以分为四类：①以拥有过山车、大摆锤等刺激性游乐项目为代表的主题公园，如北京欢乐谷、常州恐龙园、芜湖方特欢乐世界等；②以动植物展示和生态景观为主题的主题公园，例如上海野生动物园、大连极地海洋馆、杭州西溪湿地等；③以影视剧、动漫、电脑游戏等为主题的场景模拟型主题公园，如香港迪士尼乐园、常州环球动漫嬉戏谷、横店影视城等；④以民俗村、历史朝代和宗教圣地等为代表的文化再现型（更准确地说是文化的空间表达）主题公园，如西安大唐芙蓉园、海南三亚南山文化旅游区等。

主题公园一般具有以下特征：主题的创新性、特色的大众性、效益的广泛性、参与的体验性、高要求性。主题的创新性就在于主题公园的文化更新，特别是文化的创意性运用和推陈出新，这也是文化主题公园的灵魂所在，是文化主题公园异于其他主题公园，决胜于千里之外的关键所在。

（二）案例分析：大唐芙蓉园

西安大唐芙蓉园位于陕西省西安市曲江新区，是国家 AAAAA 级旅游景区，全国首个全方位展示盛唐风貌的大型皇家园林式文化主题公园，也是首个五感（即视觉、听觉、嗅觉、触觉、味觉）主题公园。大唐芙蓉园建于原唐代芙蓉园遗址所在地，占地 666 000 平方米，总投资 13 亿元。景区包括紫云楼、仕女馆、御宴宫、芳林苑、凤鸣九天剧院、杏园、陆羽茶社、唐市、曲江流饮等众多景点。大唐芙蓉园分别在帝王文化区、女性文化区、诗歌文化区、科举文化区、茶文化区、歌舞文化区、饮食文化区、民俗文化区、外交文化区、佛教文化区、道教文化区、儿童娱乐区、大门景观文化区、水秀表演区这十四个景观文化区，每天上演各种精彩节目，包括祈天鼓舞、教坊乐舞宫廷演出、艳影霓裳服饰表演、少林武术表演、舞狮、高跷、杂技等。每晚上演的全球最大水幕电影，集音乐喷泉、激光、火焰、水雷、水雾为一体，带给游客震撼的立体感受。园区主题演出大型梦幻诗乐舞剧《梦回大唐》，恢宏大气，如梦亦幻。园区集中展示了唐王朝一柱擎天、辉耀四方的精神风貌，璀璨多姿、无与伦比的文化艺术以及它横贯中天、睥睨一切的雄浑大气。

大唐芙蓉园正式对外开放后，逐渐在竞争异常激烈的旅游市场中脱颖而出，迅速打响知名度。大唐芙蓉园以大唐文化为魂，园区建设以水为核心，融体验观光、休闲度假、餐饮娱乐为一体，可以说是一个浓缩了大唐文化的大型主题博物苑。大唐芙蓉园的主题选择"大唐文化"，是其成功的根本因素。首先，"大唐文化"的主题具有一定的创新性和独特性。在全国的主题公园模仿成风的时候，大唐芙蓉园独辟路径，以"大唐文化"为主题，耳目一新，与其他主题公园区别开来。加之西安作为唐朝的都城，具有深厚的大唐文化内涵积淀，这使得大唐芙蓉园具有得天独厚的优势，很难被其他城市模仿。其次，"大唐文化"的主题定位符合西安的城市形象，与西安历史文化古都的形象相呼应。再者，大唐芙蓉园是在著名的唐代曲江皇家园林——芙蓉园基础上修建而成的，以"走进历史、感受人文、体验生活"为背景，展示了大唐盛世的灿烂文明，契合市场的需求和游客的期盼。再次，大唐芙蓉园的建立，补充了陕西动态人文旅游资源不足的现状，与陕西其他静态人文旅游资源动静相宜、相得益彰。对于主题的创新，文化的精准定位，使大唐芙蓉园拥有了永久的生命力和竞争力。

大唐芙蓉园因能满足各类游赏者的体验需求，被称为"国人震撼，世界惊奇，不可不游的旅游胜地"。全园共划分出十四个景观文化表现区域，通过展现帝王文化、女性文化、诗歌文化、科举文化、茶文化、歌舞文化、饮食文化、民俗文化、外交文化、宗教文化、神童文化、大门特色文化、演艺文化等这些多元文化，融合归一来展现大唐文化全貌。

大唐芙蓉园在园区建设上十分注重文化的展示和参与性，在建筑设计、园林设计、小品景观设计等细节之处极尽大唐文化的风韵，始终以体现大唐盛世的灿烂文明为宗旨。众所周知，大唐芙蓉园的建筑，是中国园林及建筑艺术的集大成者，尤其是盛唐风格的皇家园林为世界所关注。园区仿唐建筑、景观都继承和发展了我国古典建筑、古典园林建设的艺术。园中的御宴宫、芳林苑、杏园、陆羽茶社等都是国内外公认的唐风建筑精品,困区内展示唐代艺术、科技、外交、宗教、妇女等文化主题的14个景区,"曲江流饮""银桥飞瀑"等神韵各异的12处园艺景观等,都再现了大唐胜景。园内所有的小品、景观都侧重展示大唐文化的内涵,如用唐代的烟灰缸放大做花盆,唐代衣裳的饰边用于道路两边的修饰,所有的路、墙、灯等都要突出对大唐文化的演义。这些项目从策划到实施,都是以对大唐文化和历史场景的演义为最佳切入点,借助于西安古都庞大而深远的历史文化根系进行延展和发扬。

《梦回大唐》成为大唐芙蓉园的重大卖点和文化娱乐的金字招牌,是奉献给人们的丰盛的盛唐文化大餐。在娱乐演艺内容上,《梦回大唐》的场景主要在宫廷,有展现宫女舞艺的霓裳羽衣舞,有展现唐明皇击鼓检阅军队的大唐军威等,歌舞之中让每一个观赏者都似乎穿越千年,梦回大唐;在娱乐设备上,《梦回大唐》节目的演出服装、剧场、灯光、音乐以及全球最大的水幕电影和水火景观表演等都全方位展现了盛唐社会风貌,让游客时刻感受着繁荣辉煌的盛唐文化,水幕电影《大唐追梦》更是不容错过的精彩娱乐节目。此外,景区还策划了一个又一个的精品主题文化活动,展现民俗技艺,如成立东仓鼓乐社,传承西安鼓乐,"市井平常事,最是热闹处"。

大唐芙蓉园的发展始终保持着自身品牌的活力,为游客创造了"文化之魂、动感之美、精神之义、体验之旅"的价值理念。首先,在主题口号上,它提出了"打造国人震撼、世界惊奇、不可不游的历史文化旅游景区"的主题口号,力图将大唐芙蓉园品牌打造成为西安新的文化名片,力争让大唐芙蓉园成为一个全国性乃至世界性的知名品牌,这也为大唐芙蓉园品牌的长远发展奠定了坚实基础。在园区设计上,大唐芙蓉园跳出了一般历史文化旅游景区的概念,运用"走进历史,感受人文,体验生活"的设计理念,将大唐文化、休闲旅游、体验旅游的理念融入园区的规划中,为游客营造一个可赏、可感、可购、可学、可娱的文化气氛。在市场定位上,大唐芙蓉园明确以演义为主题,将"演义历史,快乐体验"作为品牌特性,从而满足作为市场主体的人群的知识性需要。在活动策划上,与强势媒体合作,打造具有影响力的高水平节庆活动。

适宜的区位是大型主题公园成功与否的关键因素,它包括宏观区位和微观区位两个方面。从宏观区位来看,首先,大唐芙蓉园地处西安市南郊文化区,距离市区较近,交通便利。其次,大唐芙蓉园一级、二级客源市场丰富,囊括了关中及陕南陕北主要大的地级市区,其中西安市区人口就超过200万,二级市场的人口也大大超过200万,远远超过了美国华盛顿的城市土地研究所所提出的大型主题公园客源市场要求。与其他依赖一、二级客源市场的主题公园不同,大唐芙蓉园由于其大唐文化的突出特色,三级客源市场潜力巨大。再次,大唐芙蓉园鲜活的动态历史文化资源,对西安的传统旅游资源进行了有效补充,吸引着邻近省份和国内旅游市场乃至国际旅游市场。微观区位指主题公园在城市内部的具体位置,在这一方面,大唐芙蓉园地处城区雁塔区与郊区长安区的交接地带,地价相对比较便宜;在交通方面,大唐芙蓉园正对繁华的长安大街,处在交通要道上,可达性强。

第二节 发展机制和理论研究

一、文化创意旅游的理论内涵

(一)"创意旅游"与"文化创意旅游"

有学者使用了"创意旅游"的概念,略去了"文化"一词。目前,"文化创意旅游"与"创意旅游"两个概念的并用状态与"文化创意产业"和"创意产业"两个概念的并行密切相关。创意产业的概念最早由英国创意产业特别工作小组提出,但后来各国的官方表述差异很大,一些国家继承了英国的"创意产业"提法,欧盟、美国等使用了"文化产业"或"知识产权产业"等概念。目前中国的国家官方表述和北京等城市的地方官方表述为"文化创意产业"。在我国,就操作角度来看,"文化创意旅游"比"创意旅游"概念更具有适应性。从厉无畏等学者所做的相关定义中,我们可以认识到"创意"一词强调的是"生产模式",而"文化"一词强调的是产品内容与属性。无论文化创意产业还是文化创意旅游,其产品均应归结为"文化产品"或"精神产品",而非满足物质需求的产品。尤其考虑到旅游的本质和目的,当人们离开平常生活环境去体验旅游时,人们的主要目的在于"文化"而非"创意"。综合以上,"文化"概念应当具有核心地位。

文化创意旅游是用创意产业的思维方式和发展模式整合旅游资源、创新旅游产品、锻造旅游产业链,是文化创意产业在旅游领域的传承、延伸和重组,具有较高的体验性、参与性、高附加值和高连带效应。文化是创意旅游的基础，创意互动是其关键，同时它又有高流动性、依附性、不确定性等特征。文化创意旅游显然不同于"一般旅游"，其特征表现与价值所在均有较大不同。例如，在英国（创意产业特别工作小组及其工作）、美国（SOHO）、桂林（《印象·刘三姐》演出）、北京（798、新年倒计时庆典）、杭州（《印象·西湖》演出）、张家界（《天门狐仙·新刘海砍樵》演出）、中国台湾（民宿和主题酒店）等案例，涉及主题公园、旅游演艺、创意旅游设施、创意旅游活动的共同核心要素与特征，涉及文化创意旅游的游客需求中的关键要素与核心价值。另外，文化创意旅游的生产者或供给者对产品的核心动机与所赋予产品的核心价值等方面都体现得非常突出。

文化创意旅游应是为满足人们更高的精神需求而非低级的物质需求而生的，即文化创意产业或文化创意旅游产业所生产的不只是知识和科技，更是精神和文化，其核心不是舞台技术，而是舞台上展现出的文化内容，由此才具有持久的价值和生命力。文化创意旅游将文化视作一种发展资本要素，通过重组旅游要素实现产品的动态活化，拓展产业链；游客充分参与和体验创意，既是创意消费者，又是创意生产者，属于合作生产。其中，文化是包含了美、趣味、意义和精神慰藉价值的生活方式，是核心内容；创意是文化价值的构建与生产，是生产模式和过程；旅游是一种供需的实现方式。

（二）相关概念及理论内涵

文化是旅游发展的灵魂，它与"自然"相对，是指"人类社会中具有一定历史延续性和群体特征的行为习惯"，是一种包含精神价值和生活方式的生态共同体。文化旅游一般需要旅游产品的特色文化资源在有着同样文化背景的空间上聚集，形成内容和空间的有机融合。旅游文化与文化旅游是两个概念，旅游文化属于文化范畴，是文化的一种，文化旅游是运动范畴，属于旅游活动的一种类型。文化创意旅游可以同时基于文化旅游资源和自然旅游资源，是一种在自然环境中展示人文意蕴的天人合一的状态。可将文化创意旅游中的文化理解为人的生活方式，专指那些美的、有趣味、有意义、有精神慰藉作用的生活内容。在旅游体验过程中，自然景观与人文精神因素实际上密不可分。

有学者认为，可以把创意简单地定义为"有新思想"，并认为这种新思想必须符合个人、原创、有意义、有用处等四项标准。

"创意产业"一词最早由英国组织成立的创意产业特别工作小组提出，将创意产业界定为源于个体创造力技能和才华的活动,并通过知识产权的生成和取用,这些活动可以发挥创造财富和就业的潜力。"创意旅游"概念指的是在旅行过程中通过积极参与、学习体验从而达到发展旅行者创意潜能的活动。后来,这一概念的内容发生变化,由一种游客的活动特征(游客的"创意")演变为一种产品类型或产品开发模式(产品的创意)。创意其实就是一种创造性、创新性的思维实践,是人类意识能动性的具体体现,是一切创新活动得以展开的前提和基础。它既是文化发展的产物,也是一种文化发展过程,更是文化发展的根本推动力。但是,并非所有的"创新"都具有精神价值。一个文化创意产品,还应当具有前面所述的文化价值特征——美的、有趣味的、有意义的、先进的,这样的产品才具有使人类得到精神满足的功能。

在文化与创意二者之中,创意所指的是生产模式,文化所指的则是产品内容与属性。文化创意产业以文化资源为基础,创新为核心手段,现代科技为支撑,贯穿生产、传播、消费等产业过程,向消费者提供文化、艺术、娱乐等精神产品。"文化创意"是指文化发展中创造性思维的成果或现象,成果既可能是观念形态的主意、想法,也可能是具象形态的其他文化呈现。文化创意产业包括旅游和休闲娱乐行业,产品的评判标准在于文化性,而不在于新奇性。将这种有价值的文化从现实生活中抽取出来,转化为人们容易得到和享用的方式,便是创意的过程。

旅游业和文化创意产业都是关联性很强的产业。两大产业之间存在交叉,旅游业的发展也越来越注重挖掘文化和创意性,二者在各自发展的过程中逐渐出现融合和互动的趋势。文化创意之于文化旅游,不是融入后者的元素、环节或工具,而是内生于、内化为后者发展本身的文化基因,构成后者最为根本的发展驱动力和本质属性。文化创意产业与旅游业的融合过程受到资源、创意阶层、资本、政策等多种因素的影响,其中文化是核心,旅游是形式,创意是手段。旅游业在文化创意产业的延伸和渗透,赋予了文化创意产业更多的旅游功能,提供了更大的发展空间。文化创意在旅游业的运用,可以增加旅游产品和服务的文化性和创意性,为旅游业注入新的活力,提升旅游品质。旅游业和文化创意产业的融合发展已经成为推动文化创意产业和旅游产业转型升级、优化发展的必然趋势。

(三)文化、创意、旅游的概念联系

文化为核心内容,创意和旅游为实现模式。在文化创意产业中,有创意产业、文化产业、内容产业、知识产业等相关概念。文化产业与内容产业在本质上属于知识生产，而创意产业属于知识服务，是知识生产的一种模式。内容产业包含了录制或提供下载的音乐、视频、多媒体服务、影视制作等。

内容产业的概念提示我们，其显然不包括技术创新，因而文化创意旅游的创意应当也不包括技术创新。文化创意中的文化，是为创意提供的平台与资源，包含了文化价值、生活方式等内容，或者说是一种包含精神价值和生活方式的生态共同体。因此也可以说，文化创意产业或文化创意旅游产业所生产的不只是知识，而是精神。

再结合需求层次理论和体验经济理论，由于体验已经成为一种新的高阶的需求内容和经济形态，生产"精神"的文化创意产业自然成为当下供需两旺的发展热点。旅游本身又是一种体验，自然成为与文化创意结合的一个绝好的点。

综合上述讨论，我们将"文化"视作一种生活方式和价值观，将"创意"视作一种生产、解读和构建过程，将"旅游"视作一个供需实现平台和模式，则文化创意旅游的概念与范畴可以重新地做解释——文化创意旅游是以旅游的方式构建和输出文化价值。

（四）文化资本流动性与固化机制

文化创意旅游产业高度依赖资本和创意因素，同时面向广阔的外部市场，又具有强烈的人为创造特征，而资本、人力（创意）和市场等要素又具有"流动"特征，因而造成了文化创意旅游产业的流动性问题。流动性给文化创意旅游的发展带来了巨大的困难，它导致产品的大量移植、过度开发和无序竞争，带来资本和文化的双重风险。从国内文化创意旅游产业的发展实践来看，近年来出现的"印象系列"演出产品的大量复制移植以及主题公园投资风潮，包括北京的798艺术家群体向宋庄乃至更远的地区迁移都印证了这种流动性。可以说，产业要素的流动性是文化创意旅游发展的核心问题之一。

文化、资本、智力要素及其创造出的文化创意资本如何在一个地方固化下来成为产业可持续发展的关键，应当从三个方面入手：一是强化文化资本根植性，即注意从地方背景文化中挖掘创意要素并加工成旅游产品；二是在开发过程中保持背景文化系统的有机发展；三是使新生成的文化要素有效反哺融入原有文化系统。通过以上三个方面的努力，使地方背景文化系统的一部分转化为用以开发的文化资本，文化资本与背景文化系统相融合，并通过存活着的文化系统的有机生长而更新,文化产品和要素的一部分再转化并融入地方背景文化系统,成为可投入再生产的资本要素。在上述融合、转化和融入过程中,实现地方文化资本的固化。

总之,文化创意旅游的发展应注意文化资本的固化,克服流动性带来的文化和资本风险,集中打造具有中国特色文化根植性的项目,避免西方文化旅游项目占据市场中心。从短期来看,引入西方的文化创意旅游项目有利于提高文化与服务行业的整体水平,更大范围地满足游客和居民的消费需求。但是从长期来看,根植于中国文化的项目更具有可持续发展的潜力,文化资本流失的风险也相对较低。

(五)保护与开发的矛盾

文化创意旅游产业中,文化保护与旅游开发的矛盾更加突出。较一般的文化创意产业而言,文化创意旅游具有游客参与生产和个性化体验的特征,因而游客更加深入地介入文化系统,文化系统也需要为旅游活动附加设置相应的功能,这种介入和附加为文化系统埋下了巨大的隐患,尤其当商业利益介入其中时,文化系统的完整性、真实性与可持续性便更加容易遭到破坏。北京前门、南锣鼓巷、南新仓等均为旅游活动进行了相应的环境、景观和功能的改造,不可避免地触动了原有文化系统。例如,原有社区结构的变化、老商户与居民之间的矛盾、房租提高影响商户和居民生存,进而改变商户和居民构成等。要保护地方文化系统,不能简单地禁止旅游开发,而是要控制开发的方式,掌握开发的"度",这个"度"的最核心的思想是保持文化系统的存活。正如一个有机体可以进行手术和整容,但不能破坏其要害部位,否则就可能造成"整容后变成另一个人"或者"出现生命危险"。保持文化系统的存活就是保证它的完整、真实和可持续性,这种开发模式可称之为有机更新模式。此外,应在旅游开发中实现文化有机更新的同时,把握好开发中的力度和方式,不仅提供给游客深入社区的机会,更要进行严格限制,还可以积极引导社区自治管理,稳定社区居民结构,协调社区内、社区与游客、社区与经营者之间的矛盾。

二、文化价值主张的建构与输出

(一)文化创意旅游发展的意义与价值

文化创意旅游带来了一种新的生产和生活模式。文化创意旅游不只是一种新业态，还渗透于生活消费的方方面面。旅游与文化创意融合为文化创意旅游，既增加了旅游的对象和范围，又扩展了旅游体验的方式和内容。文化创意旅游往往为游客营造出一个体验空间，或者说是一种生活方式，如美国SOHO、伦敦、新加坡等提出"创意城市"的理念，实际是一种生活方式的构建和输出。文化创意旅游可能成为未来人们获取幸福感的基本生活方式之一。

文化创意旅游的构建与输出文化价值主张，大大扩展了旅游业的发展空间甚至旅游概念本身。所谓文化价值主张的构建与输出，是指展示和传达一种生活方式和精神价值，其产品不再是一两种生活要素，而是生活本身。它以其渗透性、融合性和精神性，将旅游业的发展边界彻底打破。文化创意旅游不仅着眼于文化满足体验，更能满足人类无限的梦想，由此使旅游体验的深度化、个性化、高品质和高附加值真正成为可能。一旦生活本身具有价值，则相关产品也就占据了价值的高端，也就能够为一个地方（城市、民族或者国家）带来强大而持续的感召力、影响力和竞争力。这正如古代极盛时期的罗马或长安、现代西方的美国梦一般，很多人一生中以去过罗马、长安、纽约为荣。

因此，文化创意旅游的发展已经超出了产业范畴，日益成为构建城市和国家综合影响力，输出文化价值的重要方式，因而不难理解伦敦、新加坡市、东京、巴黎等城市把发展文化创意旅游和打造创意城市作为城市发展的战略。我国的北京等城市也具有独特的文化优势，应当重视文化创意旅游在提升城市文化价值地位和综合竞争力方面的作用。

在文化创意产业中，文化是核心内容，创意和旅游则为实现模式。其中，文化价值的感知和判断基于个体，是因人而异的。同一个文化创意旅游作品或者产品，在不同的旅游者看来，可能具有完全不同的价值。文化价值主张越明确，其市场也就越明确或者越狭窄。一些作品或产品经由创作者构建出来，会在旅游者的体验过程中发生再次构建的过程，即参与生产，正如同一首音乐可能同时感动两个人流下眼泪，而两个人的心中浮现的是不同的故事、不同的感情。一个文化创意型旅游设施、街区或演出的文化价值在于在构建的过程中可能发生重大变化，进而改变原有的文化生态系统。例如，北京什刹海文化休闲街区、北京南锣鼓巷文化休闲街区、云南丽江古城等地方，西方游客带来的西方文化（咖啡、酒吧、爵士乐、摇滚乐等）从设施、休闲方式、社交方式、景观甚至本地居民文化行为等方面全面改变了原有的文化基因，这几个案例最终成为中国学习西方、西方人学习中国的一个文化融合的空间。一些中国人学会并习惯了泡吧的生活，开始开店做旅游休闲的生意，这就是一种文化价值构建的主动与被动的问题。而在一个被群体构建的新的文化系统里，有些主体是有意识的，有些主体则是无意识的。

（二）文化创意旅游的构建方式

文化创意型旅游接待设施的构建者，通过文化创意旅游产品构建和传达文化价值主张，游客则主要体验和消费这种文化价值，在文化价值主张的认可和交易的过程中，这种文化价值自然而然地也得以输出。

1. 文化创意旅游的价值与目标

文化创意旅游应该生产怎样的文化，应该向什么方向努力，这基于对文化产品价值的判断。我们看到一些文化现象，如一味追求物质享受的生活方式、感官刺激的人，其价值观和创造文学、哲学、艺术财富的人的价值观截然不同。文化创意旅游和文化创意产业一样，其生产目标都应当是有意义、有价值、进步性的文化产品。低俗的文化旅游产品与人们的终极追求和人类社会的进步方向相悖，这也赋予了政府、企业和个人努力开发高品位文化创意旅游产品的使命。

什么才是美的、有趣味的、有意义的、进步的生活方式？不同的人有不同的看法。有的文化产品，人们可以通过阅读、学习、活动实践、交流、思考等方式享用，在这个过程中，文化价值得以传播。另一些文化价值的传播则需要通过到异地去体验而实现，这便是以旅游的方式。文化创意旅游，是按照某种文化价值主张，在文化创意的基础上构建出来，再提供给人们体验和享用的。例如，游客在颐和园体验到了中国文化所追求的艺术化的生活，在一些台湾民宿找到了田园生活的感觉，这些都为游客构建了一个理想化的生活空间，帮游客实现了一段完整的理想生活。供需双方对这种理想的共识使价值得以传播，交易得以实现。可以说，文化创意旅游产品的构建者与消费者二者互为某种文化价值主张的知音。可见，文化价值主张的构建与输出能够作为文化创意旅游的本质内涵和核心功能来认识。文化价值主张是产品构建的动因和依据，旅游是供需实现方式，是文化价值主张的输出。当然，由于生活中那些有价值的内容与一般的生活内容实际是融为一体的，我们很难明确指出文化创意旅游的范畴边界，它不是某些具体的产品，而是一种新的、进步的、具有巨大产业意义和社会意义的发展模式，它满足人们高层次的精神需求，为人们提供理想生活，创造幸福感。

2. 基本方向

文化创意旅游具有较好的体验参与性和高附加值性。由于文化创意产业与旅游业都没有明显的产业外延，并且产业类型多且核心价值差异大，根据两大产业的特征，可以将文化创意旅游的基本模式划分为：旅游的创意化和创意的旅游化，其核心均是生活方式和文化观念的输出。

(1)旅游的创意化。旅游的创意化包括旅游产品的创意附加和创意新旅游产品两种类型。旅游产品的创意附加是指在原有旅游产品的基础上附加文化创意内容以提升产品价值。例如通过产品组合方式的创意重构或对产品进行文化注入或重新解读进行新产品的开发。

如"印象系列"、《禅宗少林·音乐大典》《长恨歌》等旅游演艺作品，主要是在政府的引导和支持下，通过多种类型的文化创意表现形式，如戏曲、杂技、魔术、歌舞、动漫等，运用各种高科技手段（如灯光、舞美、舞台设计等方面），将文化创意的元素融入传统的旅游产品中，从而促进两大产业的融合发展。在旅游产品上附加文化创意内容，不仅改变了旅游业产业结构，还可以延长旅游产业链，衍生出旅游产品，如音像制品、新闻出版、影视制作、住宿餐饮、工艺美术品以及制造业等产业链条，从而提高旅游产品附加值，增强旅游产业的发展与竞争实力。《印象·刘三姐》的成功，除了文化创意元素和精英艺术家的品牌效应，还有桂林山水本身作为旅游景点，具有一定的知名度，通过创意产业的融合延伸，改变了以靠门票收入为主、游客停留时间短的缺陷，从而延长了游客停留时间，丰富了夜间旅游活动，并拓展产业链，带动相关产业的发展。通过大型山水实景演出，活化了静态旅游资源，丰富了旅游产品的内容，提升了产品价值，实现产业联动效应。又如以天坛为载体进行创意设计的2012新年倒计时庆典活动，将文化创意与旅游产品结合起来，创意出新的旅游产品，提升了传统旅游产品的形象与旅游价值，扩大了影响力。

(2)创意的旅游化。创意的旅游化是指文化创意产业或活动产生的产品、空间、社区等成为新的旅游吸引物，既增加了旅游的对象和范围，又扩展了旅游体验的方式和内容。其中，一种方式是简单地将创意产品作为旅游吸引物，如北京宋庄；第二种方式是创意活动所营造出的体验空间、生活方式，如伦敦、新加坡市等城市提出的所谓"创意城市"，也是一种生活方式的构建和输出。文化创意旅游将成为未来人们获取幸福感的生活方式之一。

第三章 文化创意旅游的发展机制与模式

首先,通过文化创意形成的旅游吸引物如文化创意产业园区、文化创意产品等,通过配套服务设施的完整以环境氛围的营造,赋予其旅游的功能,以扩大创意产品消费群体,更好地满足文化旅游消费者的需求。经过文化创意产业与旅游业的融合互补,实现创意产品的旅游功能,打造出创意产业更好的效益增长模式和可持续发展模式。文化创意产业园区主要涵盖动漫影视基地以及各种艺术创作区等形式,主要负责创意产品的设计构思、生产制作、营销推广和消费交换的价值实现,并包括创意衍生产品的开发和创意人才的培训等。文化创意产业园区具备旅游景点的优势,因而可以吸引文化型旅游者到园区内参观游览,亲身体验各种艺术品的设计制作过程,实现自我求知的需求。通过在创意产业园区设置游客体验区、创意产品展览区、接待区和交易区等功能区,将文化创意产业园区打造成具有文化创意特色的旅游目的地,使之具有独特的旅游功能。我国发展较好的文化创意产业园区如北京 798 艺术区、宋庄、上海 8 号桥工业园区等,在园区内会举办各种与游客互动的文化创意活动如旅游博览会、艺术作品展览、时装文化节等,以满足游客的多方面需求,形成独特的旅游吸引力。一般而言,文化创意产业园区是一个集观光游览、休闲学习于一体的场所,具有投资大、回收期长的特点,而旅游功能的注入,可以聚集人气、吸引人流,扩大品牌知名度,从而推动文化创意旅游的快速发展。

具有鲜明文化符号的企业也注重通过文化创意打造新的旅游产品,如借助自身产品的市场知名度,突破原有经营模式的业务边界,打造具有独特文化主题内涵的旅游景点。其中比较有代表性的如深圳华侨城、上海迪士尼乐园主题公园等。深圳华侨城包括锦绣中华、中国民俗文化村、世界之窗和欢乐谷四大主题公园,其中世界之窗主要是将世界各地的自然风光奇观、历史文化遗迹、民俗歌舞表演等汇聚在一个园区,形成具有强大吸引力的文化旅游景区;而上海迪士尼乐园主要是通过先期米老鼠、唐老鸭等经典动画片的文化内容及市场知名度优势,运用先进的科技手段,将动漫艺术产品完美再现,形成独具特色的文化主题乐园。这种将文化创意元素融入旅游功能的模式,增强了消费者的体验感受力,形成了更强大的市场增值空间。

其次,文化创意旅游为游客提供了一种新的生活方式的体验空间,其关键在于文化价值主张的构建和输出,它大大扩展了旅游业的发展空间甚至旅游概念本身。所谓文化价值主张的构建与输出是指展示和传达一种生活方式和精神价值,其产品不再是一两种生活要素,而是生活本身。一旦生活本身具有价值,则相关产品也就占据了价值的高端,也就能够为一个地方(城市、民族或者国家)带来强大而持续的感召力、影响力和竞争力。

3. 基本手段

对于设施类的文化创意旅游产品,构建者综合使用了建筑、园艺、装饰、景观小品、音乐、餐饮、活动等元素或手段,为游客精心构建了一个理想化的生活空间。其中,一些建筑设计包含了外部景观、建筑材料、功能设计等内容,还要考虑外部环境的选择、利用和营造。很多此类建筑通常具有强烈的景观特色和视觉冲击力,使游客很快地被建筑景观所吸引,并进入到"非惯常"的体验状态中来。园艺、装饰和景观小品等手段从宏观(外部)到中观(设施整体)再到微观(设施的细节)方面营造氛围,促发游客体验。背景音乐、气味(如熏香)、有趣的餐食等其他手段也会发挥强化体验效果的作用。

因此,这是一种综合的、多维的经营方式,而统领它们的是构建者的理想即文化价值主张。建筑、园艺、装饰、景观小品、音乐、餐饮、活动等手段被综合使用,其核心目的是构建一个理想的生活空间,并以此为游客提供一段完整的理想生活。在一些案例中,构建者还设计了许多活动性的内容,如散步、家庭野餐、戏水、文艺交流甚至儿时的游戏等,在设计中往往体现出对生活状态的追求,例如慢节奏的生活、天伦之乐的体会、反功利主义的行为模式等。

4. 艺术化的生产模式

文化创意旅游设施的策划者在勾勒一段理想生活时,综合使用的建筑、园艺、音乐、装饰、活动、餐饮等手段,往往具有艺术化的特征,使人进入审美、学习,乃至移情的状态。例如,设计中重视某种艺术风格(各类活动空间均与日常生活和商务环境显著不同)的体现。我们也可以说,这是一种生活营造艺术即它综合运用了多种艺术元素和手段,其作品是包含生活理想的一段体验。作为艺术作品的体验者,必然也有特定的理解和认同作品的对象范围,如北京郊区的设施对于都市家庭、湖南凤凰古城对于青年学生都有着特殊的吸引力。文化创意旅游产品的艺术化的生产模式还体现在它生产了大量非实用的价值,如格调、个性等因素相比档次、价格等因素的重要性要超过一般商务型度假设施。

5. 个体构建与群体构建的结合

构建者以自己的方式去构建文化价值主张,构建的过程又具有艺术产品生产的特征，因此，完整的文化创意旅游产品，应当是以个人为主构建起来的。但在一些情形下，个体的文化价值可以发展为整体的文化价值。在湖南凤凰古城和北京南锣鼓巷，大量的商家、艺术家和游客共同创造了很多文化创意体验元素，体现在大量的有个性的文化休闲吧（咖啡吧、酒吧、茶馆）、文化客栈和主题酒店、创意商品店，以其富有文化趣味的店面装饰、建筑风格、景观小品，为游客提供了一个创意活动聚集区。

创意活动集聚区是现代社会中的一类特殊空间，是一个特殊的社交平台，也创造和保留了丰富的时代文化信息和群众精神。研究发现，关于政府在文化创意旅游发展中的作用，在山区旅游建设的案例中，政府将整个山谷命名为"雁栖不夜谷"，这一名称被许多游客所不理解——这毕竟不是一个喧闹的夜生活区，而应当是一个宁静的家园。由于文化价值主张的个性特征，集体创作往往使作品文化理念分散，甚至弱化，说明政府作为基础设施等公共服务的提供者，不应介入到具体的产品创作过程之中。

第四章 文化创意旅游新经验

第一节 理念创新与产品创新

发展旅游必须坚持以创新为本。时下的旅游业依然创新乏力,同质化比比皆是,传统观念中的陈旧思想阻碍了旅游业的转型升级,更严重影响到了全域旅游的发展。因此,强调创新更显得重要和迫切。

首先是理念创新。理念是行动的先导,发展理念是否对头,从根本上决定着发展的成效乃至成败。所以,旅游的发展理念创新至关重要,例如,要用文化理念的创新,提升旅游产业的竞争力;要让市场理念的创新成为旅游发展的活力源;要把"以人为本"的理念贯穿于旅游工作的全过程等,这些都是和旅游业发展密切相关的重要理念。

其次是旅游产品的创新。在旅游产业蓬勃发展的今天,旅游者求新、求变的诉求越来越迫切,因此,必须注意改变旅游产品滞后、类同化和粗制滥造、缺乏创意及毫无特色的不良现状,要加强旅游产品的创新。

旅游产品是最吸引旅客的关注点,只有不断创新具有影响力的旅游产品,才能吸引八方游客纷至沓来,才有旅游业的持续发展。

一、旅游发展需要理念创新

"理念"是指人们对于事物的具有理性的观念。人们对于特定的事物,通过了解、分析、判断、归纳,形成目标、思路和行动的指导思想,这就是理念的形成,所以正确的理念是决定行动成败的关键。我国在实现"十三五"时期发展目标、破解发展难题、厚植发展优势时,提出了必须牢固树立并切实贯彻创新、协调、绿色、开放、共享的发展理念,并强调在五大发展理念中,创新发展理念是方向、是钥匙,居于首要位置,是引领发展的第一动力。在旅游业的发展中,也必须遵循创新发展的理念,指导旅游快速、健康地发展。

(一)生态优美是旅游的第一卖点

发展旅游必须秉承绿色发展的理念,坚持生态环境的保护,努力实施生态环境的优化。所谓生态,就是生存和发展的状态。但在过去很长一段时间里,"人定胜天""让高山低头,让河水让路"的与天斗,彻底毁掉了不少人类赖以生存的和谐环境,留下的是教训和无奈。如今,面对着新一轮生态环境的开发和利用,总让人忧心忡忡。经验告诉我们:开发和保护是很难做到统一的。于是,有人提出了"以最小环境牺牲为代价的开发原则"和"开发、保护、恢复并举的原则",剩下的一个可能就是"不开发原则"。权衡之下,我们还是选择了"生态环境是第一卖点的原则"。人们之所以要开发旅游,无非是为了打造卖点,发展经济。然而,如果丢了优美的生态环境,实际上就丢了一切,因为它丢掉了"旅游的第一卖点"。所以,第一卖点的理念一定要牢牢地扎根在旅游策划者的脑海中。

我们不但要坚持生态环境的保护,还要致力于生态环境的恢复和生态环境的优化。就像塞罕坝那样,用两代人的青春和汗水,营造起万顷林海,将退化的高原荒丘、"飞鸟无栖树,黄沙遮天日"的荒凉之地,优化成国家一级旅游资源,被评定为"国家AAAA级旅游区"、中国最佳森林公园。

(二)必须把握的"三个效应"

任何一个旅游景区、游乐园或主题公园的建设,都必须十分关注它的"轰动效应""综合效应"和"持续效应"。要把"三个效应"的理念作为衡量旅游项目策划和规划的标尺。

一个旅游项目建立起来以后,能够在一定的范围内造成人们的普遍关注,一下子把游客吸引到自己的周围,这就叫作轰动效应。旅游景区、游乐园和主题公园都是热闹、欢乐的场所,没有轰动影响,就不能招揽八方游客。平平淡淡、冷冷清清的景区或乐园就预示着经营的失败。特别是在旅游和娱乐市场激烈竞争的态势下,轰动效应的作用尤为重要。

那么,怎样才能造成轰动效应呢?首先,我们应该了解造成轰动的原因。轰动的起因必须是社会人群的广泛关注。旅游业和游乐业中产生轰动的规律,常常是因为"异常"而产生"轰动",所以设计师和经营者要善于制造"异常",避免"寻常"。无论是旅游产品的设计,还是景区的经营策划,都要做善于制造轰动的"高手"。

现代经营的理念十分讲究综合效应,不仅旅游景区或休闲乐园如此,宾馆、商场、车站、机场等,凡是客流量大的地方都十分注意综合效应,吃、住、玩、购物样样齐备。这种现象说明了现代经营者已经十分懂得消费地的综合效应,把一切消费内容集于一身,并且全部握在经营者的手里,以求得最大的经济效益,同时也方便了消费者的实际需要。

综合效应对于一个景区、一个乐园来说更为重要。单一的旅游景点、单一的游乐项目,这种单打独斗的经营方式已经很明显是落后的了。需要的是有更多景点的整合、不同游乐的组合,以及与服务设施的配合,都整合在一起,就能够形成极好的综合效应。

旅游景区和游乐园还必须注意一个持续效应的问题。有的景区或乐园在开张头几个月或半年、一年,经营得有声有色,可是不久就每况愈下,甚至最后不得不破产关门。还有不少的景区或乐园常常为淡季苦恼。如何能够保持长盛不衰,这就是一个持续效应的问题。要保持景区或乐园的兴旺,一般应从以下三个方面着手:一要选好产品,要开发具有重复消费功能的产品,投资回收快、更新快的产品,社交性或对抗性强的产品,以及能够淡季不淡的产品;二要树立品牌形象,要以品牌效应吸引大量的回头游客;三要不断创新,旅游业和游乐业都是以新取胜的行业,从产品、环境到经营,都围绕着不断变化、不断创新的这个"新"字来运作,才能取得比较好的持续效应。

从以上分析来看,把握景区或乐园的轰动效应、综合效应和持续效应,这是业内人士减少盲目性、增强科学性、争取成功和不断发展的关键。

(三)定位准、产品绝、操作顺

旅游策划需要解决的问题,归根到底总结为九个字,也就是"定位准、产品绝、操作顺"。

定位准确是首要问题。策划一个旅游项目,就像写一篇文章一样,总要先明确一下题目,必须有一个命题。我们所要策划的旅游项目,它的主题是什么?它的主要功能是什么?它的市场在哪里?它要建立的形象和实现的目标又是什么?把这些问题弄明白了,下面的工作就比较好做了。这就是所谓的主题定位、功能定位、市场定位、目标定位和形象定位等,这些都是有关项目定位的问题。

准确定位之后,关键就是设计旅游产品。旅游项目的主题是要靠旅游产品来体现的；旅游项目的功能是要用旅游产品来保证的；旅游项目的市场更是要靠旅游产品来争取的，所以，产品设计的成功是实现策划目标的根本。一定要在打造旅游产品上下大功夫，不但要做成精品，做出极品，还应该立足于创造"绝品"。没有一批可以称得上"绝招"的旅游产品，就很难支撑起一个景区的品牌，也很难打造出一个足以吸引游客的景点。

有了准确的定位和精彩的产品策划设计，还必须要保证能够顺利地实施。因此，对于所做的策划或规划，还应该回答好两个问题：一是可不可行，二是如何实行。总的来说就是可操作性的问题，一定要确保"操作顺"。应该从政策、环保、技术、投资和市场等多方面，对项目策划的可行性进行严格的论证；对项目建设的切入点、核心点和延伸点进行科学分析和合理选定。并且要制订出切实可行的投资方案和建设步骤，能够保证顺利操作，圆满地完成预期的规划目标。

我们既要反对把简单的问题复杂化，也不主张把复杂的问题过于简单化。提出"定位准、产品绝、操作顺"就是为了突出问题的关键、强调策划的核心，并不是要否定策划和规划所必需的大量基础工作。没有对资源和市场的充分调研和分析，就不可能有准确的定位；没有对开发条件和专业知识的深入研究和思考，就不可能设计出富有创意的旅游精品；没有对相关信息和政策的全面了解和掌握，就不可能指导项目的顺利操作。因此，旅游项目的策划和规划是大量艰苦工作、大量专业知识的综合，是集中了多种学科门类、多种专业技术的"大智慧"结晶。

提出"定位准、产品绝、操作顺"，可以帮助我们抓住问题的本质，突出策划或规划的核心，起到高屋建瓴的作用。同时，也要明确地告诉委托方，不要让思路淹没在冗长的策划文本中而不得要领，要随着"定位准、产品绝、操作顺"的策划思路，看到策划设计中的亮点而为之振奋，能够完全理解并认同策划或规划。

（四）旅游策划中的"八大关系"

实践告诉我们，在做旅游景区、主题公园和大型游乐园的规划时，下面几个对立而又统一的关系问题必须要很好地把握。

1. 点和面的关系

和几何学上讲的点、线、面关系一样，旅游景区是由很多的景点整合而成的。只顾景点本身的设计，不考虑整体形象、不体现主题要求，将会出现十分零乱、极不和谐的景区形象；反之，只注意面上的整体形象，不注意打造特色景点，也将会使景区规划变得平淡乏味。因此，要注意处理好点和面的关系。

2. 动和静的关系

一个景区的策划，有时需要有幽雅恬静的美，有时需要有活泼生动的灵，应该根据景区的特点和策划要求，选定是动或是静的策划基调。当然，也可以采用有动有静或动静结合，甚至做到动中有静或静中有动。正确处理好动静关系，把握好两者之间的位置、分寸和相互关系是非常重要的。

3. 大和小的关系

旅游景区的开发常常需要有一个大手笔的规划，但同时也十分需要注意许多小的细节。这一大一小之间有着微妙的关系，大手笔的规划可以变平凡为神奇，而在指路标、警示牌、导游图、垃圾箱、卫生间、小卖部、公园椅和童车、轮椅、雨伞等小细节里，渗透着"游客至上"的温馨，关系到景区的形象和水平。

4. 远和近的关系

在旅游景区里看远处的景物，能给人以宽阔的、壮丽的、整体的美，因此，策划设计时要为游客提供不同地点、不同方向、不同视角看远景的绚丽画面。要治理好不和谐的建筑、破坏了的山体、蛛网般的电线和涂黑蓝天的浓烟等远景缺陷；与此同时，还要有更多秀美的近景观，让游客观赏、拍照、留恋，驻足不前。

5. 景观和游乐的关系

景观和游乐的关系也就是"看"和"玩"的关系。现代旅游讲究体验、互动和参与，因此，开发游乐园景区是很流行的做法，一是观光旅游中可以引入游乐内容，二是游乐园里也要营造景观。最好的办法是让景观和游乐结合，提倡游乐的景观化、主题化和情景化，达到景观和游乐的统一，好看又好玩。

6. 保护和开发的关系

旅游开发常常会涉及资源保护的问题，包括自然资源、生态资源、人文资源和历史文物资源等。无论多么小心注意，旅游开发终会对环境造成影响，对资源状况产生一些改变。资源应该利用，资源又应该保护，必须在开发利用的同时，采取积极的保护措施，执行以最小环境牺牲为代价的开发原则。

7. 冲击和回味的关系

制造一些惊险或怪异的东西，吸引人们的视线，产生视觉冲击和感官冲击，这是旅游策划中争取游客、赢得市场的重要手段。另外，表现一种浓重的文化、神奇的科学或感人的情景，引发人们思索，产生心灵震撼和无尽的回味，这也是非常高明的策划,具有极好的市场效果。对于旅游策划设计来说,一时的感官冲击和长久的心灵震撼都很需要,当然,更需要的是两者的结合或统一。

8. 投资和回报的关系

旅游开发的成功最终要看效益。因此,涉及投资效益的财务分析必须是科学的、可信的,不能盲目贪大、不计建设投资成本、不问运营成本、不做市场分析,一定要把收益率和回报期放在安全可靠的投资计划之中。把握好投资和回报的关系,将是旅游规划关键中的关键。

二、旅游开发必须产品创新

旅游业的快速发展,要求加快旅游产品的开发。随着人民收入的增加、旅游消费水平的提高,游客文化知识的增长、旅游经验的丰富,旅游者对旅游产品的要求越来越高,市场迫切需要创新出更高品位的旅游产品。与传统的旅游产品相比,创新旅游产品注重对潜在旅游需求的激发和对市场消费潮流的引领。大力推进旅游产品的创新开发,实现旅游产品的升级换代,将会改变旅游的格局,甚至可以形成市场因旅游产品的创新而变动,出现创新引领消费,创造出新型的旅游市场。由此可见,旅游开发必须强调产品的创新。

(一)旅游产品创新是关键

旅游发展中的理念创新十分重要,但从目前来看,旅游产品的创新更为重要。旅游产品的创新设计是旅游规划的关键。旅游产品中不仅包括景观产品,还包括游乐产品、休闲产品、文化产品等,都构成了旅游的产品元素。所有的理念、思路和主题等概念范畴的东西,最终都是要以游客可看、可玩、可回味的产品来体现的。要以创新精彩的产品诠释主题、体现功能、赢得市场,从这个意义来说,旅游产品的创新是旅游发展中的关键。

现在有很多豪华舒适的度假酒店、度假景区和度假村,没有替游客设计好精彩的度假生活,虽然能够让游客吃好、住好,但没有能够让游客玩好。休闲娱乐设施的单调、乏力,已经成为度假旅游中的通病。不少规划设计只是在平面图上贴标签,如"游客中心""水上乐园""拓展运动""健康养生""农业观光""儿童游乐"等,老套的标签,一次次地重复,老套里没有新创意,没有一点新花样。有一个很好的比喻:人的一辈子除掉睡眠只有一万多天,人与人的不同在于:你是真的生活了一万多天,还是仅仅生活了一天,却重复了一万多次。只要不安于现状,不甘愿于重复，那么，老套里面就会不断地生长出新招数。

求新、求变、求时尚，这是旅游业和娱乐业的特点，旅游策划和娱乐设计者必须适应这个特点，不断探索，满足不断增长的创新需求。从旅游发展的形势要求来看，目前已经从以理念创新为主，转变为以产品创新为主的阶段。

(二)旅游产品创新的原则

旅游产品创新的重要性已开始成为业内人士的共识，国家旅游业发展规划还为旅游产品创新提出了八个重点的方向，即精品景区、休闲度假产品、乡村旅游、红色旅游、自驾车旅居车旅游、海洋及滨水旅游、冰雪旅游、低空旅游，以发展的眼光指明了旅游市场变化的趋向，从总体上为旅游产品的创新明确了目标。

"创新"已经提到国家战略的高度，"大众创业、万众创新"的浪潮把亿万人民的聪明才智都调动了起来。旅游产品的创新也势在必行，但旅游产品的创新必须遵循以下一些重要的原则。一是保护生态环境的原则。旅游产品的创新不能以破坏生态、牺牲环境为代价，通过旅游开发、产品创新，只能使山更青、水更绿，环境变得更美，生态变得更好。二是集约节约的原则。旅游产品的创新要因地制宜，看准项目，讲求效益，讲求质量，力保成功。三是协调一致的原则。旅游产品的创新必须和产品所反映和表现的主题协调一致，产品的风格要与产品所反映的历史、所处的环境协调一致。四是强调特色的原则。旅游产品的创新必须摆脱雷同，突出新颖，创造出差异化的独特精品，要善于变化，超人一等。五是产品落地的原则。旅游产品的创新必须能够落地生根，必须确保产品的成功实施，要有成熟的技术保证、足够的物质条件和符合基本要求的平台环境。

(三)旅游产品创新的技巧

旅游产品的创新除了必须遵守以上所说的原则外，产品创新的技巧也是值得探讨的。所谓创新，首先就是要在头脑里把没有的事物构想出来，这就特别需要具有丰富的想象能力，而缺乏想象力的人只会复制，只会抄袭，不会创新。旅游产品创新需要有"无中生有""小题大做""借题发挥""以假乱真""移花接木"等本领，听起来好像是一大堆的贬义词，究其实质，都是旅游创新中的诀窍，真正能掌握好这些技巧是很不容易的。

创新有两种：一种是"原始创新"，也就是完全没有任何事物可以借鉴的创

第四章 文化创意旅游新经验

新;另一种是"二次创新",是在已有事物的基础上进行再次创新。旅游产品的原始创新是很难的,大量的创新产品都是属于二次创新的旅游产品。旅游产品(包括游乐产品)的创新,一般采用的主要方法大致有三种:一是仿真,二是变异,三是综合。这三种创新的方法都属于二次创新,但就是应用这三种方法,创造出了千变万化的休闲娱乐产品来。

"仿真"在旅游产品创新和娱乐项目的开发上应用得十分广泛,如室内电脑模拟高尔夫系统,把场地最大的球类运动,即乡村高尔夫球搬到了只有15平方米的小小空间中,让你不出城,甚至不出门就可以在一片绿色天地中打一场乡村高尔夫球。又如动感电影,它把传统电影的图像仿真艺术,提高到了完全身临其境的程度,产生了巨大的感染力和震撼力;体验一次飞行电影让你惊心动魄;玩一场"模拟枪战"确有真枪实弹的感觉;太空剧场以逼真的模拟星空把人们带进浩瀚的宇宙,能演示星球大战等气势磅礴的太空场景。大到宇宙苍穹可以仿真,小到一台小小的钓鱼机,也利用了磁悬浮原理进行仿真,把一条条的假鱼变成了活蹦乱跳的鱼群,在钓鱼的意境上带来了更多的新意。仿真技术的大量应用,为旅游产品和休闲娱乐的创新和发展,开辟了一条永无止境地通向更高水准的重要途径。尤其是蜡像技术、动态雕塑技术、裸眼3D技术和虚拟现实技术(Virtual Reality,VR)等许多新工艺、新科技的应用,使仿真技术达到了登峰造极的程度。

"变异"是另一种旅游产品和娱乐项目的创新手段,就是由已有的一种产品演变(或派生)出另一种新的产品来。如无锡灵山的"九龙灌浴"景点,表演时让雕塑的莲花渐渐张开,出现了刚诞生的释迦牟尼童年雕像,九条龙的雕塑一齐向他喷水,用简单的动态雕塑演绎出一段精彩的佛教故事。又如山东荣成石岛赤山风景区的观音动感音乐喷泉广场即"极乐菩萨界",观音坐像旋转一周的表演场景令人震撼。精彩的动态雕塑表演被后来者不断二次创新,甚至可以让佛像在人造的云雾中飘然升空。大连的海韵广场,曾有过两个攀岩运动员的雕像在一处崖壁上,仿佛是真的一样,后来被演变出用遥控器令假人进行攀岩比赛的户外游戏。还如由古代牧羊人的扔石子游戏逐渐演变为高尔夫运动;高尔夫的果岭推杆动作又演变出迷你高尔夫。游艺机中的旋转机械更是变化多端,派生出了不计其数的旋转游艺机。如章鱼、荷花杯、美人鱼、浪卷珍珠、太空飞碟等,都是在造型、转动方式或运动种类等方面变来变去,推出了一个又一个的娱乐新品种、新设备、新项目。变异作为一种创新手段是符合人们对自然的认识规律的。变异生成的旅游和娱乐新项目,都有原来产品项目的雏形,不可能凭空手到拈来。聪明的设计师善于从现在的种种产品项目中,加以改进、提炼或延伸,完成新产品的变异过程,求变就是创新的动力。

"综合"是旅游和娱乐产品的又一种创新手段。实际上它也属于变异的范畴,但不是由一种产品演变为另一种产品,而是由几种产品综合为一种新的旅游或娱乐产品,如双人碰碰车加上激光枪,就综合成了激光战车场;水族箱加上遥控潜艇就综合成了海底水景墙;大型喷泉组成迷宫阵,再加上电瓶式游艇驶入迷宫就成了壮观的喷泉迷宫;室内移动障碍式迷你高尔夫加上卡拉OK、互动游戏和小舞池就成了多功能的娱乐包间。多媒体情景剧《辽沈战役》更是综合利用多种产品和技术,演示出令人震撼的战争场面。

综上所述,我们不难看出:只要善于应用仿真、变异、综合以及其他有效的创新手段,就可以使旅游和娱乐产品不断推陈出新,出现旅游创新繁花似锦的可喜情景。

(四)旅游产品的"塔式结构"

旅游景区、游乐园、主题公园的产品策划设计,应该遵循"塔式"的产品构架。一定要有很多的游客兴趣点,其中还要有一部分游客的兴奋点,更要有几个吸引游客的震撼点,形成旅游产品体系的塔式结构。大量的兴趣性产品好比一座塔的底层,一定数量的兴奋性产品是塔的中层,少数几个具有震撼力的核心产品是塔尖,这样的产品结构是最合理的产品策划构架。

具有震撼力的产品能产生巨大的轰动效应,对游客会有很大的吸引力,就能把游客"引得来"。有了很多兴趣性的产品就能让游客玩不够,就能把游客"留得住"。再增加一些使人兴奋的产品,就更可以调动游兴,让游客"看不完,玩不够"。一个旅游景区或主题公园能做到把游客引得来、留得住,让游客玩不够,就一定能够获得成功。

因此,策划设计人员一定要下功夫打造一个或几个具有震撼力的核心产品,给每一位游客留下深刻难忘的印象,让他们津津乐道地向他人宣传,让更多的旅游者觉得不去看一看是一辈子的遗憾。旅游景区或主题公园有了这样巨大诱惑力的"顶尖"产品,游客就会源源不断地蜂拥而来。但是,如果没有大量兴趣性产品,只有单一的震撼点也是不行的。例如,当卡丁车刚刚在国内流行时,北京很多游客纷纷赶赴卡丁车场,都想尝试一下卡丁车运动的乐趣,但是,十多分钟就跑完了几圈以后，再也没有别的好玩的东西了，游客从很远的地方赶过来玩，最后扫兴地回去了。所以说旅游产品的设置只有"塔尖"，没有"塔基"和"下层"是很不牢靠的，当然也是不会成功的。

同样的，如果只有很多一般性的兴趣产品，没有一个或几个足以引起八方瞩目的引爆产品，就很难造成轰动效应。

设置在塔式结构中层的兴奋点产品也非常重要。游客在游玩许多兴趣项目时，需要不断地有几个令游客情绪兴奋的小高潮，这符合游客心理的需要，利用兴奋点产品，能够调动游客在旅游过程中的情绪，变平淡为起伏，达到乐此不疲的迷恋程度。由此可见，旅游景区或主题公园必须要有震撼点、兴奋点和兴趣点产品，一个也不能少，"塔式结构"是最合理的产品结构。

（五）旅游产品的"三高"目标

旅游产品的创新要力求做到"艺术水平高，科技含量高，文化品位高"，也就是达到"三高"的目标。

艺术水平高的旅游产品，必须极具观赏性，并且要有深刻的内涵，体现出较高境界的外表美和内在美。园艺小品、雕塑景观、艺术建筑、旅游配套设施等所有旅游节点，都应该追求其艺术观赏性。在大众旅游蓬勃发展的今天，旅游者的观赏水平越来越高，人们走的地方多了，看的景点也多了，对于旅游产品的艺术水平也就有了更高的要求。因此，旅游产品的艺术追求受到普遍关注。例如，被誉为"世界级震撼"的建筑景观牛首山佛顶宫，就是力求艺术完美的典型，采用了几十种高超的艺术形式，如石雕、木雕、铸铜、脱胎大漆、玉雕、瓷雕、漆画、瓷板画、织锦、丝毯、木刻、新式彩画等，顶尖的艺术形式不胜枚举，并且将建筑、文化、科技、艺术、佛教文化完美融合，堪称世界佛教文化新遗产、当代建筑艺术新景观，以令人称绝的艺术，创造出了传世的艺术极品，引来了络绎不绝的旅游者，争相观赏高水平艺术的惊世之作。又如投资很少的"秸秆小村"，利用农村废弃的秸秆做原料，通过精心的艺术加工，创造出秸秆的农舍、磨坊、农具和牲畜等艺术造型。秸秆雕塑艺术、稻雕艺术用最廉价的材料，创造出了令人赞叹的艺术雕塑群。力求展示高水平的艺术，已经成为当代旅游产品创新的重要标准。

科技含量高也是旅游产品创新必不可少的要求。当今世界，科学技术的发展日新月异，许多新技术不断涌现，现代科技引入旅游产品的开发创新之中，促使各种新颖奇特的旅游产品如雨后春笋般地出现。例如，多媒体声光电同步演示技术，使原先静态的景观变得极其生动，更富有美感；传感技术、控制技术、拟音技术、影像技术、仿真技术、虚拟技术、多媒体技术、现代光学技术和许多前沿科技，都开始在旅游产品的创新中大量应用。例如，把声、光、电、虚拟技术、数字技术和控制技术等许多科学技术和图像、雕塑、园林及舞台艺术等创新艺术相结合，使雕塑和影像中的人物活动起来，与水、雾、灯光、音乐和机械运动等协调配合，演绎出一幕幕情节生动、表演精彩的情景剧来。这种没有真人参演的"特殊情景剧"又有许多剧种，如动态雕塑剧、连环雕塑剧、溶洞情景剧、拟音情景剧、虚拟实境剧、沉浸体验剧、水面舞台剧、沙盘情景剧、多媒体情景剧等，让人耳目一新，受到了游客的普遍喜爱。又如随着VR技术的发展，出现了VR与主题公园里的过山车结合的游玩设施，带来了一些完全不一样的体验。以前，当人们坐在飞速穿梭的过山车上时，伴随的是乘客惊险刺激的尖叫，而配上VR沉浸式内容后，游客将会感觉在云端飞跃，或者在星际飞行，或者在外太空的某个星球探险。不难看出，科技对于旅游产品的创新是何等的重要。

  旅游产品必须文化品位高，这已经成为旅游界的共识。文化是旅游的精髓，文化能够提高景区的商业价值和社会价值，提高在旅游市场中的竞争力。景区景点只有充满文化底蕴，才能保持持久的吸引力和旺盛的生命力。对游客而言，旅游中最大的满意度是"好看、好玩、有回味"。什么样的旅游产品能让人有回味呢？只有具备丰富文化内涵的旅游产品，才能给游客留下深刻的印象，引起无尽的回味。所以，旅游景区务必注重提升旅游产品的文化品位，全面提升景区的格调。如何做到旅游产品的文化品位高，有三个方面的问题需要引起重视。

  一是要围绕文化主题进行深入研究。旅游开发的主题多种多样，有历史的、民族的、宗教的、民俗的、农业的、工业的、科技的、军事的，不胜枚举。旅游产品要体现主题的文化内涵，就必须先要下功夫对其文化进行研究。如要以"垓下之战"为背景打造"霸王影城"，就必须充分研究楚汉相争的历史，对四面楚歌、十面埋伏、霸王别姬、乌江自刎等历史典故和细节充分研究，才能加以提炼，把历史文化的精髓注入旅游产品的创新中，创造出文化品位高的旅游产品。又如要在五台山打造"大智镜圆"的佛教胜景，就必须研究佛教的文化、五台山的历史、文殊菩萨的故事。所以，旅游产品的创新必须对文化主题进行深入的研究。

  二是要解决好"形"与"魂"的结合。有的旅游产品"有看头，没有说头"，这叫

"有形无魂"，有的旅游产品"有说头，没有看头"，这叫"魂不附体"。这个例子就是说旅游产品的文化内涵必须表现在外在的形态上，不必做任何的讲解，让人一看就明白其丰富的文化含义，在观赏和体验中，自然地领悟，难忘地记忆，无穷地回味。

三是要挖掘地域文化的特点。旅游产品的同质化，本质上是地方文化内涵的缺失，表现为千街一面、千镇一面，既没有特色文化的展示，又没有地方风俗的呈现，举目皆是大同小异的外观设计，兜售的皆是缺乏吸引力的制式产品。例如，北京的南锣鼓巷与云南的风情街区没有多大的差别，遍布江南的水乡古镇也都是大同小异。我国幅员辽阔，不同地区的地域文化各具特色，完全可以创造出千差万别的特色文化旅游产品，只有真正把握好特色文化的创造，旅游产品才具有更高的文化品位。

"艺术水平高、科技含量高、文化品位高"应该同时体现在一个旅游产品上，要让创新的旅游产品"三高兼备"，例如，玫瑰园中策划设计的"音效竹简墙"，美观古朴的竹简状影壁墙，竹简上刻有一首赞颂玫瑰的《玫瑰赋》。当游客走近竹简墙，站定观看诗赋达五秒钟后，墙边古代仕女抚琴的雕像就会响起优雅的古琴乐声，同时发出激扬高亢的声音朗诵起《玫瑰赋》的诗文。利用感应技术和拟音技术，让造型优雅的竹简墙发声，传颂出一首上好的诗文，展现其艺术、科技和文化的完美结合，既好看，又好玩，又有回味，能够给人留下很深的印象。

三、科学策划是成功的关键

"策划"二字已经成为当前很时髦的流行词。这种现象本身说明了社会观念的进步。人们在行动之前，愿意多几分思考，少几分盲目；多几成成功的把握，少几成失败的风险。因此，策划环节普遍地受到了重视。任何一个有思考能力的人，都会对自己准备做的事情做一番预想和筹划，这就是策划的雏形。现代人把这种"预想和筹划"的概念不断加以提炼，使之升华，叫作策划。策划的应用具有其广泛性。许多事情，尤其是重大事情，在决策之前往往都要经过一番认真的策划，为决策提供判断、选择和决定的依据。对于一个企业或投资一个新的项目来说，策划更是至关重要的。

大量的实例告诉我们：一个缺乏创意策划的企业，随时可能面临失败。旅游业和休闲娱乐业内的许多景区和乐园未经科学策划，盲目投资，在建成以后的经营活动中,又不重视通过策划去捕捉商机,以致收益每况愈下的真是不少。当然,这也不是宣扬"策划万能"。旅游景区成功和失败的因素有很多。经营的失败不一定是策划的失败,但经营的成功首先必定是策划的成功。因此,策划虽不能说是成功唯一的因素,但确实是保证成功的关键。基于这样的认识,我们特别提出要重视旅游景区建设中的科学策划环节。

策划是为行动谋划方案,需要人们开动脑筋,进行大量的理性思维活动。任何一个好的策划都出自周密的思考,科学严谨地重组已有的知识、经验和信息,得出一个完整的方案、计划或程序,并付之决策与行动。可见不是所有的人都能担当起策划的重任。因此,策划需要专家,更需要有一个专家的群体,他们不仅需要有渊博的专业知识、丰富的实践经验和掌握大量的相关信息,还必须具备重组知识和信息的能力,极强的综合、分析、想象和判断的能力。

但有不少的旅游管理部门和旅游投资商,往往只知道要做规划,忽视了规划之前必不可少的策划环节,这是极大的错误。策划和规划是两个不同的服务领域,策划是指带有创造性思维的谋划和实施,规划是对未来一段时间的工作目标进行分解和合理安排。很显然,策划和规划不是同一个层面的概念。策划是要比规划更高层次的筹划。策划就是策略,就是通过谋划、创意、论证,充分考虑景区项目的现有条件和发展趋势,通过顶层设计,提出具有巨大价值的目标及可落地执行的最佳方案。策划就是全盘策动,就是运筹帷幄、决胜千里,是战略、策略、理念、经验、市场、前瞻、格局、创意的集中体现。景区、园区策划不但要有丰富的市场实战经验,还得有灵活的头脑、超绝的创意,更要有地产、农业、商业、生态、旅游、文化、娱乐、活动、品牌、营销等方面的综合知识与丰富经验。所以,策划和规划的服务本质完全不一样,规划有模式,策划却只能原创。没有优秀的策划在先,花多少钱来做规划,项目也很难成功。可见旅游景区、园区的科学策划是成功的关键,务必坚持"策划先行"。

四、创新能力、辩证思维和社会责任

"创新能力、辩证思维和社会责任"对于一名规划工作者来说是非常重要的。目前,在规划界以商业化的态度、工业化的方法对待旅游规划设计的不少,因此,难得见到旅游规划精品的问世。正因为此,我们竭力呼吁要提高创新能力,提倡辩证思维,提醒社会责任。

第四章 文化创意旅游新经验

（一）提高创新能力

旅游策划特别需要创新型的人才，需要他们不断地产生出奇思妙想，不停地策划出好看、好玩、有回味的旅游新产品，让游客得到享受不尽的快乐。

创新人才需要思维敏捷，只会顺向思维的人很难突破陈旧的观念，只有善于逆向思维和交叉思维的人，才会不断涌现出新想法、新点子、新思路。所以要学会灵活的思维方法，破除僵化，激活聪明的才智。对事物要善于联想，联想可以把思路拓宽或延伸，可以把事物嫁接或翻新，联想能打开创意之门，让眼前出现一片光明。善于联想的人，思潮滚滚，新点子会像潮水般不断涌来。旅游策划最需要的是创新，所以，也就特别需要提倡联想。

例如，在观看北京奥运会开幕式和闭幕式的精彩表演时，场地上进行着梦幻般的精彩表演，观众席上方同时放映出了大屏幕的图像，表演和图像相映成趣，彼此呼应，把无与伦比的生动场景，一幕幕地展现在人们的眼前。我们从观众席遥看场上表演，好像在看一个沙盘模型，顿时联想起西安大明宫遗址公园里，有一个复原的大明宫沙盘模型，如果能让沙盘上的模型小人动起来，加上大屏幕的情景放大图像和沙盘上的舞台灯光一起，就可以演绎出盛世大唐的壮丽情景剧来。于是，从奥运会开幕式联想到了大明宫的"沙盘情景剧"，就完成了一项旅游策划的艺术创新。联想确实能帮助你举一反三，不断创新，但要做到善于联想首先应该痴迷于本行，只有到了"三句不离本行"的痴迷程度，才会事事处处和自己的工作或策划项目产生联想；其次要勤于思考，只有不断思考，才能通过联想派生出创新的硕果；另外，也要积累丰富的知识和经验，只有知识面宽了，阅历深了，才会有许多的事物供你去联想、畅想，甚至是幻想。

奇思妙想的好点子来源于一个人的创新能力，而所谓的创新能力主要体现在洞察力、记忆力、想象力、创造力和表现力五个方面。洞察力也就是观察能力，有的人下去考察，一看就能抓住旅游规划区域的特点，看出存在的问题，发现事物的本质。有的人考察了半天，只能罗列出一些现象，拍回来一堆照片，理不出应该把握的关键，说不出最有用的感觉来，这就是观察能力的差距。记忆力也是十分重要的，旅游策划设计需要涉及很多的专业技术，需要学习很多的知识、积累很多的经验、掌握很多的信息，需要像一台电脑那样能够大量地储存、快速地调出，这就是必不可少的记忆能力问题。策划是实施前的构思，需要"无中生有""小题大做"或"借题发挥"，要在头脑中把没有的事物构想出来，这就特别需要具有丰富的想象能力,缺乏想象力的人只会复制,只会抄袭,不会创新。有了想象的东西后,还要依靠创造能力把想象的概念变成可以落地的设计,有的人想法很多,但几乎都不可行,没有一定的创造能力,创意只能停留在空想。另外还有一个是表现力,思维结果的表现能力也是必不可少的。必须把观察、记忆、想象、创造所形成的创意展现出来,变成生动而又准确的策划文本,变成可以付诸实施的计划和设计,这才是创新过程的终结。

旅游创新人才的这五种能力,概括起来也就是思维方式和思维能力。从事旅游策划和规划的人,都要注意这些能力的培养。

(二)提升辩证思维

辩证哲学告诉我们,一切事物的运动是绝对性的,静止是相对性的。因此,我们在分析旅游项目的生态环境、市场变化、产品前景等方面,都必须把握变化的趋向,进行动态的分析。不仅要睁大眼睛看到目前的形势,更要有眼光看清发展的趋势,学会这一点至关重要。例如,我们面对的环境,时刻都在发生变化,记忆中的古城已被改变,取而代之的是"千城一面";看似美丽的草原却隐含着脆弱的生态,草地的荒漠化和湖泊的不断萎缩令人担忧。环境在不断变化,所以,不能用静止的目光看待周围的一切。再例如大家关注的旅游市场,也是在不断变化的,以团队游为主的旅游正在向散客游转变,观光游正在向休闲游转变,火爆的中东部旅游渐渐在向西部游转变,颇有神秘感的新疆、西藏旅游越来越被旅游者向往。旅游产品的前景也是在不断变化的,例如,当年刚刚在我国兴起蹦极运动时,北京房山的十渡风景区因首先设置了蹦极跳台而一举成功,不但参与者、观赏者络绎不绝,连各种餐饮、游戏、商摊都涌向景区,可以说是人山人海。但好景不长,随着时间的推移和蹦极跳的遍地开花,"蹦极热"也就慢慢冷了下来。所以,一切事物都是在发展变化的,不是静止不变的。提倡辩证思维是正确把握旅游开发方向、避免陷入错误和失败的理论保证。

(三)提醒社会责任

除了提高创新能力和提倡辩证思维外,还必须提醒旅游规划工作者的社会责任。规划是旅游最基础、最重要的工作。规划决定全局,影响总体发展的战略;规划的领先决定了项目的领先,规划的失误是最大的失误,规划的浪费是最大的浪费。所以,规划担负着重大的责任。

旅游开发可能会带来生态环境的破坏，因此，旅游开发要保护群众的切身利益和长远的经济社会效益；旅游开发要为子孙后代留下宝贵的遗产，不要留下许多令人痛心的遗憾；旅游开发要保证投资者的利益，但不能因此而违反国家政策，损害群众的长远利益。

社会责任不但针对旅游规划的编制人员，规划的评审者和决策者，都应该有高度的社会责任感。旅游规划的编制单位应按照法规程序，对区域或景区的长期发展进行综合平衡、战略指引与保护控制，确保其实现有序发展；旅游规划的评审者必须在对项目深入了解、对规划详细解读的基础上，从专业的高度严格进行评审，务必改变"不明白人评审明白人"的荒唐现象，要以对社会高度负责的精神严肃认真、一丝不苟地对规划进行评议审查；规划的决策者、执行者一定要尊重评审专家的意见，把规划的执行摆到法律的层面，规划必须是长期和稳定的，不能随意废弃。"规划规划，纸上画画，墙上挂挂，橡皮擦擦，能否实施，领导发话"，这是人们对一些地方重规划编制、轻规划实施，导致规划不落实的形象描述，这种现象非改不可。

旅游规划担负着落实国家战略部署，指导产业布局和重点旅游区、旅游线路规划建设，引领旅游投资，推动旅游规划新产品、新业态开发，实施旅游产业管理等方面的职责，任务十分艰巨。旅游规划要为游客规划情感消费环境，为居民规划致富环境，为投资规划环保生态环境，为政府规划持续发展环境，为把旅游业真正建设成为国民经济战略性支柱产业和人民群众更加满意的现代服务业，做出应有的贡献。因此，规划单位、评审专家、政府决策和管理部门，都要担负起社会责任，做出对人民负责、对历史负责的旅游规划。

第二节　提升旅游服务和管理

旅游服务质量和旅游管理水平必须适应旅游快速发展的需要。无论是旅游服务行业的宾馆、酒店、旅行社和景区的旅游服务人员，还是政府的旅游管理部门，虽然都为改进服务质量、提高管理水平，做出了不懈的努力，取得了很大的进步，但是，当今的旅游已经发生了巨大的变化。

随着旅游的多样化和大众化发展，旅游不再是高消费活动而是作为日常生活进入了千家万户；旅游对于文化内涵的注重已经成为旅游业关注的焦点；自助游、自驾游等旅游形式将越来越普遍；休闲游、特色游、深度游已成为新的旅游热点；旅游服务的人性化和社会化要求越来越迫切；旅游与科技的融合，使信息化、智能化的旅游管理问题日益突出。面对旅游发展的新形势、新格局、新需求，旅游全行业、全系统都面临着提高旅游服务和管理水平的紧迫性问题，需要认真研究，积极应对。

一、旅行社在激烈竞争中的思考

在我国旅游业中起核心作用的旅行社，发展非常迅速，市场竞争空前激烈。由于我国旅行社行业存在规模小、市场集中度低、品牌意识薄弱等问题，因此，面临着严峻的市场挑战和诸多不利的影响因素。在入境游、出境游和国内游三大旅游板块中，我国旅行社的市场竞争力均普遍不足，尤其是在自助游、自驾游等散客旅游越来越盛行的情势下，旅行社受到的冲击不可低估。旅行社行业需要认真思考，在激烈的竞争中，如何有效地提升我国旅行社的市场竞争力。

1. 旅行社面临激烈的市场竞争

旅行社激烈的市场竞争源于三个方面。一是由于旅游的大发展，旅行社和旅游中介服务行业越来越多。据统计，全国旅行社除了国旅、中旅、中青旅、春秋旅、广之旅、康辉旅、众信旅、锦江旅、广东中旅和凯撒旅等十大旅行社外，其他中小旅行社数不胜数。市场参与者数量的激增，势必造成市场竞争的激烈。二是散客旅游日益增多，旅游者对旅行社的依赖程度越来越少，极大地缩减了旅行社的市场份额。三是由于信息技术的发展，旅游者对出游目标的预知程度、旅行社的服务质量、旅游线路的价格比较等，都更加挑剔。因此，旅行社的行业竞争日趋激烈，为了抢占市场份额，旅行社大多采用大幅度降价的竞争方式，致使旅游市场混乱。旅行社的服务质量下降，势必会损害旅游者的权益，不利于旅游行业长期可持续发展。

2. 提高旅行社的核心竞争力

旅行社是综合性强、关联度高的服务性行业，旅行社想在激烈的竞争市场中独占鳌头，不仅要重视市场战略、人才战略、产品战略，更要集中优势资源和能力打造核心竞争力，创造可持续竞争优势，从而提高旅行社的整体素质，为旅行社的长远发展起到决定性的作用。旅游企业的核心竞争力是战略决策、品牌营造、现代信息技术应用、人力资源的配置、企业文化的树立等各种管理手段的整合，是在市场竞争中长期积累所拥有的企业特色，是不断实现顾客价值的综合能力，是能使企业在市场中具有长期竞争优势的内在能力。所以说提高旅行社的核心竞争力，是旅行社长盛不衰的关键。

3. 创新旅行社产品

旅行社的竞争主要体现在产品的创新、服务的品质、信息的掌握等方面，而旅行社的产品创新是首当其冲的关键。旅行社产品最主要的反映形式是"旅游线路"，实际上是旅行社从业人员经过市场调查、筛选、组织、创意策划、服务采购、广告设计等最终生产出来的。旅行社产品是旅行社从各类旅游服务产品供应商那里采购的景点、交通、住宿、餐饮以及其他项目等旅游活动所必需的单项旅游服务产品，并将这些单项产品组合成各种包价的旅行社产品，向旅游者出售以获得经营利润。但是，随着社会经济活动的不断改变，个性化、时尚化和人性化的需求日臻显现，对旅行社产品提出了更新、更高的要求，产品本身的内涵和外延在不断地丰富和延伸，旅行社产品的单项销售也变得十分重要。各种类型的包价旅游服务、"分散进出，团体旅游"的组合旅游服务、单项旅游产品的单项旅游服务等，多样化的服务需求，促使旅行社必须不断创新产品，以适应市场的变化。创新旅行社产品的重点是设计出最具诱惑力的旅游线路。旅行社必须下最大的功夫，根据不同季节、不同人群和不同的市场变化，及时地推出几条令人向往的黄金游线，依托火爆的黄金游线，带动旅行社各类产品的热销。

4. 突出品牌效应

旅行社销售的旅游产品是向顾客提供的旅游咨询、线路设计、代办预订等服务，不同旅行社之间的差异性并不大，所以旅游产品的同质性非常高，顾客几乎不能区分不同旅行社提供的服务、价格的差异。如果旅行社建立起了顾客信任的品牌，顾客就不会为了较低的价格而放弃熟悉的品牌，去冒选择另一个陌生旅行社的风险。所以，旅行社必须要努力做强品牌，重视突出品牌效应。越来越多的消费者在选择时更重视旅行社能否保证提供舒适、安全的服务，更加重视服务质量，他们不仅比较价格，还比较旅行社的实力、信誉等。良好的品牌形象与这些因素密切相关，可以有效地降低顾客的购买风险。国内旅行社只有通过品牌竞争建立起顾客的品牌忠诚，培育出稳定的客源市场，才能在日趋激烈的市场竞争中与国外旅行社抗衡。

旅行社品牌的树立，一要靠选定目标市场，确定产品定位和目标定位；二要通过传播渠道增强顾客的品牌认知；三要用优质的服务维护品牌形象，建立顾客对品牌的信任；四要不断分析客户的数据，对客户进行跟踪服务。通过与客户间的互动，增加旅行社与客户之间的信任感、亲切感，提升旅行社品牌忠诚度，为旅行社建立起长久的品牌竞争优势。

5. 重视营销策划

旅行社产品是一种体验性的产品，体验异地生活、体验自然风光、体验温馨服务。在购买旅行社产品时旅游者不可能亲自见到产品，因此，旅行社产品的营销策划具有独特性。然而，大多数旅行社都缺乏对营销策划的研究，就连广告促销的投入也微乎其微。随着市场竞争的加剧，各种广告促销活动已经成为旅行社争夺客源的重要手段。但国内旅行社采取的广告方式过于简单，只是在报刊上开列出经营的游线和价格，没有自己的特色，缺乏吸引旅游者注意的构思和创意。现在全国各地电视节目里的旅游广告铺天盖地，从"好客山东"开始，"七彩云南""老家河南""晋善晋美""津津有味""醉美贵州""锦绣潇湘""福来福往""江西风景独好"等，都在为本地的旅游争相宣传，可是从没有见到过旅行社及其产品，做过如此大张旗鼓的广告宣传。不注重营销策划的旅行社，很难在激烈的旅游市场竞争中立足。

6. 关注人才战略

旅行社的竞争，从根本上说是人才的竞争。旅行社业务涉及计调、外联、营销、导游、财务等多个专业岗位，对人才数量和质量的占有决定了业务的成败。随着中国旅游进入大众化、产业化时代，对旅行社从业人员的专业素质要求越来越高，但目前旅行社的从业者良莠不齐、人员流动性大，严重影响了行业整体服务水平。例如，一个优秀的计调员，他是旅行社完成地接、落实发团计划的总调度、总指挥、总设计，必须具有很强的专业性、自主性和灵活性，是旅行社中高素质、高水平的岗位人员；又如旅行社的优秀导游员和外联人员，都能直接给旅行社带来客源效益。因此，人才决定成败，旅行社行业一定要十分关注人才战略，稳定核心人才，引进高端人才，重视培养人才，防止流失人才。

7. 转变服务理念

旅行社是为游客提供旅游服务的行业，与游客不是单纯的你买我卖的商业关系，所以，旅行社必须坚持"服务至上"的原则，一切都要围绕着以游客为中心的总体服务理念，细说起来可以分为以下五个方面。一是为游客"当好顾问"的理念。旅行社要为客户量身定做适合他们的私人旅行计划，根据客户的喜好来服务；要通过不断地与客户接触来总结每位客户的特点，提供给客户心动的产品；设立旅游体验店，让客户通过多种方式互动，直观地了解旅游目的地信息。二是"人文关怀"的理念。游客不仅需要欣赏美丽的景色，更需要获得旅游中的精神愉悦，所以温馨周到的服务、亲切细致的关怀，将会给旅游过程注入最充沛的活力。三是做到"五心服务"的理念。要做到服务专心、组织精心、待客诚心、讲解耐心、让人放心。四是坚持"诚实守信"的理念。以诚信的服务，提升旅行社的美誉度，获得广泛的信任感。五是"创建服务平台"的理念。要通过不断整合，不断完善旅游服务设施的建设，创建一个良好的服务平台，以更加优良的服务条件，满足所有旅游者的各种服务需求。

旅行社的本质是服务，是人与人之间感性上的互动，要帮助客户在旅游过程中有更美好的生活体验，这应该是旅行社行业提高服务质量的努力方向。

8. 加强信息技术的应用

信息技术可以帮助旅行社提高搜集信息、整理信息、传递信息和保存信息的效率，为市场交易提供新的信息基础。传统旅行社必须尽快地引入现代信息技术，更新功能，重组流程，把经营网站和传统旅游业务相结合，大力开展网上信息服务、网上电子采购、网上预订和安排旅游线路，利用局域网进行内部管理，提高效率，降低成本。所以，有战略眼光的旅行社，都应该加强信息技术的应用，提高旅行社的核心竞争力。

建立地区间的旅游行业信息共享平台，为行业管理信息系统之间的数据共享和数据交换，创造了更为便利的条件。京津冀三地成立了旅行社联盟及景区联盟，建立了行业信息共享平台，汇集京津冀旅游行业基础信息，整合三地旅行社、A级景区、星级饭店、旅游从业人员的信息及行业监管、旅游安全等内容，实现了京津冀旅游行业信息的动态共享交换，有利于三地旅游业的均衡发展和产业升级。

二、导游在旅游中的地位和作用

随着我国旅游业的快速发展，导游员岗位的从业人员也越来越多，当前，全国大部分社会导游的事实上都是"自由执业者"。按使用语言划分，导游人员主要分为中文导游人员和外语导游人员；按业务范围划分，导游人员分为海外领队、

◇◇ 旅游文化创意与规划研究

全程陪同导游人员、地方陪同导游人员和景点景区导游人员；按职业性质划分，导游人员分为专职导游人员和兼职导游人员；按技术等级划分，导游人员分为初级导游人员、中级导游人员、高级导游人员和特级导游人员。取得高级导游人员资格五年以上者，业绩优异，有突出贡献，有高水平的科研成果，在国内外同行和旅游业中有较大影响，经考核合格者才能晋升为特级导游人员。

导游在旅游业中具有重要的地位和作用，必须加强导游员队伍的管理和建设，提高导游员的思想道德素质和业务技能素质，以满足旅游业发展的紧迫需要。

1. 导游在旅游中的地位和作用

导游在旅游业中处于十分重要的地位，旅游的质量、旅游产品的销售、旅行社的形象以及旅游目的地的推广等，无不与导游密切相关。在旅行社服务中，导游员直接与游客接触，并且接触时间最长，导游服务质量是衡量旅行社整体服务质量最重要的标志。在旅游活动中，导游员处于中心地位。一次旅游活动的成功与否，关键往往在于导游员，一名好导游会带来一次愉快的旅游。为了强调导游员的作用之重要，国际旅游界将导游员称为"旅游业的灵魂""旅行社的支柱"和"参观游览活动的导演"。

导游员为旅游者提供的语言服务沟通了不同的文化，促进了不同民族之间的交流；导游员提供的导游讲解服务帮助旅游者增长知识、加深阅历、获得美的享受；导游员提供的生活服务帮助旅游者身心愉快地投入游览活动。导游员在为旅游者实现其主要旅游目的方面起着不可或缺的作用。

2. 导游与导游词

精彩的旅游需要有精彩的导游讲解，这样才能引人入胜。因此，旅游景区必须要有好的导游和好的导游词。

导游讲解是旅游服务的灵魂，导游语言是思想性、科学性、知识性、趣味性的结合体，必须准确、清楚、生动、灵活，要语音适中、节奏适宜、动作得体、表情自然、目光亲切。导游词的内容要以人为本、把握重点、富有激情、精彩新颖。导游在导游讲解实践中要有的放矢、因地制宜、因人而异、即景生情、触类旁通，要敢于标新立异，创造性地开展导游讲解工作，给旅游者以美的享受。

有两种极端的导游讲解方式：一是完全不用导游词，或根本没有导游词，随意地讲解；二是死背导游词，就像小学生背书一样，一字不差地背诵。这两种导游讲解方式都不可取。导游必须要用导游词来规范讲解的内容,同时也需要靠自己灵活生动的讲解,使导游词的内容得到更加精彩的发挥。导游应该努力学习,不断丰富自己的知识,不但需要熟悉导游讲解的事物,而且应该了解与此相关的许多其他知识。导游员有了一大缸水,才能给别人满满的一杯水,才能让游客解渴。

3. 电子导游等新技术的应用

电子导游是指利用电子技术、信号处理技术制造出来的各种导游讲解设备。游客来到景区,不只是看一看风景名胜和奇珍异宝,还想知道更多有关它们的故事,只有真正地了解事物的渊源,才能更深刻地体会到其中的内涵。这就需要景区园区为游客提供规范、详尽的多语种讲解,而电子导游就是一位极佳的"电子导游员"。电子导游系统可以将所有景点的讲解内容毫无保留地传达给游客,尤其是多媒体电子导游机,可以在视频图像的配合下,使它的解说更加形象生动、语音清晰优美,游客在充分欣赏了景物、展品的外观表象后,又获得了丰富的人文、历史知识。

电子导游设备的种类很多,有自动感应、自动讲解的;有游客携带、单独讲解的;有为团队讲解、随机开启的;有中文讲解和有多国语言的;有带有视频图像配合讲解的,也就是多媒体的电子导游。智慧导游系统为游客带来了方便,为景区节省了人力,使导游讲解的内容及语言表达更加统一、更加规范。但是,电子导游只起到了导游讲解的一个职能,而导游在旅游中的其他职能无法由电子导游提供,如按计划组织游客参观游览;安排游客的交通、食宿;保护游客的人身和财产安全;解答游客的询问和协助处理途中遇到的问题;反映游客的意见和要求等。

所以,电子导游目前还不能完全替代导游员。就以导游讲解而论,也不可能做到像优秀导游员那样面对面的、人性化的、随机应变的灵活讲解。但是,电子导游的优势发挥,确实使旅游服务大为增色。相信还会有更多的创新科技应用于旅游服务,促使旅游服务质量更高,让游客享受到更多便捷、愉快的旅游服务。

4. 导游队伍的建设和管理

导游员在旅游中的地位和作用十分重要,因此,必须有良好的职业道德和合格的基本素质。导游人员的职业道德,概括地说就是:遵纪守法,敬业爱岗;优质服务,宾客至上;真诚公道,信誉第一;不卑不亢,一视同仁;团结协作,顾全大局；好学上进，提高业务。导游人员应该具备的基本素质可以归纳为思想素质、道德素质、知识素质、技能素质、心理素质和身体素质六个方面。一定要按照以上职业道德和基本素质的要求，建设好导游队伍。

当前，我国的导游服务难以满足消费者对个性化、专业化的追求，导游服务供给不适应市场需求。所以，首先要放开导游的行政化封闭式管理，转为导游的市场化管理，促使对导游的监管、评价、流动、激励机制更加完善，调动导游队伍的积极性，使导游成为旅游业创新、创业的活跃领域，成为人民群众游得放心、舒心、开心的重要环节；同时要进行导游体制的改革，包括改革考试培训注册制度、改革导游执业制度、健全执业保障体系、健全事中事后监管体制、建立健全导游协会组织、创新导游激励机制等。为了加强导游人才队伍建设，还将从完善导游等级评定制度、打造星级导游服务品牌、树立导游正面典型等方面，改革导游激励机制，增强导游的职业归属感和荣誉感。除此以外，还应加紧推进导游自由执业的试点工作。中国国家旅游局已经制定了《导游自由执业试点工作评估方案》，以便总结试点经验，加快推广，并且要把导游选聘管理权限放归市场，通过市场调节和企业自主选择，使导游资源合理分配，促进导游流动更加开放化、导游资源配置更加市场化。

三、扩展旅游集散中心的服务功能

旅游集散中心是为方便广大游客到该地旅游而设立的服务平台，专为外地游客提供当地及周边地区城市的优秀旅游服务，包括散客自助旅游、单位团队旅游、旅游信息咨询、旅游集散换乘、景点大型活动、客房预订、票务预订等许多服务内容。现在全国许多大城市和旅游目的地都设有旅游集散中心，有些大景区也设有游客接待中心，服务内容主要包括景点售票功能、咨询投诉功能、影视服务功能、导游服务功能、购物休闲功能、旅游集散功能、综合服务功能等。无论是旅游集散中心还是游客接待中心，都为完善旅游服务起到了重要的作用。

旅游集散中心本质上是一种通过协调相关旅游环节，以提供一揽子区域性旅游资源为目的的整合系统。随着旅游集散中心功能的不断拓展，未来不仅会给散客提供旅游产品，而且还会为外围的区域性旅游景点、旅游运输企业、旅行社、宾馆饭店和旅游工艺品企业等相关行业提供资源整合的平台，其更高形态将表现为涵盖旅游"吃、住、行、游、购、娱"六要素的资源整合系统。因此，旅游集散中心的重要作用受到了普遍重视,全国许多大城市和旅游目的地几乎都建立起了旅游集散中心,如上海、杭州、成都、北京、武汉等很多城市均设置有旅游集散中心,并且都发挥了很好的作用。以上海的旅游集散中心为例,集散中心已经成为上海市游客接待量最大的旅游服务机构,已开通多条旅游线路,可到达周边上百个旅游景点,形成了丰富的旅游产品系列,在立足上海本地的同时,其影响不断向长三角地区辐射,旅游线路、旅游业务涵盖长三角区域诸多知名景区,并与周边城市合作,推动长三角无障碍旅游区的创建。上海旅游集散中心已通过网络化交易平台,与杭州、南京、苏州、无锡等城市联网,实现了实时出票。游客在上海旅游集散中心可以购买到区域内任何一个景点的门票,亦可从上海旅游集散中心的各客运站直达长三角所有景区,已经实现了"一票到底"的便捷服务。

旅游集散中心的重要作用越来越为业内人士所关注,并且认为有必要进一步扩展旅游集散中心的服务功能,更好地发挥其在旅游发展中的重要作用。拓展旅游集散中心功能的内容主要包括以下几个方面。一是应扩大聚集功能。主动开拓本地和外地市场,增加来本地旅游的人数。通过对本地区及周边地区的旅游景点、旅游服务要素的有效整合,并利用各种营销渠道、各种推介方式,把各地大量的游客吸引过来,起到赢得市场、聚集客源的功能,而不只是起到组织散客到此集合的简单功能。二是要增加接待功能。不但要整合区域内的宾馆、餐馆、购物商场等,为接待游客提供多种需求的选择,旅游集散中心自身也要增设客房、餐厅、商店、茶室、休息厅等游客接待设施,使散客可以在这里得到食、住、行、游、购、娱的一站式服务。三是要完善服务功能。通过免费的VR体验推介域内各大旅游景区;为游客提供接送和旅游服务直通车的"一票通"交通服务;设有旅游车辆的驻站、停放和机务保障服务;提供交通信息服务,使散客有序地进入旅游目的地,以及邮政、通信、银行、联运售票、旅游咨询、门票代售等服务。四是要设置旅游功能。旅游集散中心本身也要成为一个精彩的旅游景点,通过其优美的环境、雅致的装饰、彰显文化品位的服务内容、丰富多彩的休闲娱乐活动,让各地来客在旅游集散中心看不够、玩不够,留下最美好的第一印象。五是要体现形象功能。旅游集散中心是城市的重要窗口,大量的外地游客都会聚集到这里来,如果旅游集散中心通过系统周密的规划与设计,使得服务更规范和优质,散客旅游市场有序运行,将会在游客心中树立起一个城市或地区的良好印象。城市美好形象的树立至关重要,对旅游来说,这也是城市整合营销的一个重要环节和内容。

随着旅游集散中心的业务拓展和规模扩大，旅游集散中心的功能会逐步向综合旅游服务方向延伸，也可以分设服务站点，扩大服务范围。根据以上分析，旅游集散中心的地位和作用，已经超越了单纯的"集散"和"接待"，变成为游客全盘服务的旅游服务综合体。所以，建议其名称可以改为"旅游综合服务中心"。

第三节 景区策划的几点经验

随着旅游业的大发展，从事规划工作的队伍也迅速扩大。庞大的旅游规划队伍在全国各地到处做旅游景区、园区的策划和规划，积累了不少的实践经验，可以为景区的旅游策划提供很好的借鉴，可惜目前规划界还没有把如此丰富的经验系统地集中、归纳、总结、推广。

景区策划的好经验有很多，笔者在这里仅提出几点与业内同行进行商榷：一是要创建品牌景点；二是要设计精彩体验；三是要讲好生动故事；四是要谋划景区效益。这四个问题虽然只是景区策划中的点滴经验，但对于做好景区的策划而言都十分重要。因此，提出来与大家共同探讨。

一、创建品牌景点

旅游市场的竞争不单纯是质量、价格和服务的竞争，其焦点集中体现为形象战略的策划。良好形象的创立和传播，是旅游城市和旅游景区开拓市场的重要手段。旅游营销的核心是品牌传播，对于景区而言，是核心吸引力的传播，也即旅游形象的传播。因此，品牌的提炼与打造是营销的前提。

一个著名的旅游城市或旅游景区，必须要打造出一批品牌景点。例如著名的旅游城市杭州，就有"平湖秋月""三潭印月""断桥残雪""苏堤春晓""柳浪闻莺""花港观鱼""曲院风荷""双峰插云""雷峰夕照"和"南屏晚钟"等，被称为"西湖十景"的一批脍炙人口的品牌景点。这些景点的名称都很有意思，如"平湖秋月"，告诉你秋夜在湖上赏月意境最美；"三潭印月"，说的是月光下看西湖的三潭最有诗意；"断桥残雪"指的是在断桥观赏冬天的雪后景色分外妩媚。在北京也有著名的"燕京八景"，如"卢沟晓月""琼岛春阴""居庸叠翠""蓟门烟树""玉泉趵突""西山晴雪""太液秋风"和"金台夕照"，清乾隆十六年（1751年）时，乾隆皇帝还曾经亲笔为之题碑。

创造品牌景点对于一个旅游景区来说是十分重要的。品牌景点对旅游景区能够起到画龙点睛的作用，形成景区主题，提高景区品位，突出景区亮点，吸引游客观赏，从而营造出景区内的旅游热点。品牌景点的影响力确实是很大的，千万不可忽视。

就以浙江的千岛湖为例，千岛湖的风景确实很美，万顷碧水，绿岛林立，一眼望去，仿佛到了人间仙境。但这只是千岛湖大景观的美，没有展现出千岛湖最迷人的景点，总不能让游客看了水，还是水，看了岛，还是岛，究竟千岛湖的风光美在哪里呢？应该到千岛湖的什么地点，去看什么样的美景呢？没有一个说头，这是很大的缺憾。游客从千岛湖旅游回去后，别人要问千岛湖有什么好看的、好玩的，就只能说水呀、岛呀，都很漂亮，但说不出更加具体的名目来。这就是因为美丽的千岛湖，至今还没有树立起叫得响的品牌景点，游客还处在没有目标的漫游状态。假设明天有了"千岛湖十景"的品牌景点，游客就会寻踪而来，就会一个又一个地去仔细观赏，并且拍摄下每一个品牌景点的照片，留下难忘的美好记忆，千岛湖风光的观赏价值和景区品位都将因此而飙升。

那么，旅游景区的品牌景点是怎样产生的呢？有的是古代文人墨客在游记和诗词中赞美其景色而传开的；有的是民间长期传颂而逐渐形成的；有的是由于名人甚至帝王的指定而确立的。但无论是从前还是今天，品牌景点的诞生不外乎要走以下三步：即"挖掘""打造"和"炒作"。一是需要挖掘，要在景区内找出最有特色的景点，可以通过推荐、评议、选拔等多种方式，确定景区内品牌景点的目标；二是要倾力打造，提升品牌景点的观赏性和独特性，达到极具欣赏价值的景观水平；三是要大力炒作，把品牌景点的牌子叫响，要让著名景区与其品牌景点紧密联系在一起，成为名牌旅游景点而誉满神州。

二、设计精彩体验

最有诱惑力的精彩景区、园区，都十分注重设置各种让游客参与的活动，从中获得一段亲身经历的生动体验。创意设计出巧妙的体验活动，将吸引游客乐此不疲，甚至反复参与体验活动而兴致不减。所以，景区策划中一定要十分重视精彩的体验设置。

景区体验活动的设置多种多样，这里仅介绍三种类型的参与体验活动，供策划设计者参考。一是游客以故事角色扮演者参与的体验活动；二是游客以探索者的身份参与的体验活动；三是游客完全沉浸于体验环境中的浸入式体验活动。

1. 游客以故事角色扮演者参与的体验活动

让游客以故事角色扮演者的身份参与体验活动的案例有很多，常见的有让游客扮演参加科举考试中状元的；有让游客坐上花轿拜堂成亲的，更有让游客扮演县官升堂审案的。广西宜州流河寨以刘三姐故事为主线，编排了一整套让所有游客都来参与的体验活动。游客登船去流河寨的途中，导游一路为游客教唱山歌，还挑选出四位游客扮演莫老爷和三个酸秀才，经过一路排练后，船到流河寨时，船上游客与寨门前成群的壮族男女青年对歌；对歌后下船进寨，寨门口又有壮族姑娘敬献迎宾酒；走到刘三姐家时又见三姐唱歌、抛绣球，有幸的游客将会得到表达爱情的壮家绣球；在场院里，和巧嘴的媒婆有趣地调侃；经过阿牛哥家的定情树下，可以和壮家姑娘合影留念；走到一条沟边，游客将笑看一场斗败三个酸秀才的情景表演；最后看壮家歌舞表演时，又完全参与与表演者的互动，尽情地体验壮家的欢乐。遇到节庆日，还有为游客安排的长桌宴。像这样按故事设置的完整体验活动，特别受到游客的喜爱，流河寨也因此成为宜州旅游的热点。

2. 游客以探索者的身份参与的体验活动

游客以探索者的身份参与的体验活动也屡见不鲜，如双河洞就有一个让游客以探洞考察者的身份，身穿安全服，头戴安全帽，携带矿灯、电筒、绳索进洞，最后寻找到洞内最精彩的区段"晶花洞"体验的活动；又如在野人谷，游客以科考队员的身份，模拟探寻野人的踪迹；还有在森林旅游中，让游客以探索者的身份进入森林中，静静地倾听来自不同方向的模拟的鸟叫声，去寻找到在编号多少的树上有什么鸟，最后记录成绩的游戏。其中，应用最多的探索体验活动要数"迷宫"了。现代迷宫已经不像传统的迷宫那样，突破了一座迷宫只有一个不变的阵形，应用了许多先进的控制技术，能使迷宫的阵形不断变化，让游客常玩常新，反复在同一座迷宫里体验无数不同的探索乐趣。甚至还创造了一种不定阵形的迷宫，在游客进入迷宫后，阵形会不断发生变化，所以称为不定阵形迷宫。有的是通过路径选择器和电子通道门来改变预设的迷宫路径，大大增加了探索迷宫的难度，也更能激发参与者的浓厚兴趣。迷宫的结构多种多样，根据景区的特点采用不同的构造方式，如绿色迷宫、喷泉迷宫、声控迷宫、软体迷宫、汀步迷宫、数字迷宫、光控迷宫、假山迷宫、水市迷宫、遥控迷宫、镜面迷宫和触摸屏迷宫

第四章 文化创意旅游新经验

等,有多得数不清的迷宫结构。由此可见,迷宫作为游乐形式有着广阔的开发前景。游客进入迷宫的方式可以采取步行、驾车或驾船等方式。例如,喷泉迷宫,在广阔的湖面上,由无数花色各异的喷泉组成一个大型的水上喷泉园,使水上造景变得十分美丽壮观。用喷泉迷宫形成的喷泉园把景观和游乐巧妙地结合在一起。迷宫控制系统可以通过装有激光感应器的"路口",控制开关调节,不断变换迷宫的阵形,使游客驾驶电瓶游船进入迷宫的难度加大,更具有趣味性,成为一项极具魅力的水上喷泉游乐项目。迷宫还可以建成各种园林小品,成为颇具观赏价值的景点。迷宫游戏适用于广泛的人群,不分男女老幼都有自己喜爱的各种各样的迷宫游戏。现代迷宫大多设置了控制变阵的系统,一个迷宫变成了很多个迷宫,游客可以在迷宫游戏中始终获得一种新鲜感。许多游客都有争强好胜、表现自我的娱乐心理,不断变阵的迷宫为这些游客提供了不断探索、不断攻克难关的挑战机遇。迷宫游戏分胜负、有输赢,容易引入各种游戏的激励机制,能够紧紧抓住游客,使他们一次又一次地面对迷宫苦苦思索,不解开迷宫不肯罢休,迷宫确实有这种让人玩上瘾的魅力。迷宫也是一种智力游戏,既有利于智力开发,也有利于发扬探索精神,有益于愉悦身心,是一种健康向上、充满活力的探索体验活动。正因为如此,迷宫引起了一些娱乐设计师们的关注,甚至还要设计以迷宫为主题的游乐园,或许可以叫作"迷宫大世界"。

3. 游客完全沉浸于体验环境中的浸入式体验活动

浸入式体验活动是游客主动参与的互动式体验,是更加个性化的深度体验活动,使游客完全沉浸在体验活动的环境之中。例如,全封闭360°全景球幕系统,由上下两个半球幕合成一个完整的球幕演示大厅。上半球演示相对静态,但要求高像质的背景天空(白云蓝天、朝晚霞、电闪雷鸣、灿烂星空);下半球盆形演示区为高分辨率动态视频投影区,用于演绎动态的主要故事情节,通过球心的玻璃步道使观众犹如悬浮于天地之间。这种将观众360°完全包裹,使其身临其境地全方位感受周围环境信息的"浸入式"体验,正是当前娱乐项目所努力追求的效果。这种浸入式的全景体验效果用于全浸式的360°球幕互动电影"星球大战"中,能够让游客仿佛飘浮于宇宙之中,在直径约为20多米的上下球幕和天象仪器放映出的模拟星空里,游客乘坐的太空船渐渐升起到球心位置,环顾四周,都是茫茫宇宙。360°全浸式的全景体验,把人们带到了无际的太空,游客环坐在太空船的周边,面向着球幕上奇妙的天文景色。突然,许多UFO(不明飞行物)迎面飞来,

· 107 ·

外星人也从太空船旁边掠过，小行星和太空垃圾也纷纷扑面而来。面对来自宇宙不同方向的攻击，太空船上的游客个个抖擞精神，开炮回击。旋转的太空船和3D动感座椅，让游客逼真地感受到了在宇宙中飞行的实感，游客和球幕画面交互式的激战，并通过特殊的战绩记录系统，把星球大战中每个人的战果显示出来，激发游戏者更大的参与热情，从而让游客迷恋上这种浸入宇宙之中的体验活动。近年来，可以使游客完全沉浸于体验环境中的浸入式体验活动越来越多了，发展到了景区的各种演艺活动中。景区中的演出，常常是吸引游客的最核心内容，其形式多为巡游、路演、剧场演艺，现在又多了一种山水实景情景剧，有的虽然也加入了一些与游客互动的环节，但整体上还是演员表演、游客观看的形式，共同沉浸在整个剧情发展的亲历体验中。又如环球影城在万圣节的晚上，整个园区就变成了僵尸的世界，演员装扮成"僵尸"满街奔跑，也有游客自己装扮成各种鬼怪形象，参与到"猛鬼游行"当中，园区里尖叫声不断。主题公园浸入式演艺的特点有三：一是通过营造环境氛围和演员的表演展现故事的真实场景；二是吸引游客通过"角色扮演"主动参与体验；三是让参与者得到差异化的个性体验的感受。目前，不少主题公园尝试着将"浸入式"演艺手段与项目主题相结合，如"钱塘仙侠会""勇闯恐龙山""慈航普渡船"等，都在尝试将演艺化主题IP与景区活动相结合，游客完全沉浸于体验环境中的浸入式体验活动，是最精彩、最深度的体验活动，关键要善于创造巧妙的策划设计。

除了游客以故事角色扮演者参与的体验活动、游客以探索者的身份参与的体验活动，以及游客完全沉浸于体验环境中的浸入式体验活动外，具有精彩体验的活动类型还会有很多，需要不断地创新，不断为景区、园区设计出能让游客争相参与的体验活动。

三、讲好生动故事

有人说旅游就是"花钱买经历，花钱听故事"。这话虽然不完全准确，但似乎也不无道理。无论是哪一类的旅游目的，商、养、学、闲、情、奇，出游归来都会收获许多有趣的故事，有历史的、民间的、传说的甚至是杜撰的，都会引起游客的兴趣；故事的来源有导游讲述的、景物展现的、演艺剧目诠释的，甚至是路上道听途说的，都会给游客留下深刻的印象。所以，要下些功夫在景区策划上，讲好生动的故事，当然，首先需要编好故事，其次还必须要讲好故事。有了生动有趣的故事以后，还要选择采用什么样的形式讲好故事，既可以用口头的方式讲述故事，也可以用景观小品展现故事，还可以用大型演艺的场景来诠释故事，以及采用"故事园"的特殊形式，全面地详述许多鲜为人知的故事。总之，挖掘地方文化、紧扣景区主题、讲好生动故事，对于提升景区的文化品位，形成景区的旅游热点，都将起到非常重要的作用。

1. 故事讲解

用口头的方式讲述故事，也就是由导游直接为游客讲述故事，这种方式是景区普遍采用的故事讲解方式。一个好的导游，很会用讲故事来抓住游客的心理、调动游客的情绪，使旅游的过程变成一路兴奋的过程。例如，有"东方艺术明珠"之称的大足石刻景区，有75处石刻群，5万余尊宗教石刻像，10万余字的铭文，其规模之宏大、艺术之精湛、内容之丰富、保存之完好，为世界所罕见，其中丰富多变的题材，内容从世俗到宗教，蕴含着无数的动人故事，恐怕一千零一夜也讲不完，而一位优秀的导游能通过精细的提炼、生动的编排，抓住听众的情绪，穿插变化故事细节，讲得出神入化，使听者着迷，让一大群游客都追着这位导游，想听他讲述大足石刻景区所有引人入胜的美妙故事。

2. 故事小品

除了导游讲述故事外，采用景观小品展现精彩故事的方式也有很多，当然，先要选择好一个适合景区主题的故事，然后思考如何根据故事设计景观小品，让它完美地表达出内涵生动的故事。例如，安徽省蚌埠市固镇县濠城镇的垓下遗址，有一座巨型雕像"霸王别姬"，演绎了虞姬自刎、霸王别姬的悲壮故事。故事以"垓下之战"的历史为背景，以"楚霸王项羽与虞姬"的爱情故事为主线，画面上，霸王剑眉紧凝，一手抱住虞姬，一手向天，刻画出霸王项羽与虞姬生离死别、爱恨交加的感人情景。项羽悲愤交加，仰天长叹，洋溢着一股英雄豪气和无奈，而虞姬面容沉静，体态柔弱，给人以无限的遐想和怜惜。"霸王别姬"的故事千古流传，体现出人们对英雄的赞美，而他们不朽的爱情将永远为世人歌颂。人像上空，两把青铜铸成的利剑拔地而起，示意楚汉相争刀光剑影、惊天动地的惨烈场面。雕像四周安放着楚国最具代表性的乐器即编钟，象征着项羽兵败垓城"四面楚歌"的悲惨境地。如此壮观的园景雕塑，无声地向游客讲述了一个极其悲壮的历史故事，意味深长，令人震撼。波澜壮阔的历史故事可以用景观小品诠释，民间传说和杜撰的故事也可以用生动的景观小品来表现。策划设计带有故事内容的景观小品,可以使艺术的观赏性和故事的内涵融合在一起,体现出更高的园艺水平和文化品位。

3. 故事演艺

现在许多大景区几乎都会耗巨资打造一台演艺节目,成为景区留住游客的压轴戏,这说明游客对于演艺表演类的活动怀有浓厚兴趣。而这类大型的演出常常以一个故事为蓝本,以不同的艺术表演手法展现故事情节。也有一些旅游演艺为歌舞、曲艺、杂技之类的文娱节目表演,但以植根于当地民间的历史文化、故事传说为剧本。编演出有故事情节的演艺节目更具有文化内涵,更为游客所喜爱。例如,西安的大型实景历史舞剧《长恨歌》,以白居易的传世名篇《长恨歌》为蓝本,充分挖掘景区资源,采用高科技舞美灯光,将历史故事与实景演出相结合,重现1300多年前华清宫里那段感人肺腑的李杨爱情故事;又如"12·12"西安事变大型实景影画,以张学良、杨虎城两位将军在华清池发动"西安事变""兵谏"蒋介石,要求停止内战、一致抗日的历史故事为剧情,在故事原发地演绎真实历史事件,立体再现了西安事变的激荡风云;又如汉中市勉县诸葛古镇的旅游演艺"出师表",剧情取材于诸葛亮北伐期间在汉中生活的故事,以诸葛古镇园区景观为演出背景,结合声、光、电等高科技表现手段,以传奇的方式呈现七擒孟获、屯兵耕战、北伐中原、木牛流马、挥泪斩马谡、空城计等故事,为观众带来了一场蜀汉文化的视听盛宴。

通过演艺讲述故事的表演方式多种多样,故事内容也无奇不有。例如,宜州会仙山景区曾以"会仙"为主题,策划了一座让众仙会聚的"会仙宫",以球幕投影展现出满天的星空,给人以许多遐想,在神奇的夜空中,人们渐渐看到牛郎织女在银河相会,寂寞嫦娥在月宫漫步,隐约间,星空中又出现了金碧辉煌的天宫,接着各路神仙纷纷以不同的方式驾云飞来,会聚在宜州城的会仙山。这时全城霞光万道,鼓乐喧天,歌仙刘三姐以山歌欢迎众仙的降临。一个自编的离奇故事,恰好和会仙山的主题相吻合,用特殊的表演形式讲述了会仙山的一段神话故事,让会仙山更凸显其浪漫的色彩。

又如在内蒙古达茂旗的吉穆斯泰景区,蒙语的吉穆斯泰就是花果山的意思,由于花果山名字的来历没有人做出过确切的解释,因而就有人比较牵强地将其和西游记里的花果山、水帘洞扯在了一起,当然未免有点滑稽可笑。然而,这却提示了策划者运用"无中生有"的手法,为花果山植入一个主题、编造了一个故事,借题发挥,为景区广场打造出一个有情有景、有声有色的动态雕塑表演,为花果山创造出一个生动的神话故事情景剧。历史上的达茂旗曾经是匈奴、拓跋、鲜卑、突厥、鞑靼等北方游牧民族的据地,传说有一年适逢大旱,牧民们放牧到这里时,干渴难熬,人畜都濒临死亡的威胁。这时突然有一位姑娘骑马奔来告诉大家:前面有一片很大的树林,那里有许多美丽的鲜花,还有许多香甜的瓜果。大家听到后有了一线生机,就跟着姑娘走了很多路,来到了树林里,发现果然花果遍地,人们得救了。但是这位姑娘的父亲"森林王"生气了,发怒了,责骂女儿不该泄露森林花果的秘密,一怒之下,他把树林变成了石林,把女儿囚禁在石山里。从此,树林没有了,成了一片奇特的草原石林,花果没有了,但人们把石山称之为花果山。美丽善良的姑娘被敬为花果山女神,是她,一直守护着吉穆斯泰,保佑着达茂旗人们幸福安康。用一个杜撰的神话故事,演绎成了一场美轮美奂的动态雕塑情景剧。

近年来,旅游演艺已经成为很多主题景区中的重要元素。宋城演艺通过"千古情"系列的演出带动了整个主题公园的发展,被业内奉为运营经典。以电影故事为主线的《印象·刘三姐》,其演出的成功,又带动起了一批大型山水实景演艺,形成了旅游演艺中的"印象"系列。国内旅游演出迎来了发展的热潮。

目前,国内像万达集团、华侨城集团、港中旅集团、曲江文旅、末城演艺、中坤集团等企业都在其主题景区中打造了旅游演艺项目,用演艺来诠释许多生动的故事。

4. 故事园

"故事园"是以许多故事为素材设计成景观小品的趣园。下面以许昌为例,许昌的古迹、故事和传说很多,但真正可以作为看点的不多,而且都很分散,不易组织旅游。如导游带大家去看了一条小河沟,据说是当年曹操八十万大军一夜挖出的饮马河;又去看了一处不长草的小土山,据说是汉献帝刘协在此被迫禅位于曹丕的"受禅台",因为是皇帝跪过的地方所以不长草。这些作为当地文物保护的地点,听起来全是故事,可能够让人看的却什么也没有,于是想出了打造一座故事园的形式,取名"古城趣事",用一个个精美的景观小品,把许昌的文化历史故事汇于一园,游客不出园就可以从整体上解读魏都,带来许多的乐趣。

在湖北房县城区西河上游的西岸,策划打造了一个房陵故事园,叫作"房陵宫",把丰富多彩的房县历史文化,用趣事园的形式聚焦于一园。有女娲补天、神农尝百草等上古文化；有庐陵王等贬居房州的古代流放文化；有革命老区房县在近代史上的壮烈诗篇；有神秘的野人出没；有许多的名人轶事、民间传说和故事。不必考证，不必追根，也不必非要去看原址，房陵趣事园就是一座非常精彩的娱乐、观光大观园。这种以鲜活的地方题材打造出来的趣园，好看、好玩、有回味，它浓缩了精彩的地方历史和文化，独具一格，也可以算是国内造园之首创。

五台山"大智镜圆"的项目策划中，创意设计了"五台山故事园"，以五台山的历史故事和民间传说为题材，设计成生动的景观小品。十八个景观小品的故事聚集于一园，成为五台山历史文化的缩影，十八个景观小品的故事又被编成了章回小说。

五台山"大智镜圆"的策划者，把五台山故事园和五台山故事书对应成趣地推出，无疑将为五台山这一佛教圣地增光添彩。旅游景区、园区采用故事园的形式，把丰富的文化内容变为游客喜闻乐见的旅游精品，确实是一种值得推荐的好形式。

四、谋划景区效益

当前我国旅游企业投资快速增长，不断投入大量资金，开发旅游资源，建设旅游基础设施。旅游企业对社会的贡献日渐凸显，已成为经济新常态下新的增长点和新动力，但任何投资都需要考虑回报，需要获得效益，需要谋求利益的最大化，所以，要确保旅游投资的有效性，就要求提高旅游投资决策的科学性。因此，应加强对投资项目的效益评估。衡量一个旅游项目的策划投资成功与否，唯一的标准是商业上是否成功。商业角度的经营失败，也就是项目策划投资的失败，因为游客不买你的账，不肯在你的项目上消费，这就是最客观的评价。当然，影响旅游投资效益的因素很多，但市场反应的冷热是最灵敏的温度表。所以，旅游策划设计者一定要仔细谋划旅游景区的效益，包括经济效益和社会效益。

1. 控制投资

投资开发旅游一要认准投资方向，充分了解旅游市场的需求、范围和大小，以及市场的变化趋势，对投资项目的市场占有度做出准确的分析判断；二要慎重地考虑投资的规模，防止因盲目投资而失控；三要明确投资项目的重点，把资金用在最有效益的项目上，不要平均使用力气；四要考虑投资顺序，是一次性投资，还是分期分批地投资，或者在投资过程中逐步调整投资的方向和投资的力度。总之，要保证从投资的效益出发，严格地控制投资。

2. 压缩成本

效益与成本紧密相连，压缩成本，也就增加了利润，提高了效益。所以，投资开发旅游应该从策划一开始就密切关注项目的成本，既要考虑投资固定资产的成本，更要考虑开业以后的运营成本，包括水、电、气、暖和其他物质消耗的成本，运输、通信、管理、广告及设备折旧和人员工资的成本，还有税收等其他费用。例如有的景区稳定的客流量并不是很大，但也要策划一台户外的大型实景演出，演出的运营成本很高，致使投资难以收回，景区的效益也就无从保证。所以，压缩运营成本的问题应务必十分重视。

3. 多点盈利

长期以来，景区只依靠门票收入获利，这就是所谓的"门票经济"，对门票经济的依赖是旅游业发展不全面、不成熟的表现。其实旅游景区只要有游客蜂拥而来，即使免收门票，景区内的餐饮、购物、交通、住宿、娱乐等其他收入也远比门票可观。以丽江旅游为例，仅索道的收入就占总收入的51%，更不用说其他的收入了。门票价格的上涨，只能把游客挡在景区之外。留住游客，增加游客的滞留时间，就能带动其他弹性消费收入的增长，这样旅游业才会迈入产业要素完善、产业链条完整的更高阶段，从而进入良性循环。所以，景区策划一定要谋求多点盈利。

4. 营销策划

旅游景点作为一种特殊的产品，也和其他产品一样，需要宣传广告，需要营销策划，需要品牌效应，不能单凭"酒好不怕巷子深"，坐等游客走上门。因此，不仅旅游景区的开发建设需要精心的策划和规划，建成之后的营销策划、品牌策划、广告策划、节庆活动策划等一系列的后续策划都必不可少。旅游业要有更大更快的发展，就必须适应旅游市场激烈的竞争，跟上世界旅游强国的发展步伐，在世界经济步入后策划时代的今天，已到了该告别缺乏营销策划手段，尤其是缺乏科学营销策划手段的时候了。

5. 多层效益

旅游开发的主要目标是经济效益，但同时也必须与社会效益、环境效益协调

◇◇ 旅游文化创意与规划研究

统一,实现多层效益的叠加。旅游项目的开发可以带动当地经济的发展、地区实力的提升;推动扩大就业和帮助群众脱贫致富;促进文化的交流、普及和发展;实现生态环境的保护、修复和优化;有利于推广绿色、节能、环保和资源的合理配置;有利于精神文明建设、社会稳定与和谐发展,并将改善当地居民的生活条件和更多地满足群众的福利要求。所以,旅游策划应十分关注项目的多层效益,并且应力求效益的最大化,同时必须切实防止旅游开发带来的任何负面影响。

旅游项目社会效益的评估要以国家各项社会政策为基础,对项目实现国家和地方社会发展目标所做的贡献,包括产生的社会影响做出系统的分析评估,这是对项目更加全面的考量。

第四节 特殊情景剧

特殊情景剧是指没有真人参加演出的情景剧。依靠现代科技和艺术创新,把声、光、电、虚拟技术、数字技术和控制技术等许多科学技术,以及图像、雕塑、园林及舞台艺术等创新艺术相结合,使雕塑和影像中的人物活动起来,与水、雾、灯光、音乐和机械运动等协调配合,演绎出一幕幕情节生动、表演精彩的情景剧来。

一台精彩的演艺节目,常常成为景区吸引游客的热点,但是,需要有一个艺术团天天表演才行,而真人演出的剧目又不可能全天不停地表演,因此,运行成本较高,也不能满足更多游客即时观看的需求。根据以上分析,不需要真人参演的特殊情景剧可以弥补这一不足,可以随时为游客滚动演出,并且别有一番独特的艺术魅力和令人难忘的情趣享受。

这里将介绍的特殊情景剧有:动态雕塑剧、连环雕塑剧、溶洞情景剧、拟音情景剧、虚拟实景剧、球幕全景剧等不同种类的特殊情景剧。相信依托现代科技,大胆艺术创新,一定还会有更多的特殊情景剧出现,旅游演艺将会越来越丰富多彩。

一、动态雕塑剧

让静态的雕塑动起来,并且和舞台美术效果相结合,演出一台没有真人参演的剧目来,这就叫作"动态雕塑剧"。动态雕塑剧的关键是要让人物或动物雕塑活动起来，并且按照剧情场景的要求，完成各种预设的指令动作。最简单的动作如塑像在转盘的带动下旋转，在轨道上被牵引移动，在升降机的推动下升空等，采用简单的机械运动方式，就能让雕塑的人物或动物活动起来。例如，山东荣成石岛赤山风景区的"极乐菩萨界"，就是集动态雕塑、音乐、喷泉、瀑布、焰火于一体，运用现代的高科技手段，生动演绎古老佛教文化的动态音乐广场。整个表演以水幕环绕衬托，以旋转滴水观音为主场景，在气势恢宏、撼人心魄的佛乐中，喷泉随节奏变换出13种奇特水型；观音菩萨自转一周，莲花座下金童玉女手托金盘从徐徐开启的门中走出，承接观音菩萨抛洒的甘露；护法的四大金刚力士口中喷出五彩火焰，供养菩萨翩翩起舞，池边的9条金龙紧跟着行云布雨，喷出水柱，阳光下水幕喷泉中折射出神奇的七彩霓虹。整个动态演示过程共15分钟，吸引了许多游客争相观赏，动态雕塑在表演中起了最主要的作用。

在黄河大峡谷景区的城坡旅游度假区，面对滔滔的黄河水，策划设计了一个"黄河乐队"，以动态雕塑表演的新形式，奏响起一曲气势磅礴的钢琴协奏曲《黄河》，让众多的游客为之振奋、心潮澎湃。黄河乐队约由40位乐手的雕像组成，包括了弦乐、木管乐、铜管乐和打击乐等全套设置，因为主要演出的曲目是钢琴协奏曲《黄河》，因此，钢琴出演了乐曲的主旋律。乐队指挥和钢琴家的雕像，都做成了手臂及上半身能做特定动作的结构；乐手们也都有吹号、拉琴、击鼓等各自特定的动作。乐队雕像群栩栩如生的演奏动作，加上震撼的感人乐曲和灯光、烟雾和喷泉的有力渲染，尤其是奔腾大河作为背景的突然出现，恢宏的场景极为壮观。

动态雕塑的运动结构设计和控制技术的不断创新，并且与其他场景效果的巧妙融合，将会创造出更加超乎想象的动态雕塑剧来，为景区、园区增加极具诱惑力的亮点。

二、连环雕塑剧

连环雕塑剧是把一组又一组的雕塑串联起来，像连环画那样，形成一个故事、一个剧情。在每一组雕塑中，都配有场景设计、语音设置和舞台效果，游客有序穿行在一个个场景之中，亲身体验一幕幕剧情的发展，感受连环雕塑剧独具特色的趣味。

有一台叫作《石屋村喜事》的连环雕塑剧颇具典型性。它位于黄河大峡谷的包子塔,内蒙古准格尔旗最南端,处于黄河最狭窄的一个弯道,三面临水,一线通陆,因其形似镶嵌在黄河边上的一只包子而得名。包子塔是一个古村落,始建于明朝,是当时边防线上小小的兵站,这个兵站士兵的后裔一代代在此扎根,成为包子塔的古村民。包子塔上面有一群用片状的石块建造起来的石屋,就地取材,结构简陋,经过久远岁月的侵蚀,石屋已经破旧不堪,但依旧可以看出它昔日的旧貌,从中依稀能感觉到住在黄河边高高的包子塔上的百姓,是如何艰难地和荒漠和贫困做斗争的情景。

从旅游的需要出发,包子塔节点应如何策划,石屋群应如何利用,争议很大,说法不一。有主张原封不动地保留的意见;有主张拆除或改建成石屋酒吧的意见;最终主张利用石屋策划一个《石屋村喜事》,把原住民的民俗婚庆和石屋村的生活遗址结合起来,用连环雕塑剧的形式,展现出一个游客可以参与、互动的民俗体验场景。连环雕塑剧《石屋村喜事》就是把"提亲""办席""婚礼""洞房"和"育儿"五个活泼有趣的生活场景串联起来,组成了一个不需要真人参演的短剧。

当游客走进石屋村时,就能够听到鸡鸣狗叫,看到炊烟袅袅。走进第一个石屋内,有一位大爷和一位大妈的雕塑,大爷坐着和你商谈儿女的亲事,谈话的内容事先有语音设置,当游客问到没有预设的内容时,旁边的大妈就会插话说:"他耳朵聋,听不见。"

走到第二个院子里,游客可以参与在井台上用辘轳打水、在石辗上推碾磨面等乡村嘉年华游戏。石屋内有正在办席做菜的雕塑,桌子上有数字化图像识别的装置,游客用手触摸,可以让桌上出现满桌的酒菜,甚至是满汉全席。

第三个院子里的雕塑是吹吹打打热闹办喜事的场景。当游客走进小院时,有司仪用当地的方言高喊亲戚和贵客的到来,接着吹打音乐就响起一阵欢迎的喜庆乐曲。

洞房的石屋是里外两个屋,外屋里摆放的是结婚的嫁妆,里屋是喜气洋洋的新房,一对新人的雕塑坐在炕边上,当游人进入新房时,旁边的喜娘雕像就会说:"请吃喜糖,请吃喜糖。"

婚后的夫妻生了一对双胞胎婴儿,就在最后一个石屋里,可以看到盘腿坐在炕上的女人正在为一个婴儿喂奶,另一个婴儿正躺在摇篮里啼哭。游客可以坐在摇篮边不停地摇动哄婴儿睡觉,有一个摇动的位置可以让哭声停止,看谁能最快哄得婴儿不哭。

村里一家办喜事，引来同村邻里来观看和贺喜，村里人纷纷走出石屋，在婚礼的院子外面，围着好几个看婚礼热闹的乡亲，呈现出石屋村喜庆的氛围。石屋村邻里的群雕使连环雕塑剧的喜气氛围达到了高潮。

连环雕塑剧一定要和场景设计相结合，并要尽量应用各种现代科技，使连环雕塑剧的仿真效果更加逼真。

三、溶洞情景剧

"溶洞情景剧"是利用洞穴的特殊环境，因地制宜地策划设计的实景情景剧。我国的溶洞资源十分丰富，正式对外开放的旅游溶洞就有400余个，经营较好的旅游溶洞约有四五十个。由于旅游溶洞千篇一律地采用彩色灯光，大红大紫，看似花花绿绿的热闹场景，却没有了溶洞自然的美；洞内只有人为臆想出来的假石景观，却丝毫没有完整的主题洞景。现代科技发展很快，包括照明技术在内的许多现代光学工程技术，竟一点也没有改变一成不变的溶洞景观。因此，溶洞旅游陷入了低谷，亟盼开创一条溶洞旅游开发的新思路，即溶洞主题化、娱乐化、神奇化的创新之路。"溶洞情景剧"就是旅游溶洞创新开发的探索之一。

例如，湖南耒阳蔡伦竹海景区的螺蛳洞，洞长约2 000米，洞中有洞，宽窄不一，复杂多变，宽处可容纳100多人，窄处仅容1人侧身而过。洞内通道狭窄，但洞体的上部空间比较宽阔，洞洞贯串的空间变化多，所以，能够打造出步移景迁、目不暇接的绚丽石景。景区策划设想以美猴王齐天大圣的故事为主线，设计了一台溶洞情景剧《猴王洞》。全剧分为"猴王出世""大闹天宫""师徒西行"和"取回真经"四部分，总共将策划设置大小景点50个，其中要倾力打造出12个独具特色的亮点，使之成为"猴王洞十二绝"。即"石猴出世""花果山王""七十二变""筋斗驾云""偷吃仙丹""天兵天将""路在何方""三打白骨""呼风唤雨""过火焰山""拜见佛祖"和"老龟渡河"十二个精彩场景。

在溶洞情景剧《猴王洞》的策划构想中，为了强化艺术的表现力，采用了一些新的科技手段，如激光、紫外光、变色光和现代舞台灯光技术；采用了光纤、频闪灯、波纹灯、火焰灯和LED灯；加入了拟音技术、虚拟技术、投影技术和舞台音响技术等。在艺术表现方面，采用了人造钟乳石景、雕塑、剪影、皮影、动态雕塑和纱幕或雾屏投影等。依靠现代科技和艺术创新，让人感到耳目一新。

又如蔡伦竹海景区中的"张良洞"，洞内就有一个空间非常巨大的洞厅，没有湿度影响，没有磁场干扰，为大场景的洞内表演、大视野的景观打造提供了先天的优越条件。景区利用溶洞情景剧的表演形式，把和"竹"相关的几个故事串联起来，编成了一个完整而又生动的"竹海传奇"故事，采用现代科技和艺术创新的手段，在奇妙的岩洞灯光下，展现绚丽的竹海场景。全剧共分成"竹海仙境""竹林寒士""竹屋农家"和"竹园孝子"四个场景。

第一场"竹海仙境"。在宽阔的洞厅里，黑暗中出现了满天星斗，月光下，四面都是摇曳的翠竹和摆动的竹叶。十多台投影设备，在岩壁和层层纱幕上映现出壮观的一片竹海，虚幻的竹林影像和洞内人工布置的竹景，汇成了滔滔竹海。一群动态雕塑的竹林仙女顺着暗藏的轨道飘然飞来，舞动中，用魔法呼唤出了成群的白鹤从竹海中飞出，美丽的仙鹿围在一起快乐地相互追逐，风声、竹声、虫声、鸟儿的鸣叫声，和着悠扬的乐曲在竹海洞厅中回荡。欢乐中，竹林仙子们把美丽的花瓣洒向空中，飘进绿色的海洋。高潮中灯光渐渐熄灭，随之是片刻的静场，短暂的黑暗和沉寂是下一场开始的准备。

第二场"竹林寒士"。这时再次亮灯，洞厅中央出现了舞台布景式的一座竹林书院，远景的茫茫竹海和近景的书院竹林遥相呼应。古筝的乐曲声引出了书院中读书的文人雕塑，梅、兰、竹、菊四君子，分别以竹为题吟诗作画，进行高亢的诗篇朗诵，同时在纱幕上出现了一首又一首的诗稿随风飘去。四君子中的竹君是一介寒士孟宗，也就是有名的孝子孟恭武，他赋诗一首"竹颂"，感动了竹林仙子，带领仙女们在竹海中唱起了赞美竹子的诗歌"竹颂曲"，边唱边舞，所到之处花开满地，珍珠闪烁，一片奇异景象。

第三场"竹屋农家"。竹海迎来了一场雷雨。在空间巨大的岩洞里，用影像和音效，逼真地模拟出狂风暴雨、电闪雷鸣。雨势渐停后，竹海上空出现了一道彩虹。竹海深处，有着一片又一片农家的竹屋村寨，牛群、羊群、马群，猪叫、狗叫、鸡叫。近处的虚拟鱼塘里有美丽的红鲤鱼，池边的水车不停地在慢慢转动。一首响亮的湖南民歌，引出了竹屋农家的繁忙景象。这边在编竹篮，那边在抬竹筐；这边在舞竹笠，那边在放竹排，竹林下到处是勤劳农家人民的身影。突然聚光映照出一个回家的人从竹林小径中走来，这就是寒士孟宗牵挂着的老母，匆匆行走在从书院回家的归途中。

第四场"竹园孝子"。寒冬的竹海，白雪压青竹。看寥廓洞天，四处茫茫，一片银白世界，仿佛置身于冰天雪地的竹海。透过纱幕可以看到一条竹林中的小路，迎着呼啸的北风，孝子孟宗踏雪走进竹林，因为重病的老母想吃竹笋煮羹，可是，在滴水成冰的寒冬，风雪交加，哪来竹笋呢？整个洞厅出现漫天大雪，灯光渐渐昏暗下来。突然，一束灯光聚焦在孟宗抱竹痛哭的雕塑上，悲怆的音乐和号啕大哭声交织在一起，感动天地。后面的两块纱幕上出现了一群空中飞舞的竹林仙女，她们把温暖洒向人间，转眼间，奇迹出现了，眼看着冰雪消融，大地回春，枯草返青，竹林葱绿。在数码灯照射的地面上，竹笋神奇地拔节而长，纷纷涌出大地，等待"哭竹生笋"的孝子拿去孝敬病中的母亲。

红日透过竹林冉冉升起，染红了竹海大地，万马奔腾，百鸟齐飞，赞美的歌声四起："泪滴朔风寒，萧萧竹数竿；须臾冬笋出，天意招平安。"全剧在赞歌声中结束。

溶洞情景剧《竹海传奇》的设计，充分利用了溶洞的自然条件，并且应用了人造星空技术、光纤技术、虚拟实景、图像识别、动感技术、计算机编程控制和舞台声光技术等许多专业技术，展现出了蔡伦竹海景区大自然的美妙和神奇。用全新的艺术创意，营造出气势恢宏的震撼场景，才能产生极强的感染力，给游客留下难以忘怀的深刻印象。

四、拟音情景剧

"拟音情景剧"是主要依靠模拟各种声音来表演剧情的特殊情景剧。通常说到"拟音"，往往是指电影创作中的手段，通过录制的动作音响，加以后期的处理，达到影片中要求但实际中无法直接录制的音响效果，如使用人工发声器模拟影片中所需要的音响效果，如动作音响（脚步声、关门声）、自然音响（风雨声、雷声）等。拟音师甚至可以创造出人类未曾感受到的某些音响，根据不同类型的题材创作出一个令人难以想象的声音世界。

例如，在砖壁村八路军总部旧址，这里曾经是百团大战的指挥部所在地。游客在参观砖壁村八路军总部后，站在村口，面对险峻的丛山，深陷的沟壑，遥想当年八路军与敌寇作战的场景，在脑中都会涌起滚滚热浪。为了进一步强化历史的感染力，景区在面对绝壁深沟的音效大棚里，营造了拟音情景剧"铜壁铁墙"的激战场景。

用先进的拟音技术，模拟砖壁村前千山万壑中的一场激烈战斗。从沟谷深处传出的密集枪声，远处隆隆的炮声，撕裂长空的爆炸声，冲锋的军号声，追击的呐喊声、肉搏的拼杀声、马蹄声、车辆声、敌军飞机俯冲投弹的惨烈声……还有八路军指挥员嘹亮的呼喊声。观众面对层峦叠嶂、条条沟壑，感受当年战士们浴血奋战的壮烈情景。

拟音棚建在面对群山和沟壑的砖壁村边，它同时也是一座观景台，拟音棚隔断了周围的一切声音干扰和环境干扰，让观众完全沉浸在战火纷飞的太行烽火年代。棚内的观景窗装有5米×2米的镀膜玻璃，透过玻璃窗可以大视野地观察到眼前的一切，在拟音表演的过程中，镀膜玻璃窗上还可以通过放映，时时出现局部的激战图像，和窗外断崖深谷的昔日战场相叠加，尤为真切。

拟音棚的建筑外部，有八路军战士向敌人射击投弹和左权将军亲临指挥的雕塑场景，拟音棚后还刻有击溃日寇围剿太行的历史记载。砖壁村的"拟音激战"设计，采用了科技、艺术和实景和谐融合的表现方式，堪称一绝。

采用拟音技术模仿想象中的情景，能够获得意想不到的效果。应用拟音情景剧表演的地方有很多，如在含元殿宽阔的四周，采用特殊的音效设备和拟音设计，可以模仿出大唐庆典的盛况，面对空旷的大殿遗址和殿前空间，用划破长空的声响给人以震撼，声音仿佛从天外传来；在开封龙亭公园中位居最高处的龙亭大殿里，"宫廷议事"的演艺传出了震荡全园的音效。笔者在对甘肃宁县的森林公园和湖北咸宁的金桂湖风景区的策划中都提出采用拟音技术，在宁静的大自然中，创造出"空山鸟语"和"蛙鸣悠扬"的天籁之音；在野人洞的策划中，提出了用人工模拟回音，营造出震撼洞区的狂野氛围。恰当地用好拟音技术，可以起到事半功倍的意外效果，拟音技术和故事情节紧扣在一起，形成了拟音情景剧非同一般的功效。

五、虚拟实景剧

"虚拟实景剧"是依托虚拟现实的新技术而创建的特殊情景剧。虚拟现实技术是一种可以创建和体验虚拟世界的计算机仿真系统，它利用计算机生成一种模拟环境，是一种多源信息融合的、交互式的三维动态视景和实体行为的仿真系统，使人们沉浸到虚拟的环境之中。虚拟现实是多种技术的综合，包括实时三维计算机图形技术、宽视野立体显示技术、对观察者头、眼和手的跟踪技术，以及触觉和力觉反馈、立体声、网络传输、语音输入输出等技术。其最大特点在于能让使用者有身临其境的感觉，即使这个由计算机所产生的虚拟世界在现实中并不存在，也能逼真地展现在你的面前。因此，虚拟现实技术广泛地被应用在旅游景点虚拟导览展示，酒店网上三维全景虚拟展示应用，房地产三维全景虚拟展示应用，公司企业展示宣传，商业展示空间宣传，娱乐休闲空间三维全景虚拟展示应用，汽车三维全景虚拟展示应用，博物馆、展览馆、剧院、特色场馆的三维全景虚拟展示应用以及政府开发区环境的展示等方面。尤其是在娱乐项目上应用较为广泛，如虚拟的讲解员、虚拟的主持人、VR体验馆，包括VR体验设备、360°视觉体验和各种各样的VR游戏机。游客戴上VR眼镜或头盔，或者坐上VR座椅，就能感知奇幻无限的体验。随着VR技术的不断成熟，VR已经渗透进我们的娱乐生活，也使得我们的娱乐生活更加丰富多彩，VR独特的沉浸感与体验感为传统娱乐业注入了新活力与新内容。随着VR技术的发展，VR主题公园也应运而生并日渐火热，体验的花样也名目繁多，如带上VR眼镜体验一把过山车，或者体验一把云中行走的恐怖，感受非凡的刺激。这种通过电脑生成景象和声音的虚拟娱乐，将会把景区的游客带到虚拟的环境之中。

　　虚拟现实技术又开创了观众可以参与的虚拟实景剧，如早年英国有一个剧团首先创作了一台虚拟实境的戏剧，剧名为《不眠夜》，这是根据莎士比亚名作改编的作品，是个权力、欲望以及忌妒交错的悲剧。该剧是利用一个特定的地点改装成开放式的舞台，并营造出一个虚拟的酒店大楼的故事环境，观众可以自由地在舞台中选择自己想去的地方和想看的东西，观众的戏剧体验会因为自己的决定而不同。虚拟实景剧《不眠夜》曾经轰动伦敦、波士顿和纽约，观众一票难求。

　　在森林旅游的体验性策划中，设计师也采用了虚拟实景剧的表演形式，策划了一台"森林奇遇"的虚拟实景剧。在舞台宽阔的森林场景里，采用虚拟技术与舞台实景融合，高度仿真出一片林中空地，四周是茂密的绿色大森林，树木长得郁郁葱葱，连成一片。阳光像一缕缕金色的细沙，穿过层层叠叠的枝叶，洒落在草地上。草地上盛开着各种各样数不清的野花，不时发出诱人的芳香。游客在树林中环顾四周，亲身体验四个令人震惊的剧情场景，即"百鸟朝凤""猴子称王""森林仙女"与"绿色乐章"。虚拟的鸟兽在林中纷纷登场；森林仙女幻影似的突然出现；和谐欢快的乐曲在林间奏响。游客仿佛身临其境地在林中畅游，惊异地看到最美丽的景色、最可爱的动物和最仁慈的仙女，亦真亦幻的梦境般的感觉让人久久难忘。虚拟实景剧的魅力引起了人们的关注，其进一步开发的前景一定会很好。

六、球幕全景剧

以半球幕或 720°的全景球幕为载体,形成全景图像的剧情环境,在富有立体空间感的场景里,结合故事情节,演绎出一台精彩的全景戏剧,这就是别具一格的"球幕情景剧"。球幕投影的画面可以包括上至天、下至地,观众可以环顾到上下四周的全部景色,因此,全景剧的场景极其宏大,极其壮观。

例如,在为黔东南的丹寨县策划旅游小镇时,笔者强调了要为少数民族文化旅游全面创新、打造特色的目标,突破民族村、民族游低水平、类同化的陈旧理念。在所有创新策划设计中,笔者为小镇的文化创意园策划过一台名为《鸟天堂》的球幕全景剧。苗族对鸟类十分崇敬,甚至尊之为神鸟,在苗家的服饰和歌舞里都体现了对鸟的喜爱和尊重,如百鸟衣、锦鸡舞等,有着对鸟的敬意和爱意。《鸟天堂》以浪漫的笔调、夸张的手法展现了鸟类世界和苗家人民生活的情景。梦幻般的场景是在一个球幕大厅里,通过模拟星空和多媒体技术出演的,观众仰望满天星斗的夜空,星星向你诉说着美妙的神话故事;渐渐地露出了晨曦的光亮,在寂静中开始听到四面的鸟鸣声,接着是百鸟出林、满天飞翔的奇现场景;渐渐地旭日东升,地平线上出现了美丽的苗寨,继而是苗家姑娘们欢乐地翩翩起舞,锦鸡舞、给哈舞、木鼓舞、板凳舞等欢快地跳个不停;渐渐地又是晚霞满天,百鸟入林、星光灿烂。整场演出约 30 分钟,有情有景,有歌有舞,视野宽广,场面诙谐,演出时间虽短,但却能让人回味无穷。

又如在达尔罕茂明安联合旗,笔者曾经策划过一台蒙古族文化的球幕全景剧,设计了"美丽草原""金戈铁马"和"英雄礼赞"三个场景,利用球幕全景画面宽阔的视野,展示了辽阔草原的无比美丽,讲述了蒙古民族的勇猛善战,讴歌了达茂人民的英雄业绩,它是达茂的史诗长卷、草原的英雄赞歌。观赏像这样的球幕全景剧,不但是美的享受,也是文化上的收获。

球幕全景剧的应用十分广泛,变换演出节目也比较容易,只要重新创意设计相应的软件,剧情就可以根据需要而改变。如为汽车文化旅游小镇策划设计的球幕全景剧,可以把紧张激烈的赛车场景,全过程地呈现在观众面前,并且结合故事情节,把汽车小镇发生的事件,融进跌宕起伏的剧情变化之中;又如上文曾经提到的宜州会仙山景区,策划设计了以"会仙"为主题的"天宫",就是利用球幕全景剧的表演形式,把各路神仙纷纷下凡,来到会仙山相聚的梦幻场景,淋漓尽致地展现在模拟的茫茫星空中。

从以上分析来看，球幕全景剧的演出效果好，应用范围广，甚至可以说，任何主题都有可能采用球幕全景剧的演出形式，所以前景十分看好。

第五节　城市与乡村的休闲旅游

人们外出旅游的落脚点总是在城市或乡村，因此城市和乡村的休闲旅游十分重要。有的城市本身就是旅游目的地，有的乡村本身就是旅游景点，所以，丰富城乡休闲生活内容，不但是当地居民业余文化娱乐生活的需要，也是接待外来游客的需要。旅游者常常到一个城市住下以后，白天到周边的景点旅游，晚上除了待在客房看电视外无处可去，这就是因为城市休闲生活的贫乏。

乡村休闲旅游正逢大好时机，国家乡村振兴战略对于新农村建设和农业旅游是有力的推动。因此，发展乡村休闲旅游大有文章可做。针对上述情况，有必要对发展城市与乡村的休闲旅游，进行深入的分析和探索。

一、城市构成的主要节点

城市一般都是由广场、街巷、公园、绿地、商铺、建筑和名人故居等各种节点组成，成为一张独特的城市名片。北京的四合院、天津的小洋楼，这是城市建筑的不同特色；北京的胡同、上海的里弄，这是城市街巷的不同特色；北京的大公园、苏州的小园林，这是城市公园的不同特色。总之，不同的城市应该有不同的人文情怀与不同的地域特色。旅游城市更应该张扬特色，广揽游客，不能用"千城一面"的模型复制出乏味的城市形象来。无论是新城的建设、旧城的改造或是受损名城的恢复，都应该尊重城市的历史、城市的风情和城市的特色，在为市民打造现代化便捷生活的同时，一定要留下宝贵的城市记忆。

1. 城市广场

城市广场是城市的重要亮点，其功能有群众集会、大型活动、市民娱乐、城市标识、旅游景点等方面的多种功能，但无论是哪一种主要功能，都应该展示一定的城市历史文化内涵，体现城市的文化、政治、经济的特点，给人以美好的城市形象。有的城市只有一个标志性的城市广场，而有的城市有许多个广场，像大连就有很多广场，如星海广场、中山广场、海之韵广场、希望广场、胜利广场、华乐广场、港湾广场、友好广场、人民广场、奥林匹克广场、莲花广场、学苑广场、海军广场等。有资料显示，大连的广场约有70个左右，是亚洲拥有广场最多的城市之一。广场有精致的园林绿化、壮观的艺术雕塑、灵动的喷泉水景、耀眼的灯光色彩、动人的音乐旋律，展现出了广场不同的主题和风格，有的清秀、有的雄浑、有的典雅，无不散发出令人心醉的生命气息和人文风景，尤其是广场的夜景，更显示出城市广场的魅力。所以，一定要下功夫为城市设计好广场。

2. 特色街巷

大街小巷是城市生活中川流不息的动脉，是城市生活的生动写照。对于旅游者来说，走街串巷是融入当地生活、体验异地风情的最佳方式。无论是热闹的商街，还是僻静的小巷，都应该呈现浓郁的地方特色，展示独有的人文风貌。

花园般的宽阔大街，表现出现代化城市的气魄；热闹的特色商街，给人以逛街购物的乐趣；宁静的休闲小街，溢满了温馨浪漫的生活气息。旅游城市街巷的策划设计，要努力做到以人为本、文化为魂，一街一色、一巷一景，让游客沉迷于逛街的乐趣。我国不少城市都有著名的历史文化街区，如福州的三坊七巷、杭州的南宋御街、苏州的观前街、北京的南锣鼓巷，都成了游客喜爱的旅游热点。新建的城市街道，常常会有街景雕塑、绿地花坛、林荫步道、休息长椅、艺术小品等观赏性的设计，行走在大街上，仿佛漫步在花园里，穿行于树林间。商业街更注重于创新业态、广告设计、橱窗展示和商娱结合，让游人在逛街购物中，体验到融入异地生活的乐趣。美食街要重点突出地方风味，同时要兼顾中西和南北的各种口味，还必须强调要充分展示中华饮食文化。目前，全国各地的美食街、小吃街、餐饮广场等旅游餐饮的设置，都在"吃"上下了很大的功夫，但都忽视了饮食文化的弘扬。文化街要深入挖掘地方的历史文化，精心提炼、创新设计出风格独特、内涵丰富的文化街巷。尤其需要提醒的是千万不要过度的商业化，更不要庸俗化，要坚持设计出高品位的城市文化街巷。

3. 主题公园

城市是人口集中的地区，几十万乃至千百万人口的城市，都必须要有为市民设置的休闲娱乐公园，还应有遍布全城的绿地，让百姓生活在花园般美丽的家园里，生活在身心健康愉悦的环境里。城市公园的类型也有多种多样，如动物园、植物园、儿童公园、文化公园、体育公园、郊野公园、纪念陵园、休闲娱乐公园和各种花卉类的公园等。还有一些特殊的公园，如皇家园林、私家花园、遗址公园等,现在都已经成为供百姓使用的城市公园。城市公园和绿地的多少,从一个侧面反映了居民的幸福程度,也是外来游客观赏游玩的兴趣点,有的城市公园已经成为游客必去的旅游景点。

现在各地政府都很重视环境的绿化、美化,所以城市到处是绿树青草、百花争艳。城市的居民也开始喜欢养花种草,美化生活。因此,阳台种花、屋顶绿化、庭院绿植、门前花坛以及墙面的垂直绿化到处可见,人们期待的"森林城市""花园城市"正在不断地出现。

4. 商铺与建筑

城市里的老字号商铺、当地著名的土特产商铺和颇有创意设计的特色商铺,往往都能成为城市的金字招牌。正如北京全聚德的烤鸭、六必居的酱菜、同仁堂的药、内联升的鞋、盛喜福的帽子、瑞蚨祥的布匹、荣宝斋的字画、张一元的茶叶、王麻子的剪刀、王致和的腐乳等,都是京城响当当的老字号店铺,也是北京旅游购物的热门品牌。超有趣的铺面设计能惊艳路人,怪异的创新店名令顾客印象深刻,高超艺术的橱窗布置吸引住逛街游客的眼球,店铺内主题化、娱乐化、情景化的商品摆设,牢牢地抓住了顾客的购物心理,让产品更深入人心,让店铺给人的影响更加深刻。城市商铺是居民生活中的必需品,同时也是旅游者客居生活的关注点、旅游消费的着重点,特别是休闲商业,很可能成为城市旅游的核心点。因此,城市商业的配置和策划,需要城市旅游规划设计者加倍重视。

建筑也是城市的重要元素,在表达城市的历史、文化等方面起到了非常重要的作用。同时,建筑也是旅游的元素,现在很多的旅游产品要靠建筑去表达、表现出来,有一些建筑本身或者是建筑所反映的文化做得非常好,带动了一个地区的旅游发展。例如,乌镇、西塘等,这些都是因为建筑本身的文化魅力,对当地旅游的发展有非常大的带动。另外,建筑本身也可以成为旅游的产品,如迪拜的哈利法塔酒店和海底酒店,吉隆坡的双子塔,台北的101大厦,北京的鸟巢、水立方和央视大楼等,这些建筑都被设计到所在城市的旅游线路中,作为城市建筑外观上的旅游景点。但是,也不要过分追求一些稀奇古怪的建筑造型,它们经不起时间的推敲。一个城市还是应该保持城市生长的年轮、历史的记痕、固有的特点,这是非常关键的。

5. 名人故居

名人故居是一个城市的文化标签,也显示了这个城市文化的厚度。一座城市的价值不在于它的历史悠久,而在于它对悠久历史的记载;不在于它的物质丰盈,而在于它的文化底蕴。城市名人故居,见证了城市乃至中国的文化历史,雕刻着一个民族千百年积累的记忆,有着丰富的文化内涵和深重的历史传承,是城市文化建设中极其珍贵的文化资源和精神财富,也是城市旅游的精华所在。

在我国几千年的历史长河中,涌现出来的名人不计其数,因此,名人故居遍及全国各地,几乎每个城市都有一批名人故居。一个代表了一段历史事件的人或某一领域的杰出人物,他们的故居,已经成为这个城市历史文化的一部分,承载了那段历史记忆,是公众文化的一部分。而且有的名人故居建筑本身就具备很高的艺术价值,这样的故居,应该毫无异议地予以保留和保护。把城市名人故居保护好、开发好、利用好,提升名人故居的知名度,打造城市文化的新名片,对城市的旅游发展、历史建筑保护、文化品质提升都有着深远的影响。

二、人造古城与特色小镇

近年来,随着文化旅游的热度不断上升,各地兴起了古城、古镇、古街的复古热,全国各地的历史文化街区开始"推陈出新",人造古城犹如"雨后春笋"。面对这种现象,游客的反映则是褒贬不一,一方面是旅游业庞大的市场需求,另一方面是同质化严重、低端业态盛行、文化遗产遭到破坏的各种问题不断出现。有的人造古城很受游客的喜爱,但更多的人造古城由于缺少历史真实和文化底蕴,虽然投入了巨大的建设资金,却受到了难以避免的冷落。人造古城究竟应该如何评价,值得商榷。

特色小镇也是当下的热门,特色小镇的模式起源于浙江,后由中央推动,在全国开花。住建部、发改委、财政部联合发布《关于开展特色小镇培育工作的通知》中明确提出,全国将培育1 000个左右各具特色、富有活力的休闲旅游、商贸物流、现代制造、教育科技、传统文化、美丽宜居的特色小镇。各地积极响应,"造镇"的热情如火如荼,使得特色小镇的发展速度很快,出现了浙江、贵州等地的一批示范小镇。但也有一些地方,由于缺乏对特色小镇的正确理解,出现了脱离实际、盲目建设、生搬硬套等问题,致使特色小镇变得毫无"特色"。因此,对于如何培育特色小镇,也必须进行深入的探索。

1. 人造古城

"人造古城"近年来比较盛行,我国几千年的历史文化似乎为古城的复建和新

第四章 文化创意旅游新经验

建提供了取之不尽的资源。随着平遥古城、丽江古城、凤凰古城旅游的兴起，各地也开始把目光盯到了"古城"上。然而，古城资源是非常有限的，历史上的战乱与风雨，加之中国传统的砖木结构建筑的特点，都注定了能保留到今天的古城少而又少。于是重建人造古城就成了热点，尤其是杭州宋城、西安大唐芙蓉园等人造古城的成功，更加激起了一股人造古城热。如山西投资百亿再造大同古城，开封拟投资千亿重现汴京盛景，山东投资48亿重建台儿庄古城，江西投资3亿复建浮梁古城，唐山投资50亿复建滦州古城，江苏金湖投资30亿建尧帝古城，河北正定欲投资150亿恢复正定古城，甘肃金昌投资两亿复建骊靬古城等。斥巨资建造古城的目的，都是为了发展旅游，但是，复建的古城再宏伟、漂亮，毕竟也只是一个人造的景观，缺乏深刻的历史文化内涵和底蕴。人为复建出来一座所谓的"古城"，并不能复活历史的原迹，所以有专家认为其顶多不过是个"假古董"而已。

无论是复建历史古城或是创建人造古城，都是基于文化历史可以通过改造而重现的思维。但如果不注重真实性和科学性，缺失了文化内涵，就断绝了文脉，这样的大拆、大建、大投资是绝对得不偿失的。然而，也有一些仿古建设项目经过精心的、科学的改造赢得了市场的青睐。在西安，重新修建的华清池、仿唐朝风格的大唐芙蓉园，每天吸引大量游客前来观光游览，尽管游客对这些景点褒贬不一，但它们确实为当地带来了旅游收入，带动了就业，从旅游角度看是成功的。所以，人造古城或复建古城都要有深刻的文化主题，要有原真的历史内涵，如果仅仅只有一堆古建筑和古城墙，是没有人会感兴趣的。古城的复建或创建都应该由国家统一规划，经过科学论证，并纳入国家文物保护和大旅游战略，进行统筹规划与实施，以避免造成严重的损失。

人们其实对于人造古城也并不绝对反感，只要这种古城有历史的基因、有文化的担当，让人们能够找到城市的记忆与未来，它就成功了。例如，在巴丹吉林沙漠边缘的金塔县，策划设计了一个独特的"沙雕古城"，它是以大沙漠为背景、以丝绸之路为主题的人造古城。古城的建筑、城楼、城墙，都是在砖混结构的外表面，全部用沙子喷涂上一片沙粒的虚层，看起来仿佛完全是用沙子堆成的古城。人们可以走进沙雕古城，去欣赏一座座绝妙的沙雕艺术精品，喷涂沙粒的城楼建筑和完全用沙子制作的沙雕作品浑然一体，气势恢宏，景象万千。沙雕古城内设有以沙漠奇景为衬托的"游艺宫"，有沙地南道、街区、餐厅、宾馆和沙雕花

◇◇ 旅游文化创意与规划研究

园,游客可以徒步或骑骆驼游览全城,体验丝绸之路的风情。"沙雕古城"将成为体验沙漠风情的永久性的旅游景点。

2. 特色小镇

特色小镇已经开始在全国各地分批公布入选名单,培育特色小镇的目标正在稳步地推进,人们对于特色小镇的认知度也有了很大的提高。首先,必须明确特色小镇强调的是"特色",所以,不能用同一个模式来克隆特色小镇,强调差异化、个性化始终是特色小镇的根本;其次,务必找到特色小镇的"魂",不能只有小镇的形,丢了小镇的魂,变成没有生活气息的"僵尸小镇";最后,特色小镇一定要成为宜业、宜居、宜游的综合部落区,而绝对不是建设单一的产业园区、旅游景区或居民社区。

如何策划建设特色小镇,应该强调的是"因地制宜",必须根据不同地区的不同特点、不同环境、不同条件和不同优势,为未来的小镇准确定位,这样才能保证特色小镇的文章不会做偏。下面不妨针对不同类别的小镇做一些简单的分析。

一是文化历史类的特色小镇。这类小镇本来就具有历史的渊源,有古镇的名人和豪华的宅第,还有许多生动的故事和传说,只要很好地加以保护,进行深入的文化挖掘,经过创意策划,弘扬其人文精神和历史内涵,有效地进行保持原有风格的综合性改造,就能够培育出古镇模式的特色小镇。如广西鹿寨县的中渡镇,是一座历史悠久、风光美丽,民风淳朴、文化底蕴深厚的千年古镇,享有"四十八弄的明珠"之美称,属于文化历史类特色小镇。又如中国名酒第一村的汾阳杏花村镇,理学宗师朱熹故乡的武夷山五夫镇,中国钧瓷之都的历史文化名镇禹州市神垕镇等。不同历史文化的古镇在中国有许许多多,其中有不少可以创建成特色小镇。

二是以产业为龙头的特色小镇。产业是特色小镇的根基,是经济发展、群众致富的依托。虽然并不要求小镇百业兴旺,但至少要有一个或几个具有当地特色的支柱产业,或是引进一个产业、培育一个产业、移植嫁接一个产业。一定要把产业做大、做强,做出小镇的品牌,并以产业为主题发展休闲旅游,促推火旺的人气,让小镇更富有生命力,这就是以产业驱动特色小镇的又一模式。如浙江诸暨市的大唐镇,把袜艺小镇打造成为全球最先进的袜业制造中心、最顶尖的袜业文化中心、唯一的袜业主题景观空间和唯一的袜业旅游目的地,"大唐袜机响,天下一双袜",成为有"国际袜部"之称的特色小镇。又如位于杭州市西湖区的云栖小镇，是云计算产业生态聚集地，运用大数据的计算将简单的数据变成生产要素，围绕云计算产业的特点，构建"共生、共荣、共享"的生态体系，成为一个由特色产业引领的特色小镇。还有余杭传感小镇、秀洲智慧物流小镇、太和电商小镇、萧山机器人小镇、桐乡毛衫时尚小镇、窦店高端制造小镇、温岭泵业智造小镇、秀全珠宝小镇等。

三是以山水资源为依托的特色小镇。凭借多姿多彩的自然风光、绿水青山的宜人景色，以天赐的生态资源禀赋，广泛吸引投资者，参与投资当地的旅游服务产业、休闲度假产业、文化创意产业和智能化产业等绿色产业。以山水为主题，以人民为中心，遵循经济、自然、社会的规律，创建生产、生活、生态融合发展的特色小镇。如浙江仙居县的神仙氧吧小镇，这里山水秀美，阡陌交错，森林覆盖率高，水资源丰富，空气质量独绝，负氧离子含量极高，云雾缥缈，宛若仙境。小镇不仅有天然氧吧级别的生态环境，更有"氧吧"级别的高端特色产业，是个连神仙都向往的地方，凭借这样好的环境，足以建成人们向往的特色小镇。又如雁荡山的月光小镇、临安的红叶小镇、杭州湾的花田小镇、万宁的水乡小镇、龙江的碧野小镇、锦洞的桃花小镇、丽江的玫瑰小镇等，都是靠秀美的山水资源创建特色小镇的范例。

四是以农业为根基的特色小镇。充分利用小镇自身的优质农业资源，无论是种植业、养殖业、农副业还是农产品加工业，都要以最强势的特色农业为产业定位，并以休闲农业、乡村旅游为抓手，打造多彩文化演绎、创新产业引领，具有壮美现代田园、活力宜居社区的特色农业小镇。如位于杭州西北部的春风长乐小镇，以农业为基础，打造了旅游、创业、居住、颐养等复合式的功能，实现了宜居、宜游、宜业的乡村复兴。这里邀请了近3 000多户都市人，到森林、茶园和花海里，置一间农庄、数亩良田，以城市反哺空心化的乡村，成为颇有影响力的农业特色小镇。又如浙江诸暨的米果果农旅特色小镇，以"农业＋旅游＋差异化"的发展思路，创建集"商、养、研、闲、情、奇"等"新旅游六要素"于一体的综合性功能，立足生态农业，致力打造现代化"农旅小镇"，一个号称"农业版迪士尼乐园"的特色小镇。又如北京通州区的西集镇，以"慢生活、微旅游"为理念，打造农业田园休闲小镇，以"西集十园"的总体设计，在沿大运河和潮白河堤岸的十个村子里，分别打造出十个不同主题、不同功能、不同风格、不同情趣的乡村休闲文化度假园区，展示生态滨水乡镇风貌，培育滨河绿色旅游休闲产业，以吸引京津游客，带动第三产业的发展。全镇遍植市花月季，西集镇将成为大运河畔令人陶醉的特色小镇。又如黑龙江的海林小镇，被称为"中国北欧村"，是以现代农业为核心的特色小镇，还有集合了千亩稻田景观的七星小镇等，都是以农业为根基的特色小镇。

五是不拘一格的创新型特色小镇。创建特色小镇的模式，不仅限于以上四种，其实任何一个彰显当地特色的行业、产品、资源或人文因素，都可以作为小镇的特色亮点。小镇的特色泛指产业特色、生态特色、人文特色和功能特色，所以，特色小镇的模式完全可以多种多样、不拘一格，更能够体现出特色小镇应有的不同特色。如浙江西塘的童话小镇、象山的星光影视小镇、嵊州的越剧小镇、台州的无人机航空小镇、临海的国际医药小镇、丽水的绿谷智慧小镇，还有以花卉定位的风情小镇、以温泉定位的浪漫小镇，以及有科技特色的梦幻小镇、汽车文化旅游小镇等数不胜数的特色小镇。由此可见，按照五大发展理念，结合自身特质，找准定位方向，进行科学规划，形成产、城、人、文四位一体的有机结合平台，就能够创建出独树一格的特色小镇来。

三、城市休闲娱乐新亮点

城市的运动休闲和文化娱乐设施，既是市民业余的生活享受，也是外来游客喜欢的休闲旅游活动内容。一个现代化的城市，应该有丰富的夜生活和假日休闲活动，让上班族有释放压力、调节身心的去处；让银发族有健康养生、快乐休闲的活动；让娃娃们多一些快乐幸福的课余生活。但是，如今的城市休闲娱乐活动内容陈旧，数量也少，通常只有影院、K歌房，还有网吧、酒吧、游戏厅，游乐场里都是老一套的设备；老年人的活动只有下棋、聊天和广场舞；少年儿童的课余活动场所几乎没有。长期以来，这种城市休闲娱乐内容匮乏的情况十分普遍，外地游客除了游览景点以外，几乎找不到一处吸引其消费的文化娱乐活动场所。

值得关注的是，近期出现了一些城市休闲娱乐活动的新内容，如花园商城、娱乐商场、城市书房、科幻游乐城、餐饮文化街、多功能娱乐包间、梦幻咖啡厅、茶文化园等。对城市的博物馆、体育馆等场所和设施，也都有了许多面向休闲旅游的创新发展和经营方式的改变。科技含量高了，跨界经营多了，文化娱乐的内容丰富了，也就更受消费者欢迎了。

1. 花园商城和娱乐商场

花园商城和娱乐商场是传统大型商场的转型，商场引进了新的元素，主打休闲娱乐风，不但是"商娱结合"，而且是集"购物、休闲、娱乐、餐饮"于一体，甚至连酒店也包括进去，成为"吃、住、游、购、娱"五大要素结合的综合体。商业零售市场在电商的猛烈冲击下，陷入了困境，快速转型势在必行。将来大型购物中心的发展，其购物功能弱化了，更多的是休闲、娱乐、体验，是多功能综合的商城。大型商业综合体的出现，增添了室内的商城公园和商城乐园，刚好可以弥补城市公共休闲娱乐设施相对不足的情况，如上海的爱琴海购物公园、北京的颐提港、深圳的购物公园、上海的来福士广场、武汉的万隆广场和广州的天环广场等。商城引进了新的元素，例如儿童体验业态、快时尚品牌、亲民美食、IMAX电影城、室内冰场、VR娱乐体验等，因而变得更休闲、更娱乐化。商城内的设计完全是花园式的构思，设有林荫休息区、开敞式活动区、花卉种植区、瀑布水景区、动漫小品区、小桥流水区等精致的园林景观，仿佛就是一座室内的城市公园，为消费者带来了独特的都市生活方式新体验。休闲商业将会成为城市旅游的新亮点，未来的趋势是打造商业的新奇特色，不断创造出休闲商业的新模式。

2. 城市书房

城市书房是一座城市温馨的心灵港湾。人们在车水马龙的闹市，放慢匆匆步履，围一张书桌，品一杯香茗，听一曲清音，捧一卷诗书，浓浓的书香熏染着城市厚厚的知性，城市书房成了市民温馨的精神港湾和安逸的精神栖息地。如今城市里"低头族"风行，甚至在地铁和公交车里，几乎个个都在低头看屏幕，有的看手机，有的掏出平板电脑或笔记本电脑上网、玩游戏、看视频，几乎把所有零碎的时间都填满，而静下心来读书的人少了。所以，要提倡全民阅读。一个善于阅读的民族才是有希望的民族，一座善于阅读的城市才是具有创造活力的城市。温州创办城市书房，并已建成了25家城市书房，这是很有远见的，是意义深远的举措。城市书房的规模可大可小，有的城市书房设备很齐全，高清投影仪、电动投影幕布、音响等设备应有尽有，可举办主题沙龙、品书会、人文讲座、小型表演等多种文化活动，还配有温馨的茶室和体现中国传统文化的小餐厅，俨然是一个袖珍的多元文化空间。

城市书房是这座城市的文化自觉。这种自助、自选的阅读，是城市休闲生活中的文化需求。因为阅读是一种力量，是一种城市的精神充氧，市民在阅读的体验中，增加了城市的厚度、深度和温度。城市书房正在许多城市中推广，市民们纷纷相约城市书房，享受阅读的乐趣，彰显出现代城市应有的文明底蕴。

3. 多功能娱乐包间

"多功能娱乐包间"是一种时尚的城市休闲活动场所。在包间里，可以打9洞或18洞的微型高尔夫球；可以在小舞池里随着音乐翩翩起舞；可以任意点歌唱卡拉OK；也可以面对投影电视的战斗画面，进行互动的激光射击游戏。游客可以随心所欲，想玩什么就玩什么。

多功能娱乐包间的面积在30～50平方米左右，有一个铺设人造草坪的高尔夫球场"小果岭"，面积约25～35平方米，果岭外设有安放沙发、茶几的舒适雅座，还有高清晰度投影电视机、卡拉OK点唱机和激光射击系统（包括激光枪、多媒体计算机、专用CCD、控制台、视频处理模块、微机接口模块和相应的游戏软件）。果岭高尔夫球的每一个"球洞"都要更换一个有趣的"障碍物"，以改变推杆进洞的难度，"球童小姐"帮你更换9次（或18次）障碍就相当于在9块（或18块）"果岭"上击球进洞。游客之间可以进行一场高雅的高尔夫球比赛，也可以和"球童小姐"比赛或按标准杆数单独记分比赛；当所有球场障碍都撤离后，一片绿色人造草坪的"果岭"可以当作"小舞池"，游客伴随着音乐轻快地翩翩起舞；想唱歌的可以打开投影电视和点唱机，选定最喜欢的歌曲，一展歌喉；爱玩游戏的可以启动激光射击游戏系统，玩打靶或打飞碟，玩激光战斗和激光狩猎，玩多人射击、多人枪战和互动电影式的激光战斗游戏等。"球童"的服务包括端送饮料果品、更替果岭障碍、高尔夫球陪打或记分、献歌伴舞和聊天做游戏等。

"多功能娱乐包间"保留了"KTV包间"成功的娱乐特点，引进了高雅的室内高尔夫球比赛和游戏设施，把包间娱乐这种人们颇受喜爱的形式加以升级改造，它将使日趋淡出的卡拉OK包房再度辉煌。"多功能娱乐包间"的室内高尔夫如果和室外花园式微型高尔夫相结合，将会更加精彩。

4. 梦幻咖啡厅、茶文化园与餐饮文化街

城市餐饮业的创新发展十分重要，餐饮本身就是市民和外来游客的基本需求。但是过去餐饮业大多着眼于口味、品种和环境方面的追求，对于餐饮的主题化、娱乐化、情景化的创意不多，在中华饮食文化方面的诠释更少。其实，餐饮服务也可以同时成为文化休闲的活动内容，下面举几个策划实例予以说明。

例如梦幻咖啡厅。在暗淡而温馨的烛光下，在富有情趣的咖啡厅里，客人们品尝着美味的咖啡，消磨着休闲的美好时光，同时感受人间最令人神往的美丽景色。咖啡厅的四壁渐渐出现了日出的曙光，之后缓慢地有了朝霞，周围逐渐变

亮；美妙的日出过程之后，景色渐渐淡出，而另一幅美景同时渐渐地融入。在极慢的时间里，一幅又一幅的人间美景交替着融入和淡出，最后，又以晚霞和日落结束。过一会儿，又重新开始展现一次人间美景的全部过程。独具特色的"人间美景"咖啡厅给人以梦境似的感觉，让人获得无比愉悦的心情。

又例如茶文化园。中国人饮茶有悠久的历史，也反映了中国的文明史，茶文化中许多深邃的哲理都充分体现了中华民族的文明特色。自古以来，饮茶是中国人普遍的生活习惯之一。从各地的茶馆来看，不论档次高低，均有文人字画、茶联悬挂，均有曲艺、杂技、戏曲表演。茶馆与中国的曲艺、书画、文学等艺术门类有着不解之缘，这是中国茶馆的一大特点。如今，娱乐和品茶相结合的休闲娱乐茶园花样很多，如有飘逸茶园、仙踪茶园、游戏茶园、吉祥茶园、梦境茶苑、童趣茶园、KTV茶园、棋牌茶园、影视茶园和养生茶园等各种休闲娱乐茶园。在茶文化园中，可以开设全国知名的茶馆，如北京的京师茶馆、杭州的八仙茶坊和清乐茶坊、上海的一洞天茶楼和丽水台茶楼、广州的莲香楼茶馆和惠如楼茶馆等，以及各种条摊和茶棚，既卖茶水，又表演曲艺杂技。园中还有北方的龙头茶壶、北京前门的大碗茶、四川的盖碗茶和江浙一带的"老虎灶"。要想吃饭有广东的早茶和时尚的茶餐、茶叶鸡、茶叶蛋、加糖红茶和西餐；要想玩乐有戏院馆、麻将茶馆、评弹茶馆、书场茶馆、音乐茶馆和云南白族的三道茶；要想购物有精品茶叶、高雅茶具、茶乡工艺和可口的点心。茶文化园中既有各色茶具的动态景观小品，又有一些颇有情趣的特色茶馆，如模仿京剧《沙家浜》里阿庆嫂开的"春来茶馆"、话剧《茶馆》里王掌柜开的"裕泰茶馆"；还有秦淮河上的"水上茶舫"，月下漫游，桨声灯影，笙歌彻夜，浪漫温馨；有的地方还把咏茶的古诗名句的作者及其故事演绎成谐趣景观。客人在茶文化园中将会得到饮食享受、环境享受、观赏享受、娱乐享受、购物享受、文化享受、健康享受、闲散享受和社交享受等多种温馨舒适的享受。

再如餐饮文化街，是集美食、娱乐、文化、休憩、旅游等多重功能于一体的特色街区，不仅是浓缩全国地方文化的精华，同时也是集结地方风味的精华，更是外地游客吃喝玩乐游必到的特色旅游景点。纵观全国各个历史文化名城，都有老字号的传统特色餐饮，大多有体现城市特色的传统美食街，如北京的后海、武汉的户部巷、西安的回民街、南京的夫子庙、成都的锦里、重庆的洪崖洞等，都是当地的美食地标和休憩热点，是美食文化和休闲体验的综合体。在湖北咸宁的欢乐港湾美食文化街设计中，策划者强调了三个方面的创意设计：一是引进国内外著名的品牌餐饮店、各地风味餐饮店和本地的特色餐饮店，形成南北风味、各地小吃荟萃的美食大世界；二是创新设计一批"新、奇、特"的店面，精心布置一批饮食文化先进店，专门创意策划一批具有"三高"雅趣的特殊餐饮店；三是着力打造以饮食文化为主题的景观街。这样的餐饮文化街不但保你吃好、吃满意，还能让你玩好、玩开心。

5. 主题游乐园与大型游乐场

大城市里几乎都有大型游乐场，或是娱乐型的主题公园。目前国内的游乐场有两千多家，较大规模的大型游乐园也有300多家，但大多数处于亏损和勉强维持的状态，有一定品牌知名度和良好经营业绩的微乎其微。究其原因，还是因为严重的同质化，互相复制，缺乏创意，而且娱乐与景观完全脱节，所以既没有新鲜感，又没有观赏性，引不起人们的兴趣。其实城市休闲娱乐很需要有游乐场，尤其对于青少年人群，更是他们畅快游玩、尽情欢乐的地方。目前国内已有欢乐谷、锦绣中华、锦江乐园、长隆、方特、乐满地、苏州乐园、发现王国等一批知名乐园，又有迪士尼、环球影城、乐高乐园、六旗、法拉利等国外著名乐园抢滩中国市场，所以，大型游乐园的激烈竞争在所难免。

游乐园的成功在于创新创奇，需要文化积淀，依仗科技发力。老一套的游乐设备必须要有新的突破，例如能入水又能出水的过山车，又如固定轿舱的超高摩天轮，不断创新创奇的游乐设备，必然会带动游乐园火爆的人气。室内的游乐园也凭借其大量高科技的应用，成为新崛起的科幻游乐城。如重庆江北观音桥的大九街，有一家西南最大的室内智慧科技乐园TOPS，设有飞行影院、影视跳楼机、伽利略动感飞翔车、F1赛车、过山车、大摆锤、碰碰车，搭配海量的互动游戏与4D影片，结合时下流行的VR（虚拟现实）、AR（增强现实）等高新技术，通过声、光、电、高仿真等手段运用，以科技、动感、欢乐、体验为主题，强烈地吸引着从"70后"到"00后"各年龄层的消费人群，开启了时尚潮流的游玩新体验。

主题游乐园必须突出主题创新，注重文化展现，增加科技含量，才能勃发生机，在市场竞争中处于不败之地。例如以科幻、娱乐、惊险、刺激、探索自然为主题的"探险乐园"，乐园内设有探索世界四大自然之谜的"野人""外星人""尼斯湖水怪"和"百慕大死亡三角"为中心题材的特色园区，有野人部落、星球大战、海底巡游和令人惊骇的水上表演，还设置了参与性极强的峡谷探险、丛林探险、极地探险和穿越时空、追踪地球发展历史的"地球之歌"，游客在探索自然之谜的活动中可以得到无穷的乐趣。"探险乐园"具有很强的知识性和娱乐性，不但主题独特，而且充分利用了现代科技，进行了大胆的艺术创新，营造出了令人震撼的科幻游乐效果，是主题公园策划设计的重大创新和重要突破。又例如以回归自然为主题的"大自然乐园"，这是在规模宏大的人造大自然环境中尽情游玩的乐园，如人工营造的高山、峡谷、溶洞、草原、森林、极地和海洋等。在这美妙的大自然环境中，分别设置了七个主题化、情景化的休闲、运动、娱乐区，如草原游乐区、丛林游乐区、海洋游乐区、极地游乐区、高山游乐区、峡谷游乐区以及溶洞游乐区，内容十分丰富精彩。在欢乐的游玩中，人们仿佛重新回归了美丽的大自然。高山、峡谷和溶洞区采用室外造景；极地、海洋、森林和草原区分设四个室内游乐区。"大自然乐园"是全天候的室内外大型生态景观游乐园，是特大型的温室休闲项目，它把快乐的运动游乐和自然景观和谐地结合在一起，开创了城市休闲游乐的新领域。

6. 跨界结合的博物馆和运动场馆

每个城市都会有各种各样的博物馆，而且都是公益性地向市民开放，其展出的藏品都是在历史、艺术、文化、科技等领域有巨大价值的，是提供深层次、高品位旅游产品的宝贵资源。因此，世界上许多博物馆也都是旅游的热点，如卢浮宫、大不列颠博物馆、北京故宫博物院、南京博物馆、台北故宫博物院等，都是外来游客必到的旅游点。中国的旅游市场慢慢成熟，人们在旅游过程中对文化性休闲和知识性消费的需求迅速提高，所以，内容精彩的博物馆颇受关注。博物馆的种类很多，有历史类、艺术类、科技类、综合类等门类。由于文博展示技术的飞速发展，大量新科技在博物馆得到了广泛的应用，使博物馆更加精彩、更有魅力。博物馆增添了许多参与性、娱乐性的项目，使游客对展示内容更有兴趣，更能深刻体验其文化的内涵，把文化主题通过创意性设计与喜闻乐见的娱乐方式相结合，并且还综合了餐饮、购物、文化演艺等多种功能，把公益性的博物馆与休闲服务跨界结合，成为文化品位很高的城市休闲旅游活动点。城市的运动场、体育馆、健身房、游泳馆等场馆，也都纷纷与各种休闲项目跨界结合，让城市居民有了更丰富的休闲体育享受。

四、乡村振兴战略与乡村旅游开发

党的十九大报告中提出了要实施"乡村振兴战略",指出农业、农村、农民问题是关系国计民生的根本性问题,必须始终把解决好"三农"问题作为全党工作的重中之重。要让农业成为有奔头的产业,让农民成为有吸引力的职业,让农村成为安居乐业的美丽家园。要按照产业兴旺、生态宜居、乡风文明、治理有效、生活富裕的总要求来振兴农村。

乡村振兴战略中发展乡村旅游是很重要的手段和途径,对农业、农村发展具有独特的促进作用,可以推动农村绿色发展,助推"美丽乡村"建设,促进城乡一体化发展。同时,有助于农业供给侧结构性改革,盘活闲置农村资源,有效拉动内需,实现共享发展的目标。实施乡村振兴战略,发展乡村旅游,应坚持产业融合、环境改善和公共治理相结合的发展理念;应坚持多样化和差异化的发展路径;应坚持因地制宜、柔性建设的发展方式;应坚持资源的集体属性,壮大集体经济,培育发展动能,扩大非农就业。发展乡村旅游是实现乡村振兴的重要力量、重要途径、重要引擎。我国幅员辽阔,乡村地貌景观、乡土文化丰富多样,全国大部分旅游资源都在乡村,因此,在乡村振兴的新时代,乡村旅游一定要有新的作为和更大的担当。

发展乡村旅游要充分认识现阶段旅游者对旅游产品的个性化、体验式需求和旅游业发展之间的不平衡。所以,要统筹城乡,科学规划布局乡村旅游产业,着力打造特色乡村旅游目的地;要坚持因地制宜,发挥资源禀赋和交通区位优势,开发特色乡村旅游产品;要坚持融合发展,充分调动政府、市场和社会的力量,构建区域经济社会综合治理模式;还必须要坚持共建共享,创新乡村旅游开发的体制机制。乡村旅游已开始成为一种新兴的产业,对农业经济的发展正在做出积极的贡献。如何在乡村旅游发展的道路上不断谋求新的增长点,进而充分发挥乡村旅游的重要作用,已经逐渐成为摆在我们面前的重要课题。

乡村旅游的快速发展,是从最初"吃农家饭"的农家乐、乡村赏花游等方式起步的。目前,乡村旅游已成为旅游业重要的组成部分,成为促进乡村生态保护、经济发展、文化传播和脱贫致富的重要力量。从当前城乡居民的生活需求来看,城镇居民不仅要求农村提供充足、安全的物质产品,而且要求农村提供清洁的空气、洁净的水源、恬静的田园风光等生态产品,以及农耕文化、乡愁寄托等文化产品；从农村居民来看，不仅要求物质生活上的充足、现代化的便捷，也希望生活在好山、好水、好风光之中。无论是从城镇居民还是农村居民的角度，都对休闲农业和乡村旅游有新的期待，这种期待既有物质需求，也有文化需求，更有生态需求，是全面的、多元的。

人民的美好生活向往对休闲农业提出了新的期待。中国要强，农业必须强；中国要美，农村必须美；中国要富，农民必须富。富强中国、美丽中国都对休闲农业和乡村旅游提出了新的目标。如何实现乡村旅游的新目标，应该注意从以下方面努力。

1. 产业融合

乡村旅游要紧紧围绕促进农村产业发展，要以"旅游＋产业"促进资本、技术和人才向农业农村流动，促进农村第一、二、三产业融合发展，保持农业、农村经济发展的旺盛活力。

2. 留住乡愁

乡愁是对家乡的感情和思念，是一种对家乡眷恋的情感状态，对故土的眷恋是人类共同而永恒的情感。我国是传统的农业大国，人口中的大多数来自农村，一定要保留住乡村特有的形态和生活气息，要留住对乡村的原始记忆，否则，乡村就不能称其为乡村了。

3. 乡村文化的存在形式

乡村文化存在的形式丰富多样，有传统的农耕文化、生态自然的乡村美食文化、乡土气息浓郁的民俗风情文化、家族文化和乡村历史文化，以及民间特色的技艺、工艺文化等。乡土文化是乡村旅游的立足点和灵魂，挖掘乡村文化的内涵，是促进乡村旅游可持续发展的有效途径。

4. 注重特色

乡村旅游切忌"千村一面"，必须做到一村一景、一乡一业，这就需要特别注重打造特色。不同的乡村一定会有各自不同的特点，如生态特点、环境特点、农业特点、村史特点、习俗特点、饮食特点、文化特点等。策划设计者要发现并抓住其特点，以旅游的视角加以提炼，创意策划出独具特色的乡村旅游亮点。有特色才有价值，全国的乡村何止千万，千姿百态才能构成最美的中国。

5. 打造景点

要将乡村生态环境优势转化为生态旅游发展优势，要精心策划设计，丰富乡村旅游项目，力争打造一批有看点、有玩点的主题式景点，开发出与现代农业和新农村建设相结合的乡村旅游产品。要以农业观光园、休闲农庄、乡村民宿、乡村度假村等，以特色农村风貌、人文遗迹、民俗风情、田园风光、农业生产体验、特色农产品等作为乡村旅游的吸引物。

6. 美化环境

发展乡村旅游必须先要美化乡村环境。山清水秀，不能有任何污染；道路整洁，看不见垃圾杂物；房前屋后，到处是绿树鲜花；家家户户，全都是窗明几净。富饶的田野，自然的风光，俨然是一幅优美的田园画卷。淳朴、文明的乡风，和谐、友善的村民，幸福的家园变得越来越美好，人们对农村生活的向往和居住需求将会越来越多。乡村人居环境的改善，必将转化为乡村旅游发展的优势。

7. 完善设施

乡村旅游首先需要乡村按照城镇化的要求完善基础设施建设，大力改善水、电、路、气、房、讯等基础设施，重点加强道路、厕所、停车场、标识标牌、通信网络、垃圾污水处理等基础配套设施建设；着力解决好交通主干道、重点景区与乡村旅游景区景点的道路连接；在有条件的乡村旅游集聚区推动智慧乡村旅游建设，实现 Wi-Fi 和 4G 网络全覆盖，进一步优化乡村旅游发展环境。

8. 恬静乡韵

乡村旅游要以恬静的慢生活节奏，细细体验乡间田园意境的韵味。以田园生态、休闲农庄、亲子农场、特色乡村、文旅小村等依托乡村及农业的特色旅游方式，结合传统的民俗艺术、低密度的生活方式，享受慢生活的乡韵乐趣。以茶、水、花、田、林为主题，策划多个休闲旅游板块，组成清新优雅的田园生活，打造慢生活的"蜗牛小村"。要充分发挥文化创意在乡村旅游转型升级中的引领作用，突出围绕旅游产业链中各旅游要素特别是特色住宿、餐饮、购物、娱乐等上的短板，植入文化内涵，创新业态，挖掘富有创意和魅力的文创产品，点燃乡村旅游的一个个新亮点。

乡村旅游是实现乡村振兴的重要力量，随着乡村振兴战略的全面实施，将会使农村更加美丽、农业更加兴旺、农民更加富庶、生活更加幸福。久住在城市喧嚣环境中的人们，将会越来越向往美丽舒适的乡村。

五、传统农耕文化与现代农业旅游

在漫长的传统农业经济社会里，我们的祖先用他们的勤劳和智慧，创造了灿烂的农耕文化。中国的农耕技术传承千年，并在长期的农业生产中，形成了一种为农业服务和供农民自娱自乐的风俗文化，包括农耕技术、科学发明、农谚、戏剧、民歌、风俗及各种祭祀活动，并且和儒家文化、宗教文化相融合，形成了与农业生产有关的独特的文化类型。中国农耕文化具有地域多样性、民族多元性、历史传承性和乡土民间性的特点，因此，不仅赋予了中华文化重要的特征，同时也是中华文化之所以绵延不断、长盛不衰的重要原因。然而，由于现代农业科技的快速发展，中国传统的农耕文化渐渐衰落，"望得见山，看得见水，记得住乡愁"说出了人们对传统农村生活的眷恋。所以，一定要重视传统农耕文化的继承、保护和传承，让它在与现代文明的融合中继续焕发出独特的光辉。在乡村旅游的开发设计中，既要重视现代农业旅游的策划，也要关注传统农耕文化的传承与发掘。

1. 农耕文化旅游

农耕文化是我国农业的宝贵财富，是中华文化的重要组成部分，必须继续发扬光大。开展农耕文化旅游，拓展农业的多功能，不仅是弘扬优秀的中华传统文化，而且也是共建美丽乡村的重要举措。农耕文化旅游要以农村的环境为依托，要以传统的农耕劳作方法为素材，要以厚重的农耕历史文化为核心，要以生动的展现技巧与互动的体验设计为手段，让游客在寓教于乐中领悟中华传统农耕文化的博大精深。

农耕文化源于农业劳动、田间耕作，所以一定要以乡村田野为背景，与乡村旅游相结合，也可以把农耕文化旅游作为乡村旅游的一部分。善于把农耕文化旅游恰当地融入乡村环境，并且与建设美丽乡村齐头并进，这是最佳的选择。

生动地展示传统农耕劳作的技术和农具，采用原真的实物，讲述传统的农耕故事，具有直接的、形象的感官效果。传统的农耕用具如犁、铧、镰、锄、耙等，以及木制的纺纱车、织布机等器具，反映了中国农耕文化时代"男耕女织""日出而作，日入而息"的生活状态。旅游策划者常常采用农耕器具展示的方式，或以各种雕塑（包括稻雕、秸秆雕）艺术为主的景观小品方式，以及让游客亲自体验使用农具的方式，让人们感受农家耕作的生活意境。还有把传统农耕劳作策划成有趣的游乐项目，也就是"乡村嘉年华"，如根据当地农耕文化所创意出来的游乐项目，有快乐水车、耕牛犁田、打麦场、推磨、碾子、打场、游戏纺车等。

体验农耕文化的旅游更需要突出其文化的核心。农耕文化是千百年来汉民族生产生活的实践总结，是华夏儿女以不同形式延续下来的文化精华浓缩，应时、取宜、守则、和谐的理念已深入人心，所体现的哲学精髓正是传统文化核心价值观的重要精神资源。"锄禾日当午，汗滴禾下土。谁知盘中餐，粒粒皆辛苦"反映了广大农民的艰辛不易。"兴文盛礼乐，偃武息民黎"体现了衣食温饱解决之后文化的重要意义。"朝为田舍郎，暮登天子堂"刻画了读书人对积极人生的理想与追求。中国传统文化中理想的家庭模式是"男耕女织""耕读传家"，既要有"耕、织"来维持家庭生活，又要有"读"来提高家庭的文化水平。中国上万年的可持续发展的农业历史，创造了长盛不衰的传统文化，旅游策划者要把传统农业劳动中创造的宝贵精神财富，如农技、诗歌、农谚、戏剧、民歌、风俗、节庆及各种祭祀活动，用喜闻乐见的创新形式传递给游客。

2. 现代农业旅游

现代农业旅游是建立在现代农业科技基础上的农业观光旅游。现代农业科技发展很快，几乎颠覆了所有传统的农耕技术，例如，机械化、自动化的耕作、播种、收割、加工；无土栽培、立体栽培、平面栽培、管道栽培和墙面栽培；配方施肥、营养液滴灌、天然雨水灌溉、人工辅助授粉和人工补充二氧化碳；智能温室、电脑对温、气、肥、水等各种生长要素的自动调控等。建立现代农业观光园是现代农业发展的一种新思路，属于农业生产的一种新体制，它既是现代园林发展应用的特殊形式，也是观光农业的创新形式，很受城市游客们的喜爱。所以，全国各地兴建现代农业园的热情很高，仅京津冀地区就有 20 多个现代农业园，如北京的蟹岛、南宫、锦绣大地，天津的津南、下营、红星，河北的集发、昌利、前南峪等现代农业园都发展得红红火火。

现代农业观光园根据其应用特点区分，有观光农园、农业公园和教育农园三种类型。以生产农作物、园艺作物、花卉、茶等为主营项目，让游人参与生产、管理及收获等活动，并可欣赏、品尝、购买的园区为观光农园；将生产、农产品销售、旅游、休闲娱乐和园林结合起来的园区称为农业公园；以农业生产、农业科普教育为主，又兼顾园林和旅游的园区可称为教育农园，三种类型都具有现代农业旅游的主要功能。例如，上海孙桥现代农业园，以一流的工厂化生产设施，先进的科学技术，优美的田园风光，寓教于学、寓教于乐的策划设计，吸引了众多国内外宾客前来学习考察和旅游观光。又如北戴河集发生态农业示范观光园，设有绿化公司、蔬菜配送中心、花卉基地、绿色农家饭庄、林果基地、蔬菜基地等农业经济实体，园内有四季花园、四季菜园、四季果园、四季瓜园、热带植物园、休闲游乐园、滑雪场、大宅院和游客中心等设施。

现代农业观光园依靠高科技农业，集观赏性、参与性、娱乐性、趣味性于一体，充分展示了科技、农业和观光娱乐的完美结合，体现了市场供应、示范推广、旅游观光、素质教育四个主要功能。例如，温州瑞安雅林现代农业观光园，设有工厂化育苗中心、采摘园、可以租种的开心农场、垂钓场、生态餐厅、CS野战基地、园林酒店等设施。在现代农业园里，游客将领略高科技的农业，了解农业的发展历史，体验农事实践的乐趣。

现代农业观光园是集聚科技示范、旅游观光、科普教育以及休闲娱乐功能为一体的综合型农业旅游园区。它以农业资源为基础，是融观赏、考察、学习、参与、娱乐、购物、度假于一体的农业和旅游业相结合的园林新形式，是旅游事业朝向生态旅游发展的产物。园林与农业紧密相结合，逐渐形成园林化的农业、农业化的园林，让人们生活在园林化的环境中，耕作在农业化的园林中。现代农业观光园既是城市居民的乐园，也是农村农民的公园，又是增收获利的市场，因此，前景极其广阔。现代农业观光园的规划设计要充分体现农业高科技的应用前景，这是农业观光园的特色和闪光点，是吸引游人的主要内容，因此要尽可能地使之具有可操作性、观赏性及艺术性。同时，要把农业生产过程、农家生活和乡土文化作为农业观光园的主体，要充分挖掘文化内涵与积淀，突出资源优势和特色，丰富农业旅游的内容。

第五章　文化创意与旅游业的融合

　　文化是旅游的灵魂，旅游是文化的载体。文化创意产业所具备的低能耗、高产出、更环保的特点，与作为"无烟产业"的旅游业业态相近、价值匹配，具有天然的融合性。文化创意和旅游业的融合，已经由一般性的业态融合即文化旅游景点、景区发展到了全域旅游平台上的融合。作为区域引导产业或主导产业的旅游业，与作为区域发展基础的文化创意，在深度融合中，为区域产业发展、社会文明建设和区域形象传播提供了新动能，成为推动区域发展的新引擎。

第一节　从景点旅游到全域旅游

　　改革开放以来，中国旅游业发展迅速，逐渐成为推动我国经济发展的支柱性产业之一，在拉动国民经济、扩大市场需求、带动社会就业、改善投资环境等方面的作用也日益显现。旅游业是指利用名胜古迹、自然风光和人造景点等旅游资源进行产业化运作并获取利润的事业。在 21 世纪的今天，被称为"无烟产业"的旅游业已经成为推动我国经济发展中势头最强和规模最大的产业之一。随着市场经济的发展和居民收入水平的提高，越来越多的人开始追求精神层面的需求和体验，尤其对旅游消费的需求不断增多，推动了我国旅游业的不断发展，使得旅游资源日益丰富、旅游环境持续优化、旅游市场日趋完善。但相较而言，无论是在广度还是深度上，我国旅游业的发展尚无法满足经济发展和人民生活水平提高的需要。因此，对于我国旅游业建设发展过程中取得的成效和存在的问题，都应该而且值得我们去关注和思考。

一、我国旅游业的发展现状

　　我国旅游业起步较晚，旅游市场容量及旅游消费需求潜力巨大，目前正处在数量增长、规模扩大的关键时期，在发展过程中已取得了阶段性成绩。根据自身

第五章　文化创意与旅游业的融合

的旅游资源情况，我国通过着重提高旅游资源的品牌竞争力，增强旅游业的吸引力，催生新的旅游业态，打造一批旅游地和带头企业，从而有力地推动了我国旅游业的结构优化升级和健康发展。

(一) 挖掘资源和培养人才，旅游业运营发挥基础性优势

中国不仅是一个幅员辽阔、人口众多的大国，还是一个具有五千年悠久历史的文明古国，自然资源和人文资源比较丰富，具有发展旅游业所需的巨大市场开发潜力。根据中华人民共和国质量监督检验检疫总局颁布的《旅游景区质量等级的划分与评定》，我们可以将旅游资源定义为对旅游者具有吸引力，可以为旅游业开发利用的，并可以产生经济、社会和环境效益的自然界和人类社会中的各种事物和因素。旅游资源是发展旅游业的基础和核心，我国在合理有序地对自然、人文和社会旅游资源进行开发与利用的同时，挖掘出了具有中国特色的资源优势，有效地扩充了现有的旅游资源，增大了我国旅游资源的吸引力，并在此基础上积极研发旅游新项目和新产品，重塑了具有中国特色的旅游产业形象。通过对旅游资源进行优化组合，做大做强了我国的旅游产业链。在优化旅游环境和旅游资源的同时，为了实现旅游业的可持续发展，我国在加强旅游专业人才的培养和引进上给予了一定的支持，如一些大学增设相关专业和课程，采用多形式、多渠道、多途径、多方位的人才培养渠道，为旅游业输送了大量的专业人才。另外，我国确立并完善了人才激励机制，重点提高从业者的素质和水平，充分利用我国人力资源丰富这一巨大优势，夯实了旅游业的发展基础。

(二) 依靠经济发展和政府扶持，旅游业发展实现规模化增长

改革开放以来，中国经济呈现快速发展之势，国民经济实力明显增强，人民收入稳步增长，生活水平不断提高。20世纪末开始的经济腾飞促进了中国旅游业的迅猛发展，使其盈利水平不断提高。我国旅游业依托经济的发展，在投融资方面获得了一定的资金支持，这在一定程度上缓解了我国旅游业融资难的困境。此外，民营资本的投入也为我国旅游业的发展提供了一定的财力支持，为其发展注入了新的活力。同时，我国的旅游业采取了政府主导的发展模式，在发展旅游业的过程中，各级政府部门根据当地的旅游资源条件和经济发展水平，利用行政手段，制定并出台了一系列促进当地旅游经济发展的优惠政策，用以指导当地旅游业协调适度发展，如对旅游资源丰富而经济条件相对落后的地区，给予必要的

经济优惠和政策支持，促进了我国旅游业的长远和平衡发展。在经济和政策的双重保障下，我国的旅游业实现了规模化增长。

（三）融合信息和科学技术，旅游业信息化建设取得突破性进展

进入 21 世纪，信息和科技的高姿态联姻给我国旅游业的发展带来了新的面貌。相对于发达国家来说，我国的旅游信息化建设起步较晚，基础也比较薄弱，但是，我国在积极学习国外信息和科学技术优秀成果的基础上，经过几年的研究和发展，取得了历史性的进展。与此同时，我国在信息技术的应用系统、网站与旅游业的互动融合等方面也取得了不可小觑的成绩，如旅游目的地营销系统成效显著，旅游企业信息化应用逐步普及，旅游网站功能不断强化，电子政务系统应用全面覆盖等，旅游信息化已经成为旅游业发展的重要手段。得益于科技的进步、信息的融合、智能手机和平板电脑等新科技产品的出现和普及，旅游移动端的发展速度明显提升，旅游的形式也逐渐多样化。依靠便捷、个性化的用户体验，信息与科技的融合推动了我国旅游市场的长期繁荣，"互联网＋旅游"的发展形式已成为当下我国旅游业信息化的一大亮点。

二、我国旅游业发展存在的问题

旅游资源是旅游业发展的基础和核心，旅游资源的可持续发展是推动我国旅游业快速增长的重要依托。但是，在我国旅游业的发展过程中也存在着一些问题，诸如忽略旅游业的本质内涵，过度追求旅游资源的开发而造成环境污染、噪声污染等，或是固守已有的旅游资源而不与现代科技结合、项目泛滥、特色不明显、基础配套设施不完善、旅游活力不足等。

（一）旅游资源开发水平较低，区域发展极不平衡

我国拥有丰富的自然旅游和人文旅游资源，但针对这些旅游资源进行的项目开发却缺乏合理的布局和规划，整体性和创新性欠缺。在旅游资源的开发上，我国以自然风光的开发为主，人文旅游资源开发力度则偏小，同时，旅游产品缺乏一定的文化和科学内涵。尽管一些旅游景区已经通过挖掘自身文化内涵、细化景观设计、更新旅游理念、提高旅游层次等方式进行了一定程度的改变，但进程相对缓慢，仍面临着产品重复性高、专业化和多样性服务水平低等问题，并没有形成具有中国特色和中国影响力的品牌效应。此外，国内一些旅游景区由于恶性竞

争或者交通不便等原因，往往采取各自分散经营的营运模式，景区之间缺乏必要的沟通与合作。旅游资源与旅游需求的不平衡导致游客所花费的旅游成本过高，旅游市场的发展遇到了尴尬的瓶颈。对于一个发展中国家来说，旅游业的发展需要国民收入、外汇收入等财力的大力支持，然而，在旅游业的发展上，我国侧重优先发展国际旅游业，试图用国际旅游带动国内旅游，以期实现我国旅游业的整体发展，因此把大量的财力、物力投入到了国际旅游上。这样便带来了一些问题：热点人满为患，而温冷点的高档设施却闲置浪费，造成了"高级宾馆无人住，国内游客无处住"的现象；对国内旅游市场不够重视，基础设施建设等缺乏计划和实际指导。

（二）旅游基础设施建设薄弱，景区配套不够完备

国内旅游业的基础设施和服务设施建设相对比较落后，其服务条件和水平与发达国家之间还存在一定差距，在旅游景点的发展战略、总体规划、开发步骤和实施方案等方面缺乏有效的统筹，在市场的信息预测、项目开发的可行性分析以及广告宣传等方面也存在着一些弊端。由于旅游基础设施建设投资较大，直接经济效益又不明显，因此很难吸引到大规模的商业性资金来进行旅游基础设施的建设。目前，国内不少地区，尤其是经济欠发达地区，在旅游基础设施的建设上还存在着一些问题。一是干线公路与旅游区之间连接不畅，交通问题成为制约当地旅游业发展的主要瓶颈，运输方式缺乏有效的管理，没有在根本上对旅游交通和一般性交通做出区分，使得一些热点的旅游区无法得到有效的开发和利用。二是旅游区内交通服务设施薄弱，其发展和服务水平无法满足旅游消费者不断扩大的消费需求。国家在旅游设施建设方面的投资基本上是按照"以旅游养旅游"的方针，对于前期投资较大的项目很少考虑，只选择资金投入相对较少的项目进行开发和建设，导致我国旅游设施建设不足，给游客的观光游览带来了诸多的不便。三是旅游区内的环保、卫生、电力等相关配套设施不够完善，景区注注会出现游客"进不来、住不下、吃不饱、出不去"的尴尬境况，严重制约了我国旅游业的进一步发展。

（三）旅游市场秩序混乱，不当竞争频发

我国的旅游业标准化、规范化程度较低。第一，旅游市场自行定价，巧立名目，价格多变，市场上存在较多虚假信息，鱼目混珠，一些景点定价随意，如庐山、华山出现的垄断旅游景点的现象以及广西桂林频发的"野马"宰客事件等。第二,服务标准不统一。由于旅游消费活动链条较多,导致旅游项目的活动安排、服务标准和责任界限等都或多或少存在一些问题。此外,我国旅游业的专业人才相对较少,从业人员的专业水平和整体素质较低,旅游教育支撑不足,人才保障机制和开发机制相对滞后。由于我国旅游市场定位不明确,加之经济利益的诱惑和驱动,团队旅游大多为"零负团费"的经营模式。此外,我国旅游法规不健全、经营秩序混乱的状况也加剧了低价、恶性竞争、虚高标价等各种不良的市场竞争的出现,严重影响了旅游区的形象和服务质量,不利于自助式散客旅游的发展壮大,也不利于旅游品牌建设和旅游区的长期持续发展。

三、全域旅游推动旅游业转型升级

旅游业当前所面临的问题,有经营主体不规范、政府管理不到位等直接原因,也与旅游业发展模式简单粗放有关。改革开放以来,我国的旅游经济模式占据主导的仍然是景点旅游,盈利模式为门票经济。之后,在景点旅游的基础上,附加了一部分的美食、休闲、文化因素,盈利模式开始多元,景点逐步扩充为景区,但旅游业发展仍然没有突破纯粹旅游的范畴。推动旅游业供给侧改革,提升旅游业竞争力、带动力,迫切需要旅游业转型升级,从自设藩篱的景点、景区旅游走向统筹区域资源的全域旅游。

近年来,全域旅游在社会上逐渐引起注意,越来越多的地方对此表示出很高的积极性,并就此进行了各具特色的实践。中国国家旅游局对此进行了深入解读,认为全域旅游是指在一定区域内,以旅游业为优势产业,通过对区域内经济社会资源,尤其是旅游资源、相关产业、生态环境、公共服务、体制机制、政策法规、文明素质等进行全方位、系统化的优化提升,实现区域资源有机整合、产业融合发展、社会共建共享,以旅游业带动和促进经济社会协调发展的一种新的区域协调发展理念和模式。

全域旅游发展具有现实的支撑,除了民众收入增长、旅游意愿和支出增加,旅游业经营主体实力增长、经营成熟等长期性、一般性的支撑条件外,更重要的是新型城镇化中宜居宜业环境建设所带来的宜游价值增长,是文化事业建设、文化创意产业发展所带来的旅游价值提升。全域旅游充分利用这些有利条件,将旅游与文化建设、新型新城镇化建设以及产业转型升级等有机融合、系统配置,着力推动城市景区化、区域景区化、文化商业相结合,搭建起区域持续发展的大平台。

全域旅游是我国旅游发展的新模式,对旅游的转型升级具有重要意义。全域旅游将推动旅游业从景点、景区建设管理升级为综合的旅游目的地建设管理,推动旅游盈利模式从门票经济向产业经济转型,推动旅游业发展从浅层组放式增长向深层高效价值型增长转型,推动旅游业发展从依靠自身动能发展升级为融合文化、经济、社会、生态的综合动能发展。相应的,文化创意在全域旅游模式下有了新的更大的作为空间。

第二节 全域旅游模式下的文旅融合

全域旅游模式下,文化创意要素有了新定位、新作为,它既可以为全域旅游发展提供文化支撑,又可为全域旅游提供创意引领,更可以与旅游业进行形式多样的结合,形成新业态,创造新模式。

一、文化创意与旅游业融合发展的理论基础

文化产业简单地说就是生产和销售文化产品或服务的产业,即以产业化、商业化的形式来进行文化的生产、交换与消费。根据文化娱乐集合说,文化产业可以划分为文化产业核心层、文化产业外围层和文化产业相关层。核心层包括新闻、音像制品、电子出版物、广播、电视、电影、文艺表演等;外围层包括互联网、游乐园、游览景区的文化服务、休闲健身娱乐、会展服务等;相关层包括广播电视设备、电影设备、胶片胶卷、照相器材等。在文化产业这三个层次之间,我们可以明显看出不同的圈层包含不同的文化产业业态形式,但不同产业形态之间却拥有一个共同点,即其中必然包含创意元素的融入。在一般的含义理解上,我们可以将创意理解为:一是指存在于人们头脑中比较新奇或有创新性的构思,二是指人们外化的创造性行为。由此,我们可以大致推出文化创意的定义:文化创意是指以文化创意为核心,通过创作、创造、创新等根本手段,以知识产权和科技、文化为依托的一种创新性、创造性的构思或行为。因而,所谓的创意产业就是指那些以个人创造力、技能和天分为发展动力,通过对知识产权的开发来创造财富和就业机会的产业。最早提出这一概念的国家为英国,它也是最先认识到

创意产业对于国家经济有推动作用的国家。

　　文化创意产业主要指在尊重知识产权的框架中，借助于现代高新科技，依靠创意工作者的智慧，对文化资源加以提升与再创造，生产出附加值更高的产品，既能创造财富又可以振兴文化的产业。文化创意产业主要是以文化创意物化为文化内容的创作成果为核心，以知识产权的实现或消费为特征的产业。由于文化艺术活动是最能集中体现人类创造力和创新性的领域，因而文化创意产业在创意产业中占据着重要位置，只有不断地创新，文化创意产业才能不断地发展。文化创意产业具有文化性、经济性、社会性、意识形态性等特点，根据这些特点，文化产业为优秀、先进的文化资源赋予了时代气息，凭借互联网和数字技术的支撑，不断进行产业化的发展与再创造；同样，这种产业化的文化资源也会反过来进一步地扩展文化产业所呈现的内容与形式，这就是所谓的"文化产业新业态"的出现。2008年北京奥林匹克运动会开闭幕式的精彩演出无不体现着中国历史悠久又内容丰富的传统文化特色，笔、墨、纸、砚蘸取中华民族五千年的文明，饱满地书写着五千年的历史长卷。"太古遗音"、四大发明、汉字和戏曲，这些古老的中华文明在音乐和灯光的衬托下，依靠高科技手段得到逐一展示。场地上慢慢打开的画轴，演员在一轴长卷中以曼妙的舞姿舞出丹青流淌、水墨晕化的中国画，表现出中国这个古老国度独特而又神秘的时空观念与哲学精神，画卷也表现出了中国历史文化的起源和发展。活字印刷是中国古代的四大发明之一，上下移动的活字印刷的光板，既像古代的活字印刷字盘，又像现代的电脑键盘，897块活字印刷字盘变换出不同字体的"和"字，表现了中国汉字的演化过程，也表达了孔子"和为贵"的人文理念。奥运会上这些创意元素萌发于悠久灿烂的中华文明，它以浓郁的中华文化内涵为根基和内容来源，以中国特有的方式诠释着对于文化产业的中国式理解。就在这种内容与形式不断创新的基础上，文化产业本身所包含的内涵也在不断地创新与演进，正是这种产业内容的创新与演进，为以文化资源为依托的创意产业提供了更为丰富的文化内容，成为创意产业不断涌现的"活水之源"。

　　旅游业是指以旅游资源为基础，凭借科技、文化和艺术等手段，对自然旅游资源、人文旅游资源和社会旅游资源进行开发、拓展并进行产业化运作，最终获取综合利润的产业。在国际上，旅游业被称为旅游产业，主要是指从事招揽、接待游客，并为其提供交通、游览、住宿、餐饮、购物、文娱等六个环节的综合性行业，从而构成了一个多样化的旅游产业链条。旅游业原本就是一个具有较强渗透性的产业，它大致包括了大部分的服务行业，因而也就具有较强的整体性和融合性。

作为二者融合的文化旅游，是指以历史文化遗存、自然风光为基础进行资源拓展或者以文化活动作为核心产品的旅游。文化旅游是一种动态体验性旅游，是以文化创意为灵魂，将旅游经营者创造的观赏对象和休闲娱乐方式作为消费对象和消费内容，从而使旅游者获得富有文化内涵和深度参与等的旅游体验的综合性旅游活动集合。与之相关的活动，我们将其命名为活动经济。由活动经济所形成和促进的旅游形态则为文化创意旅游，主要以动态性和体验性为主要特征。文化旅游是近几年出现并逐渐流行起来的新兴旅游形态，它的出现与人们的生活方式和旅游需求的转变有着密不可分的联系。文化创意元素与旅游业的融合催生了一个个新型的文化消费需求，开发和培育出需求不同的文化消费群体。由于文化水平、经济收入、社会背景的不同，人们对于文化产品的认识和理解、消费需求与选择也就不同。现代社会是强调个性体验的社会，拥有较高参与性、体验性的文化产业新业态一进入市场便不断地吸引着一大批消费群体，他们对于文化创意产品有着较高的需求渴望，这便形成了一个新的文化消费市场。文化旅游将难以表达的文化创意形象化和内涵化，使人们能够在众多的市场消费中感受到文化创意带给人们未曾有过的新鲜感。

二、文化创意与旅游业融合发展的现实逻辑

随着新型旅游形态即文化创意旅游的出现，旅游业的社会文化诉求逐渐增强，旅游的非商业化也成为人们新的关注热点，而正是因为旅游的这种非商业化，人们才不得不站在经济圈的外层来看待旅游，看待文化创意产业与旅游业两者之间的相互关系。

（一）供给侧的现实逻辑

创意产业本质上是文化创意产业，它主要是以创意为核心增长要素，以高新科技和持续创新为依托，以外化为文化成果的知识产权的实现或消费为特征，具有较高经济效益和就业潜力的行业。对于文化创意产业所包含的领域，世界各个国家和地区对其都有各自的定义和划分，这里我们需要明确的是，产业融合作为旅游业的发展趋势，将文化创意理念渗透到旅游产品的设计、开发和产业链条的

打造、延伸等方面，为旅游业的发展提供了新思路与新方向。因此，我们将文化创意产业与旅游业的关系简单地归纳为以下两种。一是包含关系，即文化创意产业包含旅游业。创意产业为旅游业提供文化创意，从而延伸旅游业的产业链，文化创意产业内容的创新与演进为以自然资源、人文资源为依托的旅游业提供了更为丰富的文化内容，为旅游业发展的创意闪现提供"活水之源"。二是隐含关系，即文化创意产业与旅游业相容。旅游业是文化创意产业的载体，文化创意的理念丰富了旅游业的内涵和外延，旅游业的发展为文化创意产业提供了契机和载体依托。文化创意产业在传统旅游业的基础上，融入时代特色和创意元素，以人们的体验性诉求为导向，对传统旅游业进行包装和创新，在进一步促进旅游业发展的同时，也为自身赢得了较为广阔的发展空间。

（二）需求端的整合空间

1. 个性体验需求

旅游需求作为旅游业发展的驱动力，不断促进旅游业的进一步发展，旅游者则越发强调他们对于旅游的参与性与动态性、对于旅游产品需求的多样性，因而，个性化的体验游便成为旅游业发展的一个新趋势，体验一词也就与旅游业紧密地融合为一体，而这种融合恰恰需要文化创意因素的融入，使旅游业突破原有界限，在旅游产品的设计中体现创意元素，通过对原有的旅游活动进行优化重组、整合及创新，不断丰富旅游产品，以便增强旅游者对于旅游的个性化体验，从而更好地促进文化创意产业与旅游业的进一步融合。由此可知，为了更好地满足旅游者这种个性化的体验性需求，文化和创意等元素被融入旅游业发展的资源整合、活动的体验性设计、旅游产品开发等各个方面，文化创意对旅游业的作用越来越显著，成为旅游业提高竞争力的一种重要手段和方法。

2. 文化体验需求

随着经济的蓬勃发展和人们生活水平的提高，人们不再满足于基本的物质需求，而是逐渐加大对体验性文化的需求，在旅游业发展的过程中，游客的旅游动机也由传统的观光游览转变为文化需求。旅游业的发展必须以自身的旅游资源禀赋为基础，融入其中的创意元素也要以其为依托，丰富和多样的旅游资源为文化创意产业和旅游业的融合提供了广阔的空间和无限的可能。自人类社会文化产生伊始，创意就从来没有游离于人类的文化范畴之外，文化的多样性是创意呈现出多种形式的前提条件，旅游业自身所拥有的自然资源、文化资源也成为创意产取之不尽、用之不竭的创意资源后台。文化旅游在发展过程中，不断地向其他领域渗透，使得关于文化旅游的产品获得了文化和内涵的价值认同，同时文化因素和创意因子也不断地融入旅游产业的其他领域，文化旅游的内涵不断地深化，外延也在不断地扩大，注重参与性、体验性和文化性的旅游形式吸引了更多的游客。随着人们旅游经验的积累和旅游经历的丰富，越来越多的旅游者对新的旅游业态提出更高层次的文化需求，而这种高层次文化需求的实现，则需要文化创意因子的融入。

三、文化创意与旅游业融合发展的实现途径

旅游与文化创意的互动融合，是对于自身产业价值链的细分与再认识，依靠创意因素的融入和新的科技手段，以价值链融合或延伸的方式，对原有的资源和活动进行优化重组、整合及创新。这种互动融合有利于产业价值内涵的提升，有利于资源的可持续发展，与此同时，旅游业也借助文化创意的推动，以负面影响最小化、利润最大化的形式来实现和文化创意互动融合的共赢经济模式。我们可以简单地列举出文化创意与旅游业之间互动融合的几种形态：文化演出、文化型主题公园、历史文化古城、文化节庆等。文化旅游的发展需要在原有旅游资源的基础上，坚持文化主线，融入文化因素，整合具有特色的文化旅游资源，从而实现文化创意和旅游的互动融合；推出含有全新文化内涵的旅游业态和旅游产品，提升文化产业的竞争力，延长和深化文化产业链条，扩展旅游业的发展空间，从而进一步实现文化创意与旅游业的互动融合。

（一）创意优化资源组合，打造品牌影响力

旅游业是以旅游需求为驱动力的产业，又是在其自身特有的资源基础上建立起来的依托型产业，这种资源包括自然资源、人文资源和社会资源等。我们应该注重以文促旅、以旅兴文，以大型旅游节庆活动为载体，推动文化旅游活动的发展，用创意挖掘具有特色的文化旅游资源，将创意因子融入旅游发展之中，通过一定的技术手段对旅游资源进行综合性的开发、加工，并进行深层文化价值的探索、研究以及创造性的整合，从而实现旅游资源的优化组合。文化旅游产品作为旅游景点的衍生品，在开发、包装和设计上，要注重以下三点：一是选准切入点，突出产品的层次性；二是提炼主题，突出产品的系列性，三是丰富文化内涵，突出产品的高品位性。同时，要通过创意思维和新技术使旅游资源和创意产

业实现较好的互融，突出旅游产品和旅游场景或旅游环境的文化性，凸显创意旅游产品对文化旅游需求的多元"文化层次"的关怀与满足，开发出层次性、系列化和高品质的文化旅游产品并以全新的表现方式展现在游客面前；要将文化旅游的参与性与体验性发挥得淋漓尽致，以期增强旅游者的旅游体验和文化体验，使创意产业和文化旅游互动融合，从而提升文化旅游品位，增强核心竞争力，打造出具有特色的文化旅游品牌和产业品牌形象。

（二）创意促使环境优化，提高旅游吸引力

随着社会的发展和人们文化旅游品位要求的提升，文化旅游景区的主管部门一方面要加强宏观调控，把工作重点转移到规划、指导、协调和监管上，实现职能转变，遵循政企分开的原则，建立新型的政企关系；另一方面要加强规划衔接，做好统筹管理，促使环境美化，提高旅游吸引力。财政、税务、人事、国土、工商等部门要树立大文化观念，克服部门分割，认真落实文化产业发展规划和各项政策措施，简化办事程序，提高办事效率，提供优质服务。当地政府应把全面实现文化创意和旅游业的互动融合、开发利用规划作为其任期目标之一进行考核评比，对那些重大文化旅游项目建设的完成情况，如文化旅游景点的环境优化、安全管理工作，区域内文化旅游配套项目和环境建设情况等方面制定切实可行的考核指标体系。此外，我们不应忽视对旅游产业的文化和人文内涵的挖掘，将创意融入文化旅游，创新思想、创意精品，使旅游的整体环境得到较大程度的改善和提升，做到处处有创意、景景显文化，以满足文化旅游的主体性体验需求和文化需求，增强游客在精神和心灵上的体验和感受。

（三）创意促进人才培养，发挥人才竞争力

文化旅游的发展离不开创意人才，吸引和培养旅游创意人才对于文化旅游具有重要的作用。文化旅游景区可通过和各大高等院校、科研机构及兄弟单位部门的横向联系建立合作关系，在文化旅游科研和教学领域有计划地为景区培养、培训专业人才，并对文化旅游景区内现有的从业人员进行分期培训、深造，提高从业人员的素质和能力。吸纳知名专家、教授作为文化旅游景区的旅游顾问，定期邀请专家座谈，为当地文化旅游业出谋划策，提高文化旅游的品位及档次，并利用专家的影响力扩大其知名度。

第三节 文旅融合精品案例

文化创意与旅游业的融合给旅游业带来了前所未有的生机与活力,扩大了旅游业的发展空间,延长了旅游产业链,促进了产业结构的升级与转换,催生了新型旅游形态。近年来,全国各地积极推进文化和旅游融合发展,创造了众多的精品项目、典型案例,这些项目让大地上的风景有了文化的厚度、创意的鲜度,提升了品位,有了故事,值得回味。

一、《蒙山沂水》:城市山水间的红色大典

山东省临沂市拥有得天独厚的自然环境、丰富的历史文化遗产以及灿烂的红色文化基础,沂蒙文化更是成为临沂市的一张名片。《蒙山沂水》就是临沂市依靠自身文化与环境优势打造的一部大型风情歌舞演出,也是国内首部红色大典、北方首部内河深水大型实景演出。2006年推出的《蒙山沂水》室内版获得了社会各界的热烈反响,随后,临沂市在此基础上,充分汲取有益经验,并融入时代元素和流行文化,推出了大型水上实景演出《蒙山沂水》。

《蒙山沂水》充分结合临沂特色,依托沂河两岸的现代城市景观以及自然环境风光,依傍沂河中心岛的优越地理位置,将声、光、电、水、景、人、服、泉等各种科技和艺术手段巧妙地结合在一起,演绎出具有时代特色的沂蒙新印象。

(一)《蒙山沂水》的创意渊源

1. 多元化的文化积淀

大型水上实景演出《蒙山沂水》的推出,与临沂市秀丽的山水风光和丰厚的文化积淀有着重要的关系。临沂,古称琅琊,后因毗邻沂河,遂改名为"临沂",拥有秀丽的山水风光。临沂是一座地地道道的历史文化古城,早在原始社会时期,临沂就诞生了著名的东夷文明,孕育出曾子、荀子、诸葛亮、王羲之、颜真卿等历史文化名人,后来虽几经变迁,但一直保留着丰富的文化遗产。

临沂也是一座红色文化名城,中国共产党在抗战初期就在临沂建立了沂蒙革命根据地,成立了中共中央华东局、华东军区、山东省政府等党政机关,在这里,中共领导了著名的苍山暴动、龙须崮暴动以及沂水暴动等抗战活动,这让临沂成为我国重要的红色文化根据地。此外,临沂地处长三角经济圈与环渤海经济

圈结合点，改革开放以来，临沂经济迅速发展，并借助其地域优势成为我国北方重要的商贸、物流、会展和商品集散中心，这又为临沂增添了一抹繁荣开放的现代文化魅力。这些元素促使临沂成为我国重要的文化旅游城市，其产业发展、精品创作以及文化体制改革均走在国内同类城市的前列，媒体传播、出版发行、文博会展等十大板块文化产业茁壮成长。第六届书圣文化节和两届诸葛亮文化旅游节的成功举办不仅提升了临沂的城市知名度，更为临沂带来了巨大的经济利益。近年来，我国社会各界对于红色文化表现出了极大的关注，许多与沂蒙文化相关的影视剧作品也趁此东风推出，如向中华人民共和国成立60周年献礼的重点剧目电视连续剧《沂蒙》和电影《沂蒙六姐妹》等作品，更是让临沂这座文化名城在全国人民乃至全世界人民心目中留下了深刻的印象。《蒙山沂水》室内版隆重推出后，受到了社会各界的一致好评，临沂市抓住进一步打造龙头品牌、提升城市形象的契机，在此基础上整合临沂所具有的多重文化元素，成功推出了大型水上实景演出《蒙山沂水》。

2. 现代水城的自然风貌

除了丰富、多元的文化元素，《蒙山沂水》更是依托了临沂独具特色的现代水城的自然风貌。和我国大部分北方城市相比，临沂的水资源特别丰富，有沂河、沭河、中运河以及滨河四大水系。临沂在进行城市建设时，充分利用自然资源优势，按照"以河为轴，两岸开发"的思路，打造出一座特色鲜明的现代水城，它拥有拦河而成的46平方千米的全国最大的城市湿地以及沂河两岸蜿蜒上千米的滨河大道。独特的自然风光和现代化的城市规划，让临沂成为我国重要的旅游城市。依附在沂河辽阔的水面和中心岛之上建立的水上剧场，是《蒙山沂水》得以成功的重要基础。

3. 旅游业兴起的绝佳机遇

旅游产业的快速发展为《蒙山沂水》的诞生提供了广袤的空间。近年来，我国社会经济迅速发展，人民生活水平不断提高，交通环境也得到了有效改善，这些条件都为我国旅游产业的发展奠定了良好的基础。近年来，全国各地都在大力宣传自己的城市品牌特色，临沂想要在竞争日趋激烈的旅游市场上分一杯羹，就必须找到城市宣传的突破口。云南、陕西、河南等地的成功经验给临沂提供了良好的借鉴，如将云南原创乡土歌舞与民族舞重新整合的大型原生态歌舞集《云南映象》就是云南进行旅游文化宣传的一张名片，它将云南的传统文化魅力与现代城市特色相结合,为云南旅游业的发展做出了重要贡献。因此,临沂要想在价值多元化的今天,展示一个城市的文化和发展,最有效的莫过于导出一台"好戏"。临沂依托得天独厚的自然条件和交通、商贸、人文等优势,旅游产业发展迅猛,并获得全国文明先进城市、中国优秀旅游城市、全国双拥模范城、国家环保模范城市、中国书法名城、中国市场名城、中国地热城等国字号名片,实施文旅一体化、打造文旅结合的拳头品牌成为临沂旅游业突破再发展的关键,也成为打造城市旅游目的地的现实需要,因此,《蒙山沂水》被顺利推出。

(二)《蒙山沂水》的成功经验

大型水上实景演出《蒙山沂水》由山高水长、地灵人杰、热土情深和印象沂蒙四个部分组成,大力弘扬沂蒙精神,始终坚持"文化极品、城市名片和文化大餐"的高端定位,成为宣传临沂美好形象的文化名片。

1. 沂蒙革命老区独特的红色文化

临沂是著名的革命老区。与井冈山、延安等革命老区相比,临沂的红色文化更具有唯一性,是人民群众"爱党爱军、无私奉献"的最好体现。《蒙山沂水》集中展现红色文化,把"百万人拥军支前、十万人血洒疆场"的许多经典故事搬上了舞台,充分挖掘了临沂历史上经典的红色事迹。同时,具有沂蒙特色的脍炙人口的《沂蒙山小调》贯穿演出始终,给人一种"水调唱大歌"的强烈听觉冲击。除此之外,《跟着共产党走》等经典"红歌"和原创新歌《沂蒙大调》《临沂赋》也在演出中出现。旋律优美、朗朗上口的红色歌曲让《蒙山沂水》的演出"红上加红",让观众在观看《蒙山沂水》时,从眼睛"红"到耳朵。这些独特红色文化元素的加入,让《蒙山沂水》与《印象刘三姐》《禅宗少林》等演出形成了主题上的鲜明对比;水上平台的借助,有别于《印象井冈山》等以"山"为主的表现形式。《蒙山沂水》不仅仅以自然山水为舞台展现临沂优美的山水风光和城市魅力,更借助自然山水传达出了临沂这座城市积淀的一种红色革命文化精神。《蒙山沂水》充分利用声、光、电、水、景、人、服、泉等各种科技和艺术手段,通过诗情画意的表演完美地表达出革命红色文化精神,演绎出全新的沂蒙印象,无论从内容还是形式上均体现出沂蒙革命老区的红色文化。在演出内容上,《蒙山沂水》注重沂蒙红色文化的演绎和诠释,兼顾临沂的历史文化和现代文化,突出沂蒙特色,观众在得到艺术享受和震撼的同时,更加领略到沂蒙文化的深厚底蕴和沂蒙精神的伟大内涵,感受到沂蒙老区的嬗变和创新。

2. 政府以及社会各界的有力支持

《蒙山沂水》这场独一无二的视听盛宴的成功举办与政府以及社会各界的有力支持是分不开的。一方面，政府的强力推动成为《蒙山沂水》成功的重要助力剂。大型水上实景演出《蒙山沂水》的运作，已被写入临沂市政府工作报告，列为文化建设的一号工程，受到临沂市政府的重点关注。临沂市委、市政府为此成立了专门的领导小组，市委书记和市长亲自挂帅担任组长，宣传、文化、广电、财政、城建等20多个市直部门的"一把手"任成员，从领导力量上确保流程顺利推进，确保这部作品的高质量。另一方面，《蒙山沂水》还采用了科学的运作模式。本着"谁投资、谁受益"的理念，按照政府推动、社会运作、公司经营的思路，成立专门的《蒙山沂水》演艺公司进行票务运作和市场推广，并广泛吸引社会资本参与。《蒙山沂水》的运作是临沂乃至国内文化体制改革的又一试金石，社会各界在资本、创意等各方面也给予了大力支持。

3. 自然优势与科技创意的完美整合

《蒙山沂水》充分借鉴了《印象刘三姐》《禅宗少林》在表现手法运用上的有益经验，立足于临沂的自然环境优势，依托沂河两岸的现代城市景观和自然山水风光，借助沂河中心岛，将自然山水直接作为演出舞台和观众席纳入演出，打破了人们心目中传统的剧场舞台与背景的概念。《蒙山沂水》将广阔的沂水水域和沂蒙山作为舞台背景，让纯天然的水光山色、明月星光与现代化的灯光交相辉映，呈现出与传统剧场完全不同的视觉效果，使观众置身于巨大的自然山水空间中，开阔了视野，放松了身心，极大地增强了观众的参与性，极大地拉近了观众与大自然的距离。观众融入山水画卷中，得到了休闲放松。除此之外，《蒙山沂水》还利用先进的科学手段，凭借完美的灯光效果，将不断变化的场景用绚丽的灯光表现出来，带来了强烈的视觉冲击力，并且将国际一流的音响设备与山水的自然之声完美结合在一起，创造出极具震撼力的音响效果，为观众营造出一幕幕如梦似幻的艺术场景。

4. 精益求精的创作与完善的市场化运作

《蒙山沂水》首演以来，经历了五次大型改版提升、十几次小型完善，从全景式描述临沂的历史文化，转变为突出红色文化、展示沂蒙精神的红色演出大典。在演出团队的选择上，《蒙山沂水》充分发挥临沂大学、临沂艺术学校等院校艺术专业学生的专业优势，整合临沂市老年合唱团、少儿艺术馆等文艺团体以及临沂市文艺院团的舞美、灯光、服装、道具等各种资源，以更好地表现沂蒙文化、弘扬沂蒙精神，展现现代临沂人民的生活面貌。除此之外，《蒙山沂水》的每一个演出季，演职人员白天与舞台改造施工人员一起抽淤泥、修线路、打扫卫生，晚上进行排练、演出，团结合作的工作状态让全体演职人员以饱满的热情为观众奉献了一场场精彩演出，戏里戏外都诠释着沂蒙精神的深刻内涵。

《蒙山沂水》的成功之处，还在于其完善的市场化运作模式和成熟的商业宣传手段。《蒙山沂水》积极进行营销宣传，拓宽市场化运行模式，初步建立起良性的市场运行机制，并借助临沂日报报业集团的宣传平台以及媒体营销优势，充分整合新旧媒体资源，为《蒙山沂水》的推广奠定了良好的基础。沂蒙山水、革命老区、文化古城、现代都市都是临沂这座城市的重要标签，但这些标签背后并不是简单的符号化名称，而是蕴含着风景优美的沂蒙山水和热血澎湃的沂蒙红色文化。因此，《蒙山沂水》在宣传时，充分把握城市特色，突出演出魅力，将这些具有影响力和吸引力的元素融合在一起进行声势浩大的宣传与包装，建构起一系列独具风味的象征意义，符合现代人对文化汲取、风光欣赏、城市消费等多元化的需求，进而引起了人们的观看热情和旅游兴趣，形成了巨大的影响力和号召力。

《蒙山沂水》将各种文化元素与艺术表现形式放在一个生动而鲜活的自然山水场景中加以展开和诠释，无论是主创人员、演职人员还是观众，都被融入这场似梦非梦的梦幻场景中，共同感受热血澎湃的红色文化和革命精神。加之沂蒙山水等生态景观的烘托，各个革命英雄人物的塑造都已不再只是单纯的艺术表现形式，人们在这里不仅仅获得了感官的完美享受和身心放松，更感受到了心灵的震撼与洗涤。《蒙山沂水》将自然山水与革命老区的红色文化完美结合起来，立足临沂实际，依托沂河两岸的现代城市景观和沂水的自然背景，依托沂河中心岛，将自然山水纳入并演出直接作为演出舞台和观众席，打破了人们心目中传统的剧场舞台与背景的概念，生动地诠释了全新的民族民俗文化旅游开发模式，成为我国民族民俗文化旅游开发创新的成功案例，为我国旅游文化的开发做出了巨大贡献。

二、迪士尼乐园：世界上最快乐的地方

文化主题公园不仅是一个乐园，更是一个博览园。文化主题公园注重文化内涵的展现，一般以相对完整的故事为线索进行相应展开，在园区内通过逼真的设

计制作,将具有观赏性、娱乐性、体验性的游乐设施和项目打造成为吸引游客的旅游景点。文化主题公园已成为旅游业和文化创意产业互动发展的亮点和典型代表,世界各国和地区为了提高自身的经济实力和竞争力,将发展文化旅游业作为一个着眼点,策划并建造了一系列文化主题公园,其中典型的成功实例就是迪士尼乐园。上海迪士尼乐园作为中国第二座迪士尼文化主题乐园,不仅可以让游客身临其境、尽情欢愉,还满足了他们对于旅游体验性、参与性等的文化需求。

(一)迪士尼乐园的发展历程

21世纪是一个高速发展的信息时代,科技创意在这个时代得到了很好的展现。文化创意凭借现代高科技手段的支撑物化成各式各样的文化产品和服务,实现了文化产业发展的创意转换和价值实现,如迪士尼乐园就是一个文化创意依靠科技与旅游业高度融合的、富有创意而又充满新鲜感的旅游综合体。科技创意在文化产业的广泛应用和融合,不仅能够使文化产业和文化产品的表现方式得到高效及大范围扩展、文化产业整体发展链条不断延伸,还能够进一步形成新的文化消费热点和文化市场,推进文化产业新兴业态的出现与发展。文化旅游就是科技、旅游与文化产业的无缝融合,创意因子是使文化产业和旅游业高度融合的催化剂,创意立足于丰富文化资源的基础之上,借助高科技的支撑完成产业的转化,并给游客带来不同的感官体验、科技享受和文化盛宴。

首座迪士尼文化主题乐园在美国加州正式建成,标志着迪士尼公司的经营范围从纯粹的文化产品产业扩张到相关的主题公园文化旅游业。迪士尼基于对"未来世界"的设想,用科技打造魔幻的未来世界,把动画片中所运用的表现手法很好地与主题乐园的功能相结合,园中的一切,从环境布局到娱乐设施都处处体现着迪士尼童话主题。由于科技的日新月异,迪士尼乐园也无时无刻不在发生着变化,迪士尼文化主题乐园将最新的科技和创意引入园区,巧妙地融合了现代科学技术手段,以文化创意为核心,以历史和未来交融、现实与虚幻重叠的手法,运用现代计算机、自动控制、数字模拟与仿真、数字影视、声光电等高科技手段,实现了文化、艺术、科技和创意的完美结合,营造出愉悦舒适的园区环境,先进完善的科技后盾使各种活动以交互、参与和体验的方式给游客带来新鲜、刺激、欢乐的全新体验和参与经历。

进入园区,活泼轻松的音乐在四周环绕,让游客立即感受到愉悦、舒适的园区环境,映入眼帘的是一个个童话城堡及道路两边可爱经典的卡通形象。出现在动画片和科幻影片中的幻境被搬到了现实之中,在视觉和听觉的双层享受和冲击之下,人们仿佛化身成为城堡中的卡通人物,来亲自体验卡通世界的生活。园区工作人员身着卡通形象的服装,保证了园区整体环境的内化统一,从而为游客提供了一个完整的童话乐园。迪士尼乐园由多个主题项目区和场馆组成,拥有国际一流的高空飞翔仿真体验项目"飞越极限"、大型动感太空飞行体验项目"星际航班"、火山穿行历险项目"维苏威火山"、玛雅主题大型历险项目"神秘河谷"、恐龙灾难体验项目"恐龙危机"等。

在太空飞行体验项目"星际航班"中,人们在高科技手段的支撑下,可以感受到模拟的太空失重状态,加之声光电的巧妙运用,还可以体会到光速来往于无涯宇宙和恒星之间的速度感,与流星、彗星同行,一起探寻太空的奥秘。在逼真舒适的模拟太空舱里,既可以感受浩瀚宇宙星空带来的视觉冲击,也可以尽情投入惊险刺激的模拟星球大战中,在音乐和声效的衬托下,用文化与现代科技的碰撞与融合创造出震撼的艺术效果,为游客营造出身临其境般、如梦似幻的太空场景。

通过"生命之光"这一游乐项目,游客可以在巨幕电影《生命之光》宏大的画面和气势之中感受到生命的无穷玄奥,在从生命起源到人类出现的历史长河中寻找未解谜题的答案,在叹服大自然壮美和神奇的同时,体验巨幕立体电影带来的震撼。文化娱乐项目利用现代科技手段将各种复杂枯燥的文化和科普知识转化成为一个个寓教于乐的游乐项目,这类项目最大的吸引力就在于这种独特的教育和文化传播的方式带给人们的神奇、快乐的感官享受。

"太空任务"是迪士尼世界与美国国家航空航天局共同打造的一项非同寻常的游乐项目。迪士尼世界负责公共关系的杰弗里介绍说,"太空任务"能够帮助人们感受宇航员的真实体验,整个游乐项目模拟了一次太空飞船从地球升空飞向火星的探险之旅。游客从进入飞船开始,就可以真切体验到宇航员所面临的一切,包括升空时的增压和太空中的失重状态等。为了让整个体验过程逼真、可信,迪士尼开发人员与美国国家航空航天局通力合作,不放过任何细小的环节。

"试车轨道"则是迪士尼世界与美国通用汽车公司联合设计制造的一项游乐项目。它的新颖独到不仅在于其高低起伏、充满惊险刺激的车道,还在于其为驾驶者模拟了汽车公司的试车环境,甚至还将汽车的撞击试验融入其中,起到了寓教于乐的作用。而最高可达 60 英里(接近 100 千米)的时速,也足以让每一位体验者充分感受到风驰电掣的快感。

正是因为有了无数这样或那样的科技创意,迪士尼乐园才会充满活力和乐趣,乐园内的各项文化产业链依靠科技创意得以实现和延伸,科技创意为迪士尼文化产业的发展提供了强有力的技术保障和支持。同时,科技创意与各种文化产品和文化服务的深度结合极大地刺激了消费需求,给文化产业带来了新的发展机遇。基于文化基础之上的科技创意不断激发文化产业的深层潜力,挖掘文化产业所具有的价值,推进文化产业发展的技术性创新,科技创意已成为提升文化产业核心竞争力的重要手段和技术保障。

目前,迪士尼公司分别在美国佛罗里达州和南加州以及日本东京、法国巴黎、中国的香港和上海六个地区建立了独具特色的迪士尼文化主题乐园。我国第二座迪士尼乐园上海迪士尼乐园正式运营时在上海举办了为期数日的盛大开幕庆典。上海迪士尼乐园处于上海国际旅游度假区核心区域,投资规模约340亿元,其中一期建设的迪士尼乐园及配套区占地1.16平方千米,面积约为加州和东京迪士尼的2倍、香港迪士尼的3倍。上海迪士尼乐园是一座神奇王国风格的主题乐园,包含七个主题园区:米奇大街、奇想花园、探险岛、宝藏湾、明日世界、梦幻世界、迪士尼·皮克斯玩具总动员。每个园区均有各自独特的花园、舞台表演和游乐项目,为游客带来许多前所未有的体验。

(二)迪士尼乐园的成功经验

迪士尼乐园抓住了人们向往幸福快乐的心理,将无法触摸的幸福快乐以实体的形式创造出来,不计成本地打造人性化设施和服务,让游客们获得了心灵上的喜悦与满足,对迪士尼乐园留恋不已。

1. 准确的市场定位

迪士尼乐园在创建之初就有明确的市场定位,为了满足人们渴望得到放松和欢乐的消费心理需求,紧紧围绕"快乐"这个主题提供游乐产品与服务,为游客提供尽可能多的快乐体验。迪士尼乐园旗下众多成功的动画影视作品被广泛引入乐园中来,孩子们被充满乐趣的游乐活动、可爱的卡通形象所吸引,而成年人也似乎回到了童年,重温童年时的美好时光,实现儿时未能实现的童话梦。迪士尼乐园把快乐变成了真实的产品,以商品的形式兜售给游客。

2. 高质量人性化的服务

迪士尼乐园里处处可见体现人性关怀的人工服务与硬件设施,每位员工入职前都必须参加迪士尼大学严格的课程培训，学习怎样为游客提供细致入微、充满人性关怀的高质量服务，为游客营造出舒适快乐的游乐氛围。高质量的人性化服务是游客能够在迪士尼乐园时刻拥有快乐心情的强有力保证，迪士尼乐园树立了良好的品牌形象，提升了游客对品牌的忠诚度。

3. 愉悦舒适的园内环境

进入迪士尼乐园大门，游客就被亲切、愉快、舒适的环境气氛所包围。迪士尼公司旗下经典卡通人物的热情迎接、轻松活泼的音乐、以往只存在于影片中的梦幻场景、工作人员体贴周到的服务、干净整洁的卫生环境，所有的一切，都让游客流连忘返。此外，为保证内外环境的统一性，迪士尼乐园甚至不惜改造乐园周边环境以期为游客提供一个完整的童话乐园。

4. 新鲜刺激的体验与参与经历

在迪士尼乐园，游客不仅可以获得视觉和听觉上的享受，更能亲自体验童话人物的日常生活。这里拥有世界上最先进的电动游乐设备，将各种枯燥的科学知识变成游客手中的玩具及趣味项目，寓教于乐，让游客在感受科学带来的神奇与快乐的同时，还能够了解相应的科学知识。各种应接不暇、新鲜刺激的体验与参与活动，让游客们得到了无尽的欢乐，也让迪士尼乐园成为全世界游客逗留时间最长的主题乐园。

5. 先进完善的科技后盾

迪士尼乐园的发展与美国科学技术的创新发展是同步进行的，乐园内实时更新与增加的娱乐项目是美国先进科技的完美展现。正是有先进科技做后盾，迪士尼乐园才能时刻保持游戏的刺激性与游客的新鲜感，不断更新游乐项目，给游客带来最新体验，并使其保持长久的兴趣，成为一个百去不厌的快乐乐园。

上海迪士尼文化主题乐园是对文化产业与旅游业、科技创意无缝融合的完美阐释，具有科技含量较高，技术水平先进，虚实景完美结合，科幻、动漫等高科技元素与中国特色文化互融交合等特点，项目内容涵盖现代科技、未来科技、科学幻想、神话传说、综合表演等多个领域，营造了让游客身临其境的体验园区，处处体现着当今国际一流的文化产业发展理念和科学技术手段的应用。迪士尼乐园的成功运作促进了当地文化科技产业的蓬勃发展，并逐步在中国市场建立了自己独特而又强势的文化科技品牌。

迪士尼文化主题乐园是文化旅游业发展的一个具有里程碑意义的成功典范，

但是，由于经济发展水平、文化价值观念以及消费理念的不同，在文化主题乐园的建设和发展上，我们不能一味地模仿与复制，而应该以我国的实际情况为前提，在充分学习国外优秀文化项目的先进经营管理理念的基础上，充分汲取精华、积累经验，实现文化产业和旅游业发展的双重价值。坚持文化创意和旅游业的无尽结合，使两者的界线日益模糊，将旅游业的内容和表现方式不断多样化，使旅游业的发展和实现手段更具文化内涵和文化附加值，从而打造出具有中国民族特色、符合国内游客审美习惯和消费心理的中国式文化主题公园。此外，在激烈的市场竞争中。文化旅游要想获得长足的发展。必须在其他外在条件相同的情况下，不断加大科技创新、文化创意等方面的投入，引进先进的科学技术，加强创意人才的培养，提高科技和文化的原始创新能力，形成具有自己核心竞争力的文化旅游创意资源。

第六章　当代旅游文化深度开发的创意基因

第一节　旅游策划与旅游文化

一、旅游策划产生的历史背景

旅游，继人类19世纪第二次"工业革命"和20世纪"电子革命"以后，被称为21世纪的又一次"无烟革命"。它以自然与文化高度融合、开发与环保紧密联系、大众与时尚完美体现、生理与心灵共同参与的特殊形态与强大功能，发展速度迅速，已经全面渗透到当今世界经济领域的各个方面。

随着中国社会主义现代化进程的突飞猛进，国民经济日益发展，人民生活水平不断提高，作为传统意义上的所谓"奢侈消费品"的旅游活动，已经普遍深入到社会各个阶层，并很快成为我国国民经济建设的六大支柱产业之一。

伴随着旅游活动的深入人心与旅游产业的快速发展，原有的旅游体制、旅游形态已逐渐不能适应当代社会的旅游观念和旅游趋势。因此，传统旅游体制的改革，传统旅游方式的进化，特别是传统旅游观念的转变，已经成为当代中国旅游行业，特别是旅游产业的声势浩大、不可阻挡的历史潮流。

（一）旅游从计划经济向市场经济过渡

中国现代旅游业起步于20世纪70年代末期，在其开始阶段的主要目的，是要确立旅游业在现代社会各种产业之间的生存地位，也就是要得到政府的支持与社会的认可。这个时期的旅游行业基本上都是由各级政府直接介入，各种旅游行业也基本上是由政府委派的行政主管部门直接管理。因此，被称为"行政旅游模式"。

◇◇ 旅游文化创意与规划研究

正是由于在当时那个特殊时期，各级政府的主动参与和行政主管部门的强力介入，才使我国的旅游业在几乎一片空白的基础上，如雨后春笋般涌现出许许多多的旅游机构，并逐渐带动了一大批旅游企业和从业旅游人员，短短十几年间就迅速发展并确立起旅游在国民经济中的重要地位，使旅游经济一跃成为拉动国民经济发展的重要因素。可以说，这一时期的"行政旅游模式"，功勋卓著，成绩斐然。

随着我国改革开放的不断深入，社会主义市场经济得以确立和不断完善，旅游行业也逐渐由较为单一的景区、景点迅速发展形成涵盖全国的一大经济产业。经过多年的实践和探索，现在我国国民经济已经走上了一条全新的符合本国实际的市场经济道路，并随着加入世界贸易组织而与世界经济日益接轨，旅游产业市场化已是势在必行。因此，作为国民经济六大产业之一的旅游业，虽然明显滞后于其他经济产业，但也不可避免地，并且步伐越来越大地迈向了从传统计划经济向现代市场经济过渡的必由之路。

(二)旅游由单一事业模式向多种产业运作发展

传统的政府主导型旅游，其开发与经营模式，都是行政事业行为。其范围包含了从景区规划建设到后期经营管理的各个方面，堪称面面俱到，大包大揽。由于旅游的资源、权利和义务的界线难以有效划分，产权不明晰，责任不明确，作为政府行政主管部门，既要充当投资人角色，又要担当经营管理者角色，既是运动员，又是裁判员，往往容易造成产权关系的混乱、融资渠道的堵塞、市场经营的不善等具体而难以克服的问题。

同时，由政府主导型的旅游一般都是按照旅游行政的发展思路来指导旅游的开发与经营。这种行政事业思维非常强调社会效益与行政政绩，不太注重和追求市场经济效益。因而在旅游的具体开发与经营实践中，不是难以实现其宏伟目标，就是投资收益难以回收，造成许多旅游景区陷入要么热热闹闹开张、冷冷清清收场，要么进退两难、举步维艰的尴尬境地。

由此可见，进入市场经济体制的旅游产业，无论是开发还是经营，都再也不能只按照行政事业的思维观念、只按照行政计划的管理习惯、只按照行政命令的经营方式来进行运作，而必须依据旅游市场的客观规律，把旅游产业的开发与经营都纳入产业经济体制来进行运作，才能保证产生应有的社会效益和经济效益。

第六章　当代旅游文化深度开发的创意基因

（三）旅游在传统规划基础上寻求创新策划

规划，简而言之，就是按一定的规章进行计划，明显带有定式思维、行政运作的概念。旅游规划，就是一个旅游项目在开发前必须按国家有关法规预算，聘请有专业资质的规划机构编制预算，并报政府有关行政主管部门批准后才能实施的旅游开发计划，其主要包括《旅游总体开发规划》（通常简称"开发总规"或"总规"）、《旅游建设详细规划》（通常简称"建设详规"或"详规"）。

《旅游规划通则》中指出，旅游发展规划是根据旅游业的历史、现状和市场要素的变化所制定的目标体系，以及为实现目标体系在特定的发展条件下对旅游发展的要素所做的安排。旅游区规划是指为了保护、开发、利用和经营管理旅游区，使其发挥多种功能和作用而进行的各项旅游要素的统筹部署和具体安排。旅游规划经过几个五年规划期的编制工作，在确立我国旅游业的产业地位过程中发挥了重要作用。

旅游规划的主要任务，一是资源开发的空间规划，二是产业开发的体系规划，目的都是为了合理地配置旅游资源，确定旅游生产力要素布局及产业配套的整体关系。但旅游规划一般不研究具体的旅游产品，不涉及具体的旅游市场，不考虑具体的开发方式，不提供具体的经营手段。旅游规划十分强调政策性、宏观性、逻辑性、规范性、稳定性、指导性，相对缺乏创造性、独特性、形象性、差异性、灵活性、可操作性，因而较难直接进入旅游开发与经营的产业市场经济体系。以至于许多政府部门和旅游企事业单位编制规划后，不得不将规划束之高阁。

为此，《旅游规划通则》中还指出："在规划执行过程中，要根据市场环境等各个方面的变化对规划进行进一步的修订和完善。"但直到目前为止，我国绝大多数的旅游规划由于行政规章制约、传统观念束缚、创新精神薄弱、形象思维欠缺等各种因素，较难突破原有的规划模式，较难真正做到适应旅游产业的市场需求。因此，旅游策划便应运而生。

策划，简而言之，就是以不同的策略进行谋划，显然带有创新思维和市场竞争的含义。

旅游策划是在旅游总体开发规划的基础上，专门针对旅游市场行为的、以旅游产业开发和市场营销为主要目的的旅游产业策划（通常简称"产业策划"或"策划"）。旅游产业策划是对原有规划所欠缺的市场经济观念的最好补充，是解决旅游产业开发与市场营销实际操作困难的最好钥匙。虽然旅游策划主要属于一种新兴的市场经济行为,暂时还没有纳入行政法规的范畴,但旅游策划已被越来越多的政府行政主管部门,特别是旅游企业在旅游的开发与营销实践中所认识、赞同、欣赏、接受,被认为是进入现代旅游市场经济体系的必经之门,是与"开发总规""建设详规"同等重要,甚至更为急需的必备程序。

二、旅游策划的现实意义

长期以来,人们对旅游的开发和经营基本停留在行政规划与硬件设施两个认知层面。一个地方对旅游业是否重视,大都表现在是否编制了开发总规或建设详规,是否大兴土木,修建了人工设施以及建设规模大小与投入资金多少等"政绩"工程上。至于这些规划是否符合旅游产业发展的规律,是否能够融入旅游市场经济体系,这些硬件设施是否能够成为真正的旅游产品,是否产生真正的社会效益与切实的经济效益,则没有引起足够的重视,或者说没有找到很好的解决办法。

还有许多地方在进行旅游开发与经营的同时,往往都有这样一种感慨:我们有丰富的资源,有审批的规划,就是没有资金,没有招商引资的渠道。即便经常参加或召开各种各样的旅游资源推荐会、旅游展销会、招商引资洽谈会,但大都收效甚微。就算是一些现在开发的旅游项目,有了企业的介入、资金的支持,刚开始时雄心勃勃、财大气粗,张口就是要投入几个亿甚至几十个亿,要打造一个全国乃至全世界第一流的旅游产品,可随之而来的,除了规划加硬件,仍然没有更好的策略与手段来真正实现旅游的产业开发与市场经营的良好宏愿。

上述种种情形,大都还是因为受到旧有体制的制约与传统观念的束缚,没有能够正确地意识到旅游的开发与营销是一个综合因素极其复杂的市场行为。原始的旅游资源在很大程度上只是一个地域与空间概念,部分硬件设施也只是景区必备的基础工程,缺少直接投入旅游产业市场的"资产价值"与"营销条件"。而行政性的开发总规或建设详规也大都没有提供未来能够产生"亮点""热点"与"卖点"的产业形象与市场行为,没有向开发商、经营商提供操作性极强、效益价值极其明显的开发经营指南,缺乏招商引资的吸引力、展现力、说服力。另外一部分现代景区虽然有投资企业的资金支持,但由于对旅游产业的特性了解不够,对旅游市场的规律认识不足,尽管有宏图大志,但也很难迅速有效地实现既定目标。

由此可见,要想搞好旅游,玩转旅游这张特殊的经济大牌,就必须深刻认识

第六章 当代旅游文化深度开发的创意基因

旅游的产业特性与市场规律，找准一个区有别于其他产业和其他景区的独特资源，挖掘出一个不可被其他产业或景区所替代的旅游要素，从而让一个旅游区的开发与营销真正进入到旅游产业体系与旅游市场范畴。而能够解决这一切问题的，就是新兴的旅游策划。

当代中国旅游开发与营销的大量实践证明，旅游策划至少在最为急需的三个方面作出了成功的典范：策划为旅游注入生机；策划为旅游打开宝库；策划为旅游创造奇迹。

（一）策划为旅游注入生机

进入 21 世纪。随着时代的变迁与社会的发展，许多传统的旅游景区，甚至一些原本非常著名的旅游景区，由于资源的匮乏、项目的陈旧、环境的改变、观念的落伍等主客观因素，原有的品牌效应逐渐削弱，原有的旅游客源逐渐减少，从景区以前的"门庭若市"，逐渐退化到"门可罗雀"，甚至"望穿秋水"也"无人问律"，陷入了"走投无路""难以为继"的极大困境。而伴随着新的时代信息和社会理念横空出世的旅游策划，为许多旅游景区注入了蓬勃生机。有的"绝路逢生"，有的"妙手回春"，有的"旧貌换新颜"。

（二）策划为旅游打开宝库

当代世界旅游，特别是改革开放以来的中国旅游，已经从原来较为单一的观光旅游，发展到现在的包括观光、游乐、休闲、度假、科普、文艺、影视、体育、探险、健身、医疗、美食、节庆、会展等众多内容的全方位、立体化、综合型、多向性的旅游。现代游客的旅游项目，也从以前较为单一、较为浅显、被动接受的传统性项目，逐渐发展到选择更为丰富、更有内涵、更能主动参与的现代化项目。但是，无论是一些已经成熟的老项目，还是一些刚刚开发的新项目，都普遍存在着资源不足、内容单一、形式陈旧等十分令人头疼的问题。看起来好像是"巧妇难为无米之炊"，实际上大多是因为缺乏系统的知识、深入的研究、独特的见解与专业的技巧，故而"不识庐山真面目，只缘身在此山中"，难以发现、挖掘、开启并利用本景区的资源宝库。

（三）策划为旅游创造奇迹

随着中国社会主义现代化建设的飞速前进，人民生活水平的显著提高，与世界各国人民的交往日益频繁，旅游作为一种新兴的产业，已经迅速发展成为中国国民经济的支柱产业之一，其重要的社会效益与巨大的经济潜力已被越来越多的地方政府、企业商家以及广大群众所认识。旅游开发已在各个地区、各级政府、各类企业以及许多群众中形成一波又一波的参与热潮。除原本已有的老景区和拥有的资源以及正在进行开发的新景区外，还有一些以前没有成熟的、但已著名的旅游点，或者的确缺少现成的、潜在的旅游资源的地区，也都非常渴望能被发现和挖掘，从而促进本地区的产业结构调整，带动本地区的经济增长。作为以大胆创新、超前想象为特征的旅游策划，能够打破传统思想的桎梏，冲出旧有观念的束缚，在表面看来无资源可挖掘、无项目可开发的地区"化腐朽为神奇"，甚至出现"无中生有""一举成名"地创造出一个著名旅游品牌的辉煌奇迹。

综上所述，旅游策划就是要全力做到：激发大智慧，挥洒大手笔，创造大文化，推动大旅游，促进大产业，拓展大市场。

第二节　旅游资源与旅游文化

在全国各地大力发展旅游产业、大力开发旅游景区的背景下，旅游资源已成为直接影响和制约一个地区、一个景区是否能够进行旅游文化开发的根本问题。因此，必须要清醒地认识和了解旅游资源，很好地挖掘和利用旅游资源。

一、旅游资源理念

旅游资源是旅游景区品牌塑造、项目开发、市场营销的生存载体，是决定旅游景区品位高低、规模大小、前景优劣的基本条件。一般意义上的旅游资源，是指存在于一定区域，具有自然或社会特色，潜藏着旅游经济价值的物质存在，或具有一定历史意义、社会意义的精神文化形态，具有一定的独特性、代表性、趋向性、引导性，并且是可利用、可挖掘、可提炼、可整合的现成或潜在资源。其基础资源也就是人们通常所说的自然资源与文化资源。

常见的旅游基础资源，主要是指已经在一定区域内现实存在的，或基本认定的，或广泛流传的，或形成共识的现成或潜在的自然资源与文化资源。

（一）现成或潜在的自然资源

（1）山资源：山峰、山脉、山谷、山沟、山势、山形、山体、山色、地质地貌等。

(2)水资源：海洋、江河、河川、湖泊、溪流、瀑布、温泉等。

(3)林资源：原始森林、人造森林、珍稀森林等。

(4)洞资源：溶洞、天坑等。

(5)石资源：石林、石笋、奇石、怪石、象形石等。

(6)草资源：草原、草甸、草坪、草坡、草坝等。

(7)花资源：野生花卉、珍稀花卉、园林花卉等。

(8)雪资源：雪山、雪峰、雪谷、雪地、冰川等。

(9)气象资源：佛光、云海、雾凇、彩虹、荧光、晴雨、日象、月象、星象、天象等。

(10)生态资源：动物、植物、农作物等。

(二)现成或潜在的文化资源

(1)历史文化资源：历史记载、历史遗迹、历史文物、人物、历史博物馆等。

(2)传统文化资源：传统神话、传统故事、传统节日习俗、传统文艺、传统工艺、传统建筑、传统交通等。

(3)宗教文化资源：宗教寺庙、宗教仪式、宗教活动、宗教音乐等。

(4)民间文化资源：民间传说、民间习俗、民间曲艺、民间工艺、民间杂技、民间绝活、民间小吃、民间特产等。

(5)地方文化资源：地方风情、地方戏曲、地方特色等。

(6)民族文化资源：主要指少数民族文化等。

(7)现代文化资源：现代理念、现代文学、现代艺术、现代科技、现代建筑、现代交通、现代玩具、现代用品等。

(8)时尚文化资源：时尚生活、时尚消遣、时尚音乐、时尚服饰、时尚健身、时尚美容、时尚游乐、时尚游戏、时尚参与、时尚体验等。

(9)体育文化资源：户外活动、野外活动、登山活动、划船活动、攀岩活动、滑翔活动、探险活动、自驾车活动等。

(10)休闲文化资源：文艺休闲、体育休闲、游乐休闲、美食休闲、城市公园休闲、乡村农家休闲、自然山水休闲、古迹胜地休闲等。

二、旅游资源条件

不是所有现成的或潜在的自然资源与文化资源都能成为马上可以利用的旅游

◇◇ 旅游文化创意与规划研究

资源。现成的或潜在的自然资源与文化资源，必须至少符合三大方面的条件，才能成为真正可以利用的旅游资源。

（一）可进入与可逗留条件

旅游产业的主要消费市场是旅游景区，主要消费形式就是让游客进入景区。因此，旅游景区所拥有的原始资源区域的可进入与可逗留条件，是其旅游产业和旅游市场能否形成的基础条件，也是旅游景区所拥有的原始资源能否有效利用成为旅游资源的基础条件。旅游资源的可进入与可逗留条件主要包括以下两点。

（1）地理位置的可进入条件。旅游资源的地理位置是否处于较长时期内人力都难以到达的区域？是否存在较长时期内人力都难以逾越的地理障碍？是否存在较长时期内人力都难以改善的交通困难？

（2）自然环境的可逗留条件。旅游资源所处区域是否存在人力不可控制的自然灾害因素（如雷击、雪崩、地震、海啸、洪水、泥石流等）？是否存在较长时期内都难以妥善解决的环境制约因素（如环境污染、传染性疾病、正在开采的矿区等）？

（二）可开发与可经营条件

旅游资源的可开发与可经营条件主要包括如下内容。

（1）自然资源的可开发与可经营条件。如果是一个以自然风光为主体的旅游景区，必须具备至少一种以上能够有机组合、形成规模、可供开发与经营的自然风光资源（如好山与好水，森林与湖泊，山谷与洞穴，雪峰与温泉，阳光、海浪与沙滩，乡村农家与田园风光等）。

（2）人文资源的可开发与可经营条件。如果是一个以人文观光为主体的旅游景区，必须具备至少一种以上有较强的说服力、较大影响力、可供开发与经营的人文观光资源（如历史记载、传统故事、文物古迹、民间风俗、现代文明、流行时尚等）。

（3）综合资源的可开发与可经营条件：如果是一个以自然风光为主、人文观光为辅或以人文观光为主、自然风光为辅的旅游景区，则必须具备至少一种以上有较强的说服力、较大的影响力、可供开发与经营的人文观光资源，再加上至少一种以上能够有机组合、形成规模、可供开发与经营的自然风光资源。

（三）可保护与可持续条件

无论是旅游景区的开发还是营销，其现成或潜在的自然资源与文化资源能否得到有效保护，从而提供持续不断的开发与营销能力，是其拥有的现成或潜在资源能否有效利用成为旅游资源的关键条件。旅游资源的可保护与可持续条件主要包括如下内容。

(1) 自然资源的可保护与可持续条件。一般来讲，旅游景区的自然资源保护和开发区域都应该按同心圆的模式，具备三个区域：一是核心保护区，它是旅游景区的核心，是受绝对保护的地区，是人为活动干扰最少、自然生态系统保存最完整、野生动植物资源最集中，或者具有特殊保护意义的地段；二是缓冲过渡区，它处于核心区外围，是核心保护区与密集开发区之间的过渡区域，它既可以有明确的界线，也可以只确定一个范围，允许少量不会破坏或影响自然生态的开发；三是密集开发区，它是在缓冲过渡区的外围，是允许旅游项目密集开发的区域，也是游客在旅游景区内的主要活动场所。能够具备这三个区域的自然资源，一般都可以得到有效的保护，从而提供可持续发展的能力。否则，就不该也不能成为大力开发的旅游资源。

(2) 文化资源的可保护与可持续条件。旅游景区的文化资源一般是以历史遗存的文物形态，或精神传播的非物质形态予以体现。由于历史文物的珍贵性，其大都处于国家文物保护的法令或有关地方文物保护的法规之下，如果经营者想要进入旅游景区的开发与营销范畴，必须首先得到文物保护法令或法规的许可，并确保文物的完好保存。而以精神传播为主的非物质形态的文化资源，必须注意其流动性、变化性、不确切性、不稳定性等因素，以免造成昙花一现、难以为继的不可持续性。

三、旅游资源误区

通常情况下，不太熟悉旅游资源理念的人们，往往会在对旅游资源的认识上产生一些误区。

(一) 现成资源与旅游资源

常见的旅游资源误区是将现成的自然资源或文化资源，误以为就是旅游资源。这是因为现成的自然资源或文化资源与旅游资源间直观上似乎没有太大的区别，很多人便自以为是地将二者等同起来，宣称本地区有多少丰富的旅游资源。并且往往还有人将现成的自然资源或文化资源等同于旅游项目和产品，进而以为决定旅游发展状况和前景的主要是资源状况。所以，在旅游开发和发展中往往易

◇◇ 旅游文化创意与规划研究

于只看到资源的重要性,而忽视了市场的决定性作用,没能开发出适合市场需要的项目和产品,直接影响到旅游开发和发展的效果。其实,现成的自然资源或文化资源,还只是旅游资源的基础资源。许多森林资源、矿产资源、水利资源、农业资源、文学资源、艺术资源等,有些可能会成为旅游资源,有些可能暂时不会成为旅游资源,有些则长期都不可能成为旅游资源。因为现成的自然资源或文化资源不仅是旅游产业的基础资源,也是整个社会和其他经济产业的基础资源。只有将现成的自然资源或文化资源中具有旅游吸引力和市场价值、适合于旅游产业发展的因素挖掘、提炼、加工、转化成能够进行开发营销、能够提供旅游者消费的旅游产品形态,这些现成的自然资源或文化资源,才能成为真正意义上的旅游资源。

(二)面对资源与发现资源

还有一种误区是面对现成的自然资源成文化资源,却发现不了旅游资源。很多旅游景区的开发者或经营者就是资源的所有者或占有者,长期生活于资源环境之中,对旅游景区的资源环境非常熟悉。但由于对周边自然风光或文化现象早就习以为常、熟视无睹,所谓"不识庐山真面目,只缘身在此山中"。再加上对旅游资源的特性认识不清,对现有资源能否成为旅游资源的价值判断不准,因而往往身在宝中不知宝,守着金山讨饭吃,白白地耽误了、闲置了、荒废了、埋藏了许多现成的旅游资源。

(三)潜在资源与创造资源

另外一种误区是以为只有现成的自然资源或文化资源,才是旅游资源。有些地区由于种种原因,的确没有现成的自然资源或文化资源,因而就认为这个地区没有旅游资源,不能发展旅游产业,这也是一种误解。因为不管哪一个地区,都处在一定的自然环境与文化环境之中,只要有自然环境成文化环境的存在,就必然潜藏着一定的自然资源与文化资源,也就必然潜藏着一定的旅游资源。只要进行认真的考察和深入的研究,一定会发现或挖掘出这些自然环境或文化环境中潜在的资源,甚至创造出适合这种自然环境或文化环境的新的旅游资源。

四、旅游资源思维

(一)把握资源思维前提

拥有一定的旅游资源,是旅游景区赖以生存和经营的前提条件。而一个景区的旅游资源主要包括自然资源和文化资源。因此,对一个旅游景区的策划,先要从调查、了解与掌握该旅游景区是否拥有所在区域的自然资源与文化资源开始,从而确定该旅游策划能否进行有效的开发或经营,是以自然资源为主进行开发、经营,还是以文化资源为主进行开发、经营,或者是以自然资源与文化资源同时进行开发、经营。

(二)发挥资源思维能力

就像一位作者拥有大量的生活素材一样,在没有形成一个完整的作品之前,既不会有出版商来投资出版他的"素材",更没有读者来掏钱购买他的"素材"。他的这些素材对社会、对市场来讲,都还只是"无效资源",只有将这些素材经过作者的思维能力变成作品以后,才会有出版商的投资出版和读者的掏钱购买,从而才能将"无效资源"变成"有效资本"。

同样,一个旅游景区拥有的原始资源,在没有形成一定的品牌形象与产业项目之前,都还只是"无效资源",即不会有经营商来经营这些"无效资源",更没有游客来消费这些"无效资源"。并且,有些旅游景区的自然资源或文化资源形式较为突出,内容较为典型,载体较为清楚,区域较为集中;有些旅游景区的自然资源或文化资源则形式较为隐晦,内容较为平淡,载体较为模糊,区域较为分散;还有一些旅游景区甚至从表面上看不出有什么能够引起人们关注、能够产生较大的开发或经营价值的自然资源或文化资源。因此,作为旅游景区策划,无论是哪种情况,都需要充分发挥对旅游资源的深入了解能力、独特发掘能力、准确提炼能力、高度集中能力、巧妙升华能力、全面整合能力,从而使旅游景区现有的或潜在的"无效资源",形成可供景区开发或营销的"有效资本"。

(三)牢记资源思维准则

(1)旅游资源的"功能思维"准则。资源(规划范围内)需要资讯(产业策划)—资讯(产业策划)提升资本(品牌形象与开发营销项目)—资本(品牌形象与开发营销项目)吸引资金(开发经营资金与游客消费资金)—资金(开发经营资金与游客消费资金)形成资产(固定资产与流动资产)。

(2)旅游资源的"市场思维"准则。旅游资源是旅游景区赖以生存和发展的物质基础,也是旅游景区开发营销的先决条件。丰富多彩、层次分明、各具特色的旅游资源为景区的开发提供了雄厚的物质基础。但除此之外,旅游资源开发还必须强调其市场的导向性,使资源与市场接轨,只有这样才能开发出适应市场需求的旅游景区,才能满足游客的兴趣和愿望,也只有这样才能实现资源的价值。所以,景区的开发必须在丰富的资源基础上面向市场、分析市场、适应并开拓市场,以市场需求为导向对资源进行筛选、加工甚至创造,这样才能真正实现景区开发的意义。否则,一厢情愿地开发景区,其结果充其量是昙花一现后"门前冷落鞍马稀"。

(3)旅游资源的"含量思维"准则。三分资源(三分史学),七分策划(七分演义)。无论哪个旅游景区,其实际的旅游资源总是有限的,而旅游景区的开发与营销,特别是旅游市场的选择与需求却是无限的。因此,一个旅游景区的开发与营销,必须要有一定的旅游资源作后盾(三分史学),但更多的则是发挥独特的智慧、充分的想象、奇异的构思、大胆的创造,策划出一系列可供开发与营销的旅游空间与内容(七分演义)。

(4)旅游资源的"运用思维"准则。可以发掘资源(对潜在的资源进行发掘),可以整合资源(对零散的资源进行整合),可以强化资源(对薄弱的资源进行强化),可以创造资源(在符合景区整体环境的情况下,创造出新的资源)。不能剽窃资源(不属于本景区的资源),不能滥用资源(不在政策法规允许范围内的资源),不能破坏资源(特别是国家明令需要保护的资源),不能毁灭资源(所有的资源)。

(5)旅游资源的"保护思维"准则。旅游资源是人类资源,破坏与毁灭资源,就是与人类为敌的行为。旅游资源是国家财产,破坏与毁灭资源,就是违法犯罪行为。旅游资源是旅游景区的生命,破坏与毁灭资源,就是残害与扼杀旅游景区生命的行为。旅游资源是旅游产业的银行,破坏与毁灭资源,就是抢劫与倒闭旅游产业银行的行为。

五、旅游资源外延

(一)旅游资源的无限性

当代旅游产业是一种几乎跨越所有行业、具有强烈依附性与辐射性的广泛产业,其外延和边界都较模糊,因此可利用的资源几乎是无限的,凡是能够吸引旅游者并产生效益的均可视为旅游资源。旅游景区获得成功的奥秘,在于善用自然资源、人文资源。旅游的资源观在不断地拓展,需要独具慧眼发现认识所有资源

第六章 当代旅游文化深度开发的创意基因

的利用价值。对资源的传统认识往往局限于自然资源与文化资源(由于市场仍然存在着巨大的需求,或者说永远存在着巨大的需求,自然资源与文化资源,大概永远都是旅游开发的对象),但需求是变化的,特别是随着时代的发展,需求的变化会引起人们对资源认识的变化,所以旅游资源的概念在不断地向社会上所有对旅游者产生吸引力的事物扩展。我们也应该拓宽视野,将凡是能够吸引旅游者的事物,都纳入资源整合的范围。现代资源观念要求注意自然资源与文化资源概念的延伸,就一般意义上说,现代旅游资源应该涵盖社会生活的方方面面,目前特别要注重生态、民俗、城市、商务、会议、休闲、健身、节庆、娱乐、购物、教育、科技、产业、时尚等各种旅游资源,以及传统的以观光旅游为主的自然旅游资源和文化旅游资源。讲整合,实际上就是要整合上述种种资源,千万不要仅仅看到资源的物化存在,还要看到资源的活化存在,这样才是发展现代旅游的资源观。

(二)旅游资源的潜在性

许多原始的自然资源与文化资源或其他边缘资源,都不是以现成的形态摆放在那儿供人们开发利用,而往往是以潜在的形式存在于自然状态的物质环境或精神状态的非物质环境之中。但不管这些资源以什么样的方式潜藏起来,潜藏多深,也不管是自然状态的有形物质,还是精神状态的非有形物质,总是会在旅游活动中与旅游者有一定的感官接触,或总是附着在具体的物质载体之上,并使相应的物质存在具有更加丰富的内涵。因此,旅游景区策划就是要能够深入地挖掘出这些潜在的旅游资源,加以有效的开发利用。

(三)旅游资源的整合性

旅游开发首先要认识资源、认识市场,没有资源就无从对应市场。所以认识资源,特别是认识资源的价值是旅游开发的基础。但对资源的认识并不等于我们已经把握了发展旅游的真谛,旅游业的发展自有其内在的规律性。如果仅仅停留在认识资源上,停留在以资源为骄傲,不断地宣称自己的资源如何如何的丰富,如何如何的独特,那样对旅游景区发展是没有多少实质性意义的,而必须使资源经过整合与开发,形成受市场欢迎的产品,引来旅游者体验、观赏、感悟和消费,从而获得物质与精神的享受,形成经济意义上的旅游资源。否则,对资源的认识再深入、再仔细也毫无意义。

◇◇ 旅游文化创意与规划研究

同时,由于旅游景区产业是一个与其他旅游产业和社会经济产业相互关联的行业"链条",因此,各个"链条"上满足旅游者吃、住、行、游、购、娱等消费需求的旅游餐饮业、旅游宾馆业、旅行社业、交通运输业、旅游商品业、休闲娱乐业、旅游房地产业等行业的资源都可成为旅游景区产业的资源,或广义的旅游资源。旅游景区策划就是要善于将各种旅游资源整合起来,形成旅游景区开发与营销的综合资源。

(四)旅游资源的垄断性

旅游资源的垄断性是旅游景区开发旅游产业、占领旅游市场的优势条件。虽然旅游资源的垄断性有时具有区域性特点,但此种垄断只要是在一定区域市场范围内是唯一的,这种垄断性的旅游资源就具有突出的旅游开发与营销价值。因此,旅游景区策划要非常重视发现、挖掘、提炼、利用并保护那些属于垄断性的旅游资源。

综上所述,现有旅游载体主要来自两大资源。其中,自然资源即有形、有限资源;文化资源即无形、无限资源。只有以自然生态为基因,文化内涵为灵魂,将无形附之有形,有限化为无限,才能最终整合形成适应当代世界发展趋势的最佳旅游产业资源。

第三节　旅游开发与旅游文化

一、旅游开发中"文物"与"文化"的关系

"文物"的本性是"文化"。中国传统"文物"是中国传统旅游"文化"的精髓。那么,在现代旅游开发中,如何正确认识与利用"文物"与"文化"的关系呢?目前有各种各样的理论与实践,归结起来,比较具代表性的有两大关系。

(一)努力挖掘"文物"的"文化"

传统旅游景区的"文物",大多是历史遗留下来的名胜古迹。这些名胜古迹涉及特定时期的时代政治、社会经济、宗教信仰、文学艺术、民间风情、地方习俗、价值观念、审美情趣、语言习惯、时尚趋势等各个社会层面,曾经是当时当地以及整个中华文明的重要组成部分。尽管随着时代的发展,这些名胜古迹更多

第六章 当代旅游文化深度开发的创意基因

地呈现出"历史"与"学术"的"文物"属性,逐渐列入了受国家保护的"文物"范畴,但其所蕴涵的中国传统文化本性,却仍然是现代社会的文明观念与文化意识的基因,也仍然对现代旅游开发产生着极其深厚而巨大"社会价值"与"市场价值"。

例如,四川省梓潼县的七曲山是国家级风景名胜区,其中的基本景观文昌大庙,是国家级重点文物保护单位。以前就曾因为未能很好地认识与利用"文物"与"文化"的关系,旅游开发迟迟难以启动。后来经过深入的考查、研究、论证,发现文昌大庙之所以能够成为国家级的重点文物保护单位,是因为它蕴藏着同样具备国家级意义的"文化"内涵:文昌大庙供奉的文昌帝君,是中国古代民间教育的先驱与圣贤,对整个中华民族的民间教育思想与体系,都有着非常重要的作用与影响。从数千年前的"文昌国盛",到新时代的"教育兴国",其中的"文化"思想几乎是一脉相传,亘古未变。于是,一个"以文昌大庙为核心,以文昌文化为内涵",塑造"北有山东曲阜孔子儒家文化,南有四川梓潼文昌民间教育"的主题形象,推出七曲山"中华文昌苑",品牌项目的旅游开发方案被策划出来,很快得到地方政府的欢迎与支持,主体项目也随之进入了实施建设阶段。

这说明,认真研究并深入挖掘"文物"与"文化"的内涵关系,是激活其"社会价值"与"市场价值"的必要手段。

(二)积极拓展"文物"的"文化"空间

许多"文物"由于其特定的"历史性"与"学术性",同时也就产生了一定的"局限性"或"封闭性"。一些"文物"无论是表现形式还是精神内容,似乎都与现代社会的文化意识相去甚远,甚至"格格不入"。这是不是说这些"文物"就已经完全失去了应有的"社会性"和"市场性",不能进入现代旅游"文化"的开发范畴了呢?

四川省广汉市三星堆的出土文物,因其巨大的考古发现所带来的"历史价值"与"学术价值"名震中外。但其现代旅游产业的开发却进展缓慢,因为世界级"文物"精品的桂冠使得许多企业家和开发商望而却步,谁也不敢贸然踏入"文物保护"的禁区,重蹈国内某著名文物保护单位因旅游开发不慎造成"文物"损害的覆辙。而以"青铜面具"为主的"文物"内容,也似乎与现代社会的时尚"文化"没有明显的关系,很难挖掘出其中蕴涵的"文化"属性,也就是现代旅游开发所需要的"社会价值"与"市场价值"。

21世纪的社会文化已经进入到了更加立体、更加多元的理念时代,具有更加丰富也更加广阔的文化空间。如果我们以现代社会的文化意识去审视三星堆出土文物,就不难发现,三星堆以青铜面具为主的"文物"内容,给人最大的感官印象是非常"神秘"。而其之所以如此"神秘",是因为它所呈现的数千年前的制作工艺,竟然具有连现代社会都不可思议的高科技水平!而这种由人类古老文明与超时空科技工艺所形成的"神秘文化"主题,不正是能够引起当今世界万众瞩目的"社会价值"与"市场价值"吗?

那么,又如何才能将这种具有"神秘文化"内涵的"社会价值"与"市场价值"充分地展现出来呢?这就需要一个更加广阔的空间。比如:三星堆的青铜面具,具有十分典型的现代"卡通"形象,而现代"卡通"文化,又恰好是集传统文明与现代科技于一体的、具有独特的"神秘"本性的新兴文化,在世界范围内具有方兴未艾的"社会价值"与"市场价值"。如果以三星堆青铜面具为原形,塑造出一大批新型的、具有中国历史文化特色的"卡通"形象,从而形成以"三星堆卡通文化"为品牌的"三星堆旅游文化"产业,不但鲜明地体现出三星堆旅游开发的品牌形象,有效地拓展出三星堆旅游开发的产业空间,而且极大地增加了传统旅游文化中的现代科技含量,对整个四川乃至西部地区的旅游文化开发,都有着积极的示范作用。

二、旅游开发中的"文化"精神

现代旅游开发中的"文化"本性已被越来越多的人认识与接受。很多景区都开始意识到:旅游的开发,首先是"文化"的开发;品牌的包装,核心是"文化"的包装;项目的策划,重点是"文化"的策划。但一些景区在追求旅游"文化"的时候,往往不管景区本身的资源如何、条件怎样,以为只要恢复一些原有的"文物"建筑,或新建一些比较"流行"或"时髦"的人文景观,就可以代表景区的"文化"形象。于是在一段时期内,许多"文物"单位重修庙宇,再塑金身,而各种"世界城""民俗村""神话园"之类的新型景区也争先恐后地纷纷上马,结果大部分以失败而告终。究其原因,恐怕仍然与未能充分理解"文化"与"文物"的精神实质有关。

人们常说,"文物"是历经千百年的岁月变迁而得以与世长存的"文化"精髓,有其特定的"社会价值"与"市场价值"所形成的"历史价值"与"学术价值"。反过来,也只有经得起千百年的历史考验,并且在一定的时期内,由于其特定的"社会价值"与"市场价值"而形成一定的"历史价值"与"学术价值"的"文化",才有可能成为真正的"文化"。

因此,以保护历史"文物"的严肃态度来创造现代旅游"文化",以达到历史

"文物"的严格标准来开发现代旅游"文化",这就是现代旅游开发中所要提倡的基本精神。

第四节 旅游主题与旅游文化

主题,顾名思义,它既是一个主要的议题,又是一个主要的课题,也是一个主要的问题,还是一个主要的难题。更为主要的,它是所有思想、行为、事件、现象借以表达的独特的主旨与标题。旅游也是一样,有自己主要的议题和课题,也有自己主要的问题和难题,而更为主要的,是有自己的思想、行为、事件、现象想要借以表达的独特的主旨与标题,这就是"旅游主题"。旅游策划的主题提炼主要包括:旅游主题理念、旅游主题误区、旅游主题提炼、旅游主题确立、旅游主题类别。

一、旅游主题理念

旅游主题,通常是指一个旅游景区根据自己所要利用的旅游资源,所要发展的旅游产业,所要面临的旅游市场,所要吸引的旅游客源,对其所要开发或经营的旅游项目所确立的一个主旨与标题。没有这样一个主题,旅游景区的项目开发或经营就没有方向、没有目标,就会成为脱缰的野马,陷入随意开发、盲目经营的困境。

二、旅游主题确立

一个旅游景区的主题,有可能是分别从旅游资源、旅游项目或旅游市场中提炼出来的。到底确立什么样的旅游主题,确立多少个旅游主题,则应该根据该景区的实际情况与旅游市场需求,来确立最适合、最有利的最佳主题。

(一)单一主题

这是一个旅游景区在开发或营销某一个或某一时段的旅游项目时,最常见的旅游主题确立形式。单一主题的优势是可让开发或营销的某一个或某一时段的旅游项目主题鲜明,目标集中,口号响亮,宣传方便,推广迅速。缺点是内容可能单薄,力度可能弱小,市场范围可能较窄,持续周期可能较短等。

（二）复合主题

这是一个旅游景区在开发或营销某一个系列或某一个周期的旅游项目时，最希望的旅游主题确立形式。复合主题的优势是可让开发或营销的某一个系列或某一个周期的旅游项目主题高大，内容丰富，辐射力强，影响面宽，推广有气势，宣传有声威。缺点是主题可能容易模糊，主次可能不太清楚，目标可能容易分散等。

三、旅游主题提炼

由于各个旅游景区所拥有的旅游资源不同，所开发或经营的项目不同，所面临的旅游市场不同，因而，旅游主题也可能不尽相同。同时，各个旅游景区本身的旅游主题，也往往不会是一个现成的概念，需要对各种因素加以分析、研究，然后从中提炼出一个最佳的主题。通常情况下，一个旅游景区的旅游主题，主要从三个方面进行提炼。

（一）从旅游资源中提炼主题

旅游资源是旅游景区项目开发与营销的基础条件，也是旅游主题的基本来源。一般来讲，一个旅游景区拥有什么样的旅游资源，特别是占主导地位的旅游资源，就基本确定了会提炼出什么样的旅游主题。

（二）从旅游项目中提炼主题

旅游项目是旅游景区产业开发或营销的主要载体，是旅游主题的根本体现。一个旅游景区想要开发或营销什么样的旅游项目，实际上也就是这个旅游景区想要推出的什么样的旅游主题。因此，如果一个旅游景区不能从旅游资源中提炼出旅游主题，也可从旅游项目中去进行提炼。

（三）从旅游市场中提炼主题

旅游市场是旅游主题的推广地，是旅游主题的检验地，也是旅游主题的需求地。旅游市场不仅接纳旅游主题，还会刺激旅游主题、促进旅游主题，甚至产生旅游主题、流行旅游主题。因此，一个旅游景区如果既不能从旅游资源中提炼出旅游主题，又不能从旅游项目中提炼出旅游主题，就不妨把目光直接投向旅游市场，从旅游市场的现实需求或流行趋势中，去提炼出一个适合于本景区的旅游主题。

四、旅游主题类别

因为旅游主题主要来源于旅游资源、旅游项目与旅游市场，所以，当代中国旅游景区的旅游主题类别，一般也是按旅游资源、旅游项目与旅游市场的内容或形式进行提炼。

（一）人文旅游主题

(1)以世界自然遗产，世界文化遗产，世界自然、文化双遗产等为主要内容。

(2)以国家自然风光、历史遗迹、珍贵文物等为主要内容。

（二）观光旅游主题

(1)以省级以上优美的自然风光等为主要内容。

(2)以省级以上重点的人文景观等为主要内容。

（三）休闲旅游主题

(1)以放松身心、过节度假等为主要内容。

(2)以游山戏水、吃喝玩乐等为主要内容。

（四）生态旅游主题

(1)以原始森林、珍稀森林、人造森林等为要内容。

(2)以野生动物、国养动物、家畜家禽等为主要内容。

(3)以野生植物、野生花卉、园林花卉等为主要内容。

(4)以绿色农业、绿色牧业、产地瓜果等为主要内容。

（五）城市旅游主题

(1)以著名城市内的著名景观等为主要内容；

(2)以著名城市内的著名风情等为主要内容。

（六）公园旅游主题

(1)以主题公园等为主要内容。

(2)以其他公园等为主要内容。

（七）乡村旅游主题

()以乡村与田园风光等为主要内容。

(2)以古镇与农家风情等为主要内容。

(八)民俗旅游主题

(1)以民间习俗等为主要内容。

(2)以民间曲艺等为主要内容。

(3)以民间工艺等为主要内容。

(4)以民间杂技等为主要内容。

(5)以民间绝活等为主要内容。

(6)以民间小吃等为主要内容。

(7)以其他民间特色等为主要内容。

(九)活动旅游主题

(1)以节庆活动等为主要内容。

(2)以文化活动等为主要内容。

(3)以艺术活动等为主要内容。

(4)以影视活动等为主要内容。

(5)以经贸活动等为主要内容。

(6)以美食活动等为主要内容。

(十)会展旅游主题

(1)以旅游博览会等为主要内容。

(2)以旅游展销会等为主要内容。

(3)以旅游研讨会等为主要内容。

(4)以其他大型或特色会展等为主要内容。

(十一)购物旅游主题

(1)以购买土特产品等为主要内容。

(2)以购买时尚商品等为主要内容。

(3)以购买优惠商品等为主要内容。

(十二)健美旅游主题

(1)以中老年人健康长寿等为主要内容。

(2)以妇女健身美容等为主要内容。

(3)以病患者康复、疗养等为主要内容。

(十三)体育旅游主题

(1)以野外登山等为主要内容。

(2)以野外划船等为主要内容。

(3)以野外攀岩等为主要内容。

(4)以野外滑翔等为主要内容。

(5)以野外自驾车活动等为主要内容。

(6)以野外探险等为主要内容。

(十四)军事旅游主题

(1)以军事遗迹等为重要内容。

(2)以军事设施等为重要内容。

(3)以军事演练等为主要内容。

(十五)教育旅游主题

(1)以著名学校等为主要内容。

(2)以大型图书馆等为主要内容。

(3)以各类读书会等为主要内容。

(4)以各类夏令营等为主要内容。

(十六)科技旅游主题

(1)以航天科技等为主要内容。

(2)以电子科技等为主要内容。

(3)以其他现代科技等为主要内容。

(十七)工业旅游主题

(1)以大型工业基地等为主要内容。

(2)以大型水利工程等为主要内容。

(3)以大型工业设施等为主要内容。

(4)以大型工艺流程等为主要内容。

(十八)时尚旅游主题

(1)以时尚生活等为主要内容。

(2)以时尚消费等为主要内容。

(3)以时尚音乐等为主要内容。

(4)以时尚艺术等为主要内容。

(5)以时尚服饰等为主要内容。

(6)以时尚游乐等为主要内容。

(7)以时尚参与等为主要内容。

(8)以时尚体验等为主要内容。

(十九)民族旅游主题

(1)以少数民族地区的自然风光等为主要内容。

(2)以少数民族地区的风俗民情等为主要内容。

(3)以宗教寺庙等为主要内容。

(4)以宗教活动等为主要内容。

综上所述，当代世界旅游可归纳为两大主题：一是消费具有目的的自然休闲主题；二是具有核心竞争能力的人类文化主题。通常情况下，一个旅游景区往往只能重点开发并全力营销其中一大主题，但如果能同时挖掘、提炼并开发出"自然休闲"与"人类文化"两大主题，那就不但能够成为首选目的地，而且具有核心竞争力，必将成为当代世界旅游的最佳主题景区。

第五节　旅游品牌与旅游文化

品牌，简言之就是产品的招牌。无论任何产品，要想让人们认识、了解、关注、喜爱直至购买，都要有一个能够引起人们关注与喜爱的品牌，这就是所谓的"师出有名"。特别是当今社会正处在一个知识爆炸、信息高速传递、关注力经济与影响力经济蓬勃发展的时期，谁要想在众多纷繁的社会经济信息中脱颖而出，引起更大的关注，产生更大的影响，谁就得使自己的产品拥有更加独特而又响亮的品牌。旅游景区也是一种产品，而且是一种更需要引起人们关注与喜爱后才会"购买"的产品，因此，也就更需要有属于自己的、独特而又响亮的品牌，而旅游景区策划的重要任务之一，就是品牌塑造。

一、旅游景区品牌理念

旅游景区品牌是指一个旅游景区由资源整合、内涵挖掘、主题提炼、形象包装、项目设计、市场营销、宣传推广等多种因素共同构成的一个具有相对的唯一性、垄断性、不可替代性，具有一定的品质与品位，能参与社会宣传与市场营销，能产生较大的旅游客源关注力与旅游市场吸引力，能达到较高的社会知名度与公众信誉度，能保持较为长久的记忆传播与持续影响的对外招牌，通常也就是这个旅游景区的核心名称或者注册商标。

二、旅游景区品牌误区

应该说，随着时代的演变与社会的发展，几乎所有旅游景区对品牌的重要性与必要性，都有了不同程度的关心与重视，但对什么才是真正的旅游景区品牌，还存在着不同程度的误解。

（一）把一般地名当品牌

有些旅游景区开发者认为"九寨沟""泰山""黄山""峨眉山""漓江""钱塘江"等风景名胜区的品牌就是本地的地名，因此，自己的旅游景区的地名，也就当然可以成为本旅游景区的品牌。于是便出现了诸如："毕家沟风景名胜区""二道河风景名胜区""滴水洞风景名胜区""小树林风景名胜区"等景区品牌。岂不知，像"九寨沟""泰山""黄山""峨眉山""漓江""钱塘江"等风景名胜区，是在以前没有强烈的品牌意识与品牌需求的情况下，经过了几十年、几百年甚至上千年时间的培育，才形成了今天这样的著名品牌，这是传统旅游景区"以时间换空间"的品牌塑造模式。而现代社会的旅游景区开发与旅游景区品牌塑造，则必须在具有强烈的品牌意识与品牌需求的情况下，在最短的时间内，塑造出一个最能引起人们广泛关注与喜爱的景区品牌，这就是现代旅游景区"以空间换时间"的品牌塑造模式。显然，像"毕家沟风景名胜区""二道河风景名胜区""滴水洞风景名胜区""小树林风景名胜区"这样毫无特色、缺乏明显的品质与品位的一般性地名品牌，在众多的旅游风景区品牌中，很难在短时间内引起人们广泛的关注与喜爱，更难在短时间内真正形成风景名胜的著名品牌。

（二）把形象包装当品牌

人们一说到"品牌"，往往就联想到另外一个词："形象"。故而经常有人就将两个词连在一起，统称为"品牌形象"，有人更是以为"品牌"就是"形象""形象"就是"品牌"。其实，这是一种误解。"品牌"是由多种因素构成的，其中包括"形象"

包装因素。也就是说,"品牌"是主体,"形象"包装是附件。"品牌"需要"形象"包装,而"形象"包装却不能代替"品牌"。例如,"雀巢咖啡"是品牌,"味道好极了"是形象包装。如果离开了"雀巢咖啡"这个品牌,"味道好极了"这个形象包装就无从指代。同样,"九寨沟"是品牌,"童话世界"是形象包装。如果离开了"九寨沟"这个品牌,"童话世界"这个形象包装也就无从指代。因此,有些旅游景区在塑造景区品牌时,不是从整体"品牌"的高度,而是从"形象"包装的层面,推出了一些"天下第一灵山""世界之最溶洞""从未有人到过的地方"之类的旅游景区品牌。可想而知,这些明显属于"形象"包装的词汇,很难成为旅游景区的核心名称或注册商标,也就很难达到唯一性、垄断性、不可替代性的品牌要求与社会公众的信誉高度。

三、旅游景区品牌塑造

进入 21 世纪,国内外社会经济迅猛发展,人们生活水平不断提高,对旅游的需求急剧上升,并且呈多样化、个性化特点。旅游消费者追求高品位、高质量的旅游生活已成为当代旅游消费的时尚潮流和发展趋势。随着旅游景区的不断开发,景区数量、品种、层次越来越多;本地游客赴外地旅游、本国游客赴外国旅游越来越容易、方便,国内景区之间、国内外景区之间展开了激烈的游客争夺战。面对国内外层出不穷、难以计数的旅游景区,游客往往倾向于选择知名度、美誉度高的旅游景区出游。因而如何充分体现旅游景区品牌塑造的三大要素,如何塑造出独特而闪亮的旅游景区品牌,是旅游景区策划的创意焦点,主要应做到以下几个方面。

(一)分析竞争环境

旅游景区塑造品牌的目的是参与旅游市场竞争。旅游市场的竞争环境是旅游景区生存与发展的土壤。在塑造旅游景区品牌时,首先要分析旅游消费需求及同类景区情况这两方面的竞争环境。通过分析,了解旅游需求的共性和个性,把握国内外旅游需求的发展变化趋势;了解同类景区的特色、策略、客源等内容,把握市场竞争格局的动态性及竞争激烈程度,预见景区品牌的市场进入时机、实力、策略等情况;准确判断竞争环境对本景区生存与发展的影响程度。分析景区所面临的优势、劣势,确定本景区所要占领的目标市场及所要吸引的目标游客,科学地进行产业结构与市场定位,从中发现自身长处与薄弱环节,扬长避短,策划出独特的景区品牌。

（二）突出资源特色

独特的旅游景区品牌根植于独特的旅游资源。各个旅游景区的旅游资源各不相同，如四川九寨沟的人间仙境，杭州西湖的奇山秀水，山东泰山的雄浑，安徽黄山的险峻；北京故宫是中国历史的见证，江西井冈山是中国革命的摇篮，湖南炎帝陵是中华民族始祖炎帝的安息之地，成都青城山是中国道教的发源祖亭等。塑造旅游景区品牌时，只要充分挖掘旅游景区的资源特色，围绕这些特色做文章，就容易成功。反之，如果脱离了旅游景区自身的特色，盲目模仿其他旅游景区的塑造模式，就会失去自身优势，导致品牌塑造的失败。

（三）强化复合形象

旅游消费者的目的地主要是自然山水，而旅游消费者的最终感受又主要是精神文化。所谓"回归大自然""追求精神享受"，实际上就是一种旅游消费的"复合需求"。因此，塑造旅游景区品牌，既要充分展现旅游景区的自然神韵，又要深入挖掘旅游景区的文化内涵。从旅游景区的角度来看，以自然风光为主的景区，往往蕴藏着许多出土文物、历史典故、神话传说、民间习俗等文化基因，而以人文景观为主的景区，又往往以美丽的山水风光等自然景观为依托，还有许多景区本身就是自然风光与人文景观的高度融合，如四川的都江堰、杭州的西湖、甘肃的敦煌、江西的庐山等。任何单一的景区品牌，其影响力、生命力都必定不强。塑造景区品牌，就是要强化旅游景区的自然神韵与文化内涵，塑造出适应旅游消费者"复合需求"的旅游景区品牌的"复合形象"。

（四）锤炼主题语言

不管一个旅游景区拥有多么丰富的自然风光，也无论一个旅游景区具有多么深厚的文化内涵，它的品牌都只能是言简意赅的一句主题语言。如何将旅游景区所拥有的丰富的自然风光与深厚的文化内涵极其准确、形象、鲜明、简练地表述出来，不但成为旅游景区的核心名称或注册商标，而且有利于旅游景区的市场营销与社会宣传，使人感到特色鲜明、重点突出、语言新颖、内容吸引、印象深刻、容易记忆、文字简短且朗朗上口，这就需要在塑造旅游景区品牌时，深刻认识、准确把握旅游景区的资源特色与个性内涵，锤炼出最能表达旅游景区核心内容的主题语言。

综上所述，只有站在人类历史的高度，挖掘中华文明的深度，开拓现代旅游的广度，整合资源，突出优势，强化主题，才能尽量实现"唯一性、垄断性、不可替代性"的旅游文化品牌塑造的最高准则。

第六节　城市名片与旅游文化

城市，是一个地区政治、文化、经济的会聚中心，也是这一地区的形象代表。在世界各地就有这样一些城市，它们以其个性鲜明、独具魅力的城市形象，准确而生动地展现了该地区的政治、文化、经济状况，吸引了广大人民的视线，受到了各个方面的关注，产生了非常巨大的影响，从而使它们闻名于世，并由此带来了极其良好的社会效益与经济效益。这就是人们通常所说的城市品牌形象，也叫作城市名片。

近年来，国内许多地区在加快城市基础设施建设、改善投资经营环境、提高人民生活水平的同时，也普遍意识到现代城市营销与城市品牌塑造的紧密联系与重大意义，纷纷致力于城市品牌的宣传和城市名片的塑造。其中一些精彩的创意和成功的案例，使得该地区获得了迅速的品牌效应与喜人的发展机会。

然而，什么才是真正意义上的城市名片？如何才能成功地塑造出城市名片？许多人对其中的科学性和规律性认识得还不够准确，研究得也不够深刻，于是许多地区在实践中便容易出现这样那样的偏差和问题。因此，作为一种正在广泛流行的社会现象，或一门正在蓬勃兴起的社会学科，有必要对"城市名片学"进行认真的研究和深入的探讨。

一、品牌广告是城市名片的基本特征

在中国，名片的兴起与使用古已有之，积累了悠久的历史背景与深厚的文化沉淀。但千百年来，传统意义上的名片大都仅限于狭小范围内对个人名分的介绍与推荐，很少成为一种社会公众作品。只有进入现代社会以后，特别是改革开放以来，名片才作为一种广泛流行的社会现象，迅速传播开来，并逐渐超越了一般的人际交流与简单的信息传播等初级阶段，进入到社会形象塑造与品牌宣传的战略层面。因此，当今名片的含义，也就外延到某一个人、某一家企业、某一种产品的品牌形象和宣传广告。

第六章　当代旅游文化深度开发的创意基因 ◇◇

一座城市要有自己的名片,也就是要把城市作为一种产品,塑造出城市自己的品牌形象与宣传广告。而城市是一个集独特的地域产品、丰富的社会产品、厚重的文化产品、活跃的经济产品、鲜明的时代产品、悠久的历史产品为一体的巨大而复杂的综合产品,国内外许多闻名于世的城市,都是在长期的积累、孕育、实践、探讨的过程中,准确而生动地提炼出该座城市在地域、社会、文化、经济、时代、历史等方面所拥有的最具综合性与代表性的品牌形象,塑造出自己独特的城市名片。所以,处在日新月异、飞速发展的现代社会,一座城市想要真正地横空出世、闻名于世,就必须最大限度地塑造出具有独特的地域性、丰富的社会性、厚重的文化性、活跃的经济性、鲜明的时代性、悠久的历史性和巨大的广告性的城市品牌形象。

二、地域性即城市名片的独特背景

每座不同的城市,都处于不同的地理区域,不同的地理区域所形成的自然生态环境孕育出的不同的社会形态、文化根源、经济水平、时代面貌、历史变迁等因素,构成了这座城市形象的独特背景。所谓"一方水土养一方人",塑造一座城市的独特名片,首先就应体现这座城市的地域特征。

例如,意大利的威尼斯是世界闻名的"水城"。因为它地处亚得里亚海滨的一个美丽的潟湖之中,四周被大海所环抱,只有西北角的一条长堤与陆上相通。整座城市开门见水,以河为街,城中的上百条河道把市区分割为许许多多的岛,岛屿与岛屿之间有众多的石桥相连。河道两岸的建筑仿佛漂浮在波光粼粼的水上,居民们可以站在自家的房屋中,同对面岛上的邻居聊天谈话。城市内的交通也是以船代车,大大小小的河道中来往穿梭着各种各样的船只,构成了水上之城特有的绚丽景象。由于其独特的地理环境,孕育了威尼斯城上千年的历史文明。早在13世纪,它就曾经拥有过强大的海上军队,在14世纪全盛时期,几乎垄断了欧洲与东方的经济贸易,许多富丽堂皇、豪华精美的建筑,给后人留下了珍贵的文化古迹。因此,威尼斯享誉世界的品牌形象"水城",不仅代表了其独特的地理环境,而且也蕴含了在水上建城的历史文明。

由此可见,地域性即包括社会、文化、经济、时代、历史等诸多因素在内的地域特征,是塑造城市名片的独特背景。

三、社会性即城市名片的主导因素

社会形态是一座城市的宏观概念，由于不同的地理区域、文化根源、经济水平、时代面貌、历史变迁等因素，每一座城市的社会形态各不相同。不同的社会形态决定着不同城市的社会意识，当然也就主导着不同城市的公众取向。所谓"不同社会不同天"，塑造一座城市的独特名片，主要就是展示这座城市的社会特征。

例如，有着"黄袍佛国"之称的泰国，是一个全民信仰佛教的社会，全国有90%以上的人口信仰佛教。它的首都曼谷是世界上佛教寺庙最多的城市，漫步城中，映入眼帘的是巍峨的佛塔、壮观的庙宇，充满了神秘的东方情调。每到清晨，整座城市钟磬悠扬，香烟缭绕，诵经之声不绝于耳，许多和尚、尼姑沿街行走，挨户化缘，成为曼谷街头特有的景观，有着32个成员国的世界佛教徒联谊会的总部也设在这里。曼谷被誉为"佛教之都"，这张独具魅力的城市名片，不仅体现了曼谷乃至整个泰国的社会形态，也为曼谷乃至整个泰国带来了巨大的文化和经济等多方面的利益。

因此，社会性即包括地域、文化、经济、时代、历史等诸多因素在内的社会特征，是塑造城市名片的主导因素。

四、文化性即城市名片的内在灵魂

每一个国家，每一个民族，每一座城市，与其他国家、民族、城市的最大区别，就在于蕴藏在这个国家、民族、城市灵魂深处的文化根源。由于不同的地理区域、社会形态、经济水平、时代面貌、历史变迁等因素，汇聚成一个国家、民族、城市特有的文化根源。所谓"文化是人类的灵魂"，塑造一座城市的独特名片，重点在于挖掘这座城市的文化特征。

例如，奥地利的首都维也纳，从18世纪以来就成为欧洲古典音乐的中心，华尔兹舞曲的故乡。始建于1869年的著名的维也纳国家歌剧院，曾经上演过莫扎特、贝多芬以及19世纪欧洲所有著名歌剧作家的作品。许多世界著名的音乐大师都曾在这里度过多年的音乐生涯。漫步维也纳，到处都可以看见音乐对这座城市的影响，许多街道、公园、剧院、会议厅等都是以世界著名的音乐家的名字命名，每年都要在这里举行各种国际性音乐比赛，这里也是全世界的歌剧中心。

因此，维也纳有一张响当当的城市名片："音乐之城"。而这张名片所蕴含的优美的自然风光、良好的社会形态、繁荣的经济水平、迷人的历史风貌等丰富的文化内涵，也使维也纳成为连接东欧和西欧的重要门户，除纽约、日内瓦之外，第三个驻有联合国机构的城市，世人皆知的世界历史名城。

所以，文化性即包括地域、社会、经济、时代、历史等诸多因素在内的文化特征，是城市名片的内在灵魂。

参考文献

[1]杨淇深.旅游创新设计实操案例[M].北京：中国旅游出版社，2020.

[2]潘海颖.创意旅游[M].北京：原子能出版社，2020.

[3]叶朗，向勇.北大文化产业评论[M].北京：华文出版社，2020.

[4]秦宗财.文化创意产业品牌[M].合肥：中国科学技术大学出版社，2020.

[5]钟晟.国文化旅游发展之路[M].北京：经济科学出版社，2020.

[6]严婷婷.文创产品与旅游纪念品设计[M].北京：科学出版社，2020.

[7]陈慧.生活的文化和文化的生活[M].广州：广东人民出版社，2019.

[8]邹本涛，张利民，曲玉镜.中国旅游文化新论[M].北京：经济科学出版社，2019.

[9]田华.旅游与旅游文化[M].长春：吉林出版集团股份有限公司，2019.

[10]黄景春，林玲，陈杰.中华创世神话与文化创意产业研究[M].上海：上海人民出版社，2020.

[11]庞学铨.国际文旅融合示范案例研究[M].成都：四川人民出版社，2020.

[12]虞华君，陆菁，吴丽.文旅融合的"拱墅模式"研究[M].上海：上海三联书店，2020.

[13]余杨.茶饮文化[M].北京：中国旅游出版社，2022.

[14]邱平伟.青藏高原生态文化保护与旅游发展[M].北京：民族出版社，2022.

[15]蒋述东，罗兹柏.重庆历史文化与旅游[M].上海：格致出版社，2022.

[16]袁珈玲.21世纪海上丝绸之路文化旅游圈研究[M].北京：中国商务出版社，2022.

[17]孔蓉，吴振磊.中国文化和旅游融合发展指数报告[M].北京：社会科

学文献出版社，2022.

［18］刘鹏．北京市冰雪运动与文化旅游产业融合发展研究［M］．北京：经济管理出版社，2022.

［19］肖佑兴．制度视角下文化旅游地社会变迁研究［M］．重庆：重庆大学出版社，2022.

［20］陈卫中，陈富荣，戚晓萍，等．甘肃文化和旅游发展报告2022［M］．北京：社会科学文献出版社，2022.

［21］邱扶东．传统村落文化遗产保护与旅游发展共赢机制研究［M］．桂林：广西师范大学出版社，2022.